仅以此书，致敬中国服务业的标杆——碧水湾温泉度假村，致敬伟大的碧水湾人！

碧水湾是个传奇，值得我们去探秘；

碧水湾是中国旅游企业的标杆，值得我们去学习；

碧水湾是"中国服务"的典范，需要我们去研究；

碧水湾将"中国服务"与"中国管理"推向了世界；

碧水湾的成功坚定了国人的文化自信与道路自信；

碧水湾基于中国传统文化的管理模式，值得我们在全世界弘扬；

碧水湾是一本读不完的书，创新永远在路上……

"碧水湾现象"解密

◎刘伟 著

广东旅游出版社

中国·广州

图书在版编目（CIP）数据

"碧水湾现象"解密 / 刘伟著. — 广州：广东旅游出版社，2024.10
ISBN 978-7-5570-3082-7

Ⅰ.①碧⋯ Ⅱ.①刘⋯ Ⅲ.①温泉—旅游度假村—经营管理—广州 Ⅳ.①F592.765.1

中国国家版本馆CIP数据核字（2023）第108009号

出 版 人：刘志松
策划编辑：彭　超
责任编辑：彭　超　于洁泳
封面设计：艾颖琛
内文设计：齐　力
责任校对：李瑞苑
责任技编：冼志良

"碧水湾现象"解密
"BI SHUI WAN XIAN XIANG" JIE MI

广东旅游出版社出版发行
（广东省广州市荔湾区沙面北街71号首层、二层）
邮编：510130
电话：020-87347732（总编室）　020-87348887（销售热线）
投稿邮箱：2026542779@qq.com
印刷：广州市大沇印刷厂
　　　（广州市增城区新塘镇太平洋工业区九路五号）
开本：787毫米×1092毫米　16开
印张：20.5
字数：400千字
版次：2024年10月第1版
印次：2024年10月第1次
定价：198.00元

[版权所有　翻印必究]
本书如有错页倒装等质量问题，请直接与印刷厂联系换书。

总顾问：曾　莉
顾　问：成　霏
　　　　张彦浩
　　　　刘艳姣
　　　　周　彬

基于中国传统文化的广州从化碧水湾温泉度假村管理模式，创造了服务业的奇迹，是中国旅游业的骄傲，值得我们深入研究总结，并向全行业推广，向全世界介绍。

感谢刘伟教授连续20多期主持举办"碧水湾现象"研讨会，为中国旅游业高质量发展做出了贡献。

——联合国教科文组织执行理事会主席、前国家旅游局副局长、教育部前副部长、首届中国酒店名人堂入选者　章新胜

广东电视台对"碧水湾现象"研讨会进行全程追踪报道

"为了总结'碧水湾现象',形成可复制、可推广的发展经验,刘伟教授组织召开了十届研讨会。这在酒店、旅游乃至整个社会科学领域都极为难得。希望更多的旅游和酒店学者切实践行习近平总书记的号召,'把论文写在祖国的大地上',与业界同行,不断增强理论自信!"

——中国旅游研究院院长 戴斌

"碧水湾:中国服务的典范!"
——中国旅游协会休闲度假分会会长、前国家旅游局旅行社饭店管理司司长 魏小安

联合国世界旅游组织专家委员会委员、教育部旅游管理专业教学指导委员会副主任、中山大学旅游学院前任院长保继刚教授在首届"广东省旅游院校旅游管理专业骨干教师培训班暨'碧水湾现象'研讨会"上致辞

"在全世界范围，碧水湾是我见到的提供最好服务的度假村！其管理经验和模式值得向全球酒店和度假村行业推广。"
——《当代国际酒店管理杂志》（International Journal of Contemporary Hospitality Management）主编 Fevzi Okumus
（左2）

"碧水湾现象"引起国际旅游专家的关注和研究兴趣

"总体上说，日本酒店和温泉服务要高于中国，但最好的服务在中国的碧水湾！'至福之时'是我们在碧水湾的共同感受。"

——日本温泉管理专家、日本东洋大学教授 梁春香

"要以碧水湾为标杆，在全省推广碧水湾经验，在全国打响'广东服务'品牌。"

——前广东省旅游局局长 曾颖如

来自全国各地参加"碧水湾现象"研讨会的学员们不愿错过任何一个学习环节

前 言

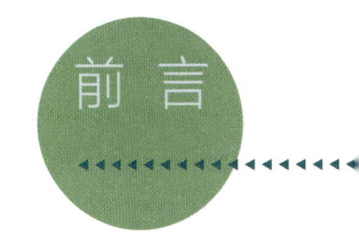

在国内旅游与酒店行业，提到碧水湾，几乎无人不知，无人不晓。

在旅游业界，碧水湾已经声名显赫，前来体验碧水湾服务、考察学习碧水湾管理理念和管理模式的国内外同行络绎不绝。与此同时，碧水湾也因其所创造的"碧水湾现象"成为国内外专家、学者研究的对象。

一、碧水湾与"碧水湾现象"

碧水湾是一家成立于2002年，位于广州从化北部山区的国有四星级温泉度假村，全称碧水湾温泉度假村（全书简称"碧水湾"）。就是这样一家设施设备可以用"落后"来形容的国有老酒店，却创造了业界奇迹，震动了国内整个旅游与酒店行业，引起了世界的关注。

碧水湾以其感动无数客人的亲情服务和取得的辉煌经营业绩，引起了业内外专家学者和媒体的广泛关注。

先是《饭店世界》杂志主编王大悟教授到访，他在看到本书作者采写的《持续不断的情感化服务——体验广东从化碧水湾温泉度假村》（后发表在《饭店世界》）一文后，于2013年亲赴碧水湾考察，写下了《"碧水湾现象"解析》一文（载于《饭店世界》2013年第2期），并在该文首次提出"碧水湾现象"这一概念。在文章中，他激动地说："当我耳闻'碧水湾现象'时，已是姗姗来迟者。"

接着，广州大学客座教授、旅游文学家武旭峰先生又暗访碧水湾，并制作了《广东有个碧水湾》的纪录片。随后，《中国旅游报》《南方都市报》等多家媒体先后到访，并做了大篇幅连续报道。

随着碧水湾知名度的提高，旅游酒店和度假村行业要求前往碧水湾学习考察的呼声越来越高。在此背景下，2015年6月18至20日，本书作者面向国内酒店和度假村行业高级管理人员、业主、旅游院校教授和骨干教师等，组织召开了第一届"碧水湾现象"研讨会,获得了巨大成功,受到政府主管部门、行业及旅游院校等社会各界的普遍好评。

那么,什么是"碧水湾现象"?简单地说,就是作为一家设施设备并不豪华的国有老酒店,以充满正能量的企业文化为基础,通过为客人提供基于中国传统文化的亲情服务,感动无数客人,连续多年创造了业界同行无法企及的顾客满意度和推荐率近乎100%、顾客网络好评接近满分,并取得让同行仰慕的经济效益和社会效益的业界奇迹。

在第10期"碧水湾现象"研讨会召开之际,中国旅游研究院院长戴斌教授发来贺电,高度评价"碧水湾现象"研讨会:"为了总结'碧水湾现象',形成可复制、可推广的发展经验,刘伟教授组织召开了十届研讨会。这在酒店、旅游乃至整个社会科学领域都极为难得。希望更多的旅游和酒店学者切实践行习近平总书记的号召,'把论文写在祖国的大地上'……"

随着碧水湾影响的不断扩大,"碧水湾现象"也引起了国际著名酒店管理专家和一流旅游与酒店管理学术期刊及研究机构的关注。2018年6月2日,本书作者在广州市从化碧水湾温泉度假村主持召开了首届"碧水湾现象"国际研讨会。来自美国佛罗里达国际大学、中佛罗里达大学罗森酒店管理学院、日本东洋大学等的国际旅游教授们对基于中国文化的碧水湾亲情化服务(会议定名为Qinqing Service)大加赞赏,认为碧水湾服务是中国服务的代表,是全世界最好的服务之一,表示要将"碧水湾现象"作为研究对象,并向全世界推广碧水湾企业文化和管理经验。

如今,"碧水湾现象"研讨会已经连续举办了20多期,线上线下参加"碧水湾现象"研讨会、应邀在研讨会上做专题演讲的国内外业界和学术界大咖包括:

魏小安:中国旅游协会休闲度假分会会长、前国家旅游局旅行社饭店管理司司长
张广瑞:中国社会科学院旅游研究中心名誉主任
林 聪:万豪酒店集团中国区发展副总裁兼中国旅游饭店协会副会长
马 勇:教育部旅游管理类专业教学指导委员会副主任委员、国家"万人计划"领军人才
保继刚:中山大学校长助理、教育部"长江学者"特聘教授、中山大学旅游学院前任院长
陈雪明:南京金陵饭店管理公司董事、总裁
邹益民:浙江大学旅游学院原院长、开元集团副总裁
时李铭:美国饭店协会教育学院(AHLEI)大中华区负责人
杨 结:广州南沙大酒店总经理、全国旅游职业教育教指委委员

王婉飞：浙江大学旅游学院副院长

唐伟良：恒大酒店集团前副总裁、美华来魅力酒店管理公司总裁

王友成：美国中佛罗里达大学罗森酒店管理学院院长

赵金林：美国佛罗里达国际大学终身教授、酒店管理学院研究生院院长

梁春香：日本温泉管理专家、日本东洋大学教授

川　口：日本早稻田大学教授

Chris Roberts：《酒店与旅游管理研究》（Hospitality and Tourism Research）杂志主编

Alisha Gulden：美国餐饮协会副总裁

Fevzi Okumus：世界著名酒店管理专家、世界排名第一的酒店管理学术期刊《当代国际酒店管理杂志》（International Journal of Contemporary Hospitality Management）主编

Paul Hugentobler：洲际酒店集团前区域总经理、洲际酒店集团上海世茂深坑大酒店总经理

李维安：《中国大百科全书·工商管理卷》《南开管理评论》主编，中国管理现代化研究会联职理事长，中国企业管理研究会副会长，国务院学位委员会第六届学科评议组（工商管理）召集人，教育部高等学校工商管理类专业教学指导委员会副主任，东北财经大学、天津财经大学前校长

何庄龙：山东省旅游饭店协会会长、中国旅游饭店业协会副会长

二、碧水湾成功之道

碧水湾为什么能够创造业界奇迹？

"碧水湾没有秘密！"专家如是说。其实，碧水湾也有秘密，碧水湾的秘密就是：大道至简，止于至善。

碧水湾的成功之道在于以下几点。

（一）有强大的、充满正能量的企业文化

学习型组织的提出者彼得·圣吉认为："作为领导者，我们可以使用的工具毕竟很有限。通常，我们不能使用锤子、锯条及重型设备，甚至计算机来处理我们现实中的管理工作。"这句话说明：领导者主要不是借助有形的工具达到管理目的，很多时候是借助抽象的概念和观念达到管理目的，这就是企业文化。

企业文化是企业发展的根本，优秀的企业家都将企业成功最终归功于优秀的企业文化。企业文化对企业团队发展、组织绩效、持续成长、应对危急时刻等方面都有着引领与支撑作用，它是企业的统帅，是常青藤企业的根本保障。这一点在碧水湾又一次得到验证。

用碧水湾人的话说：企业文化就是企业的风气和氛围，是企业在长期发展过程中形成的大多数成员所共有的价值观念、思维方式和行为准则，以及由此导致的行为模式和是非标准。

碧水湾成功的根本，在于其充满正能量、能够落地、能解决问题的强大的企业文化。正如碧水湾董事长曾莉女士所言："企业文化就是企业的'道'，企业的灵魂，它是无形的，但却是最重要的！"

碧水湾企业文化有以下几个显著的特点。

1. **以人为本**。这里的"人"不仅是指顾客，更是指员工，只有服务好员工，员工才会服务好顾客。事实上，很多酒店和度假村都在讲"以人为本"，但由于业主及管理者的理念、体制等原因，真正做到的很少，所以成功的企业并不多。

2. **充满正能量**。碧水湾的企业文化是充满正能量的，尊重员工、尊重顾客，挖掘人内心深处的真、善、美。领导以身作则，从上到下，言行一致，所有员工的言行都受碧水湾充满正能量的企业文化的约束。受碧水湾企业文化的影响，员工都很单纯，与碧水湾人相处，你会如沐春风。

3. **能够落地**。碧水湾的企业文化是十分务实的。碧水湾人认为，其之所以能够取得如此成就，得益于碧水湾自开业以来，一直致力于培育一个优秀的企业文化，那就是：充满正能量、能解决问题、能落地的文化。碧水湾的企业文化不是只挂在墙上的，而是真正可以落地的，这是碧水湾人一直强调的。

4. **能解决问题**。碧水湾的企业文化不是空洞的、抽象的概念，而是真正能够解决企业发展中的实际问题的。能够落地、能解决问题，是碧水湾企业文化的显著特征。

（二）有先进的经营、管理和服务理念

这实际也属于企业文化的范畴。碧水湾从不盲目跟风，不把客人当"上帝"，也不把客人看成"皇帝"，经过管理层认真分析研究，最终确定"员工是家人，客人是亲人"的服务和管理理念。基于这一理念，度假村对员工的关怀无微不至，换来了员工把客人当亲人，给予客人亲人般无微不至的关怀，这才创造了无数让客人惊喜、让客人感动泪奔的服务事迹。

碧水湾的经营理念是：以顾客满意为中心，品牌经营，服务取胜。紧抓"顾客满意"这个牛鼻子，实施"双轮驱动"（顾客满意度和员工满意度）战略，将亲情服务

落到实处，靠品质化、亲情化的服务，树立了行业标杆。

与此同时，碧水湾坚持以人为本、以德治村、科学管理、持续改进的管理理念，认为管理靠制度，执行靠检查，运行靠机制，并在企业建立了"七大机制"，确保了企业战略和企业文化的落实。

（三）有科学的管理手段和方法

除了强大的企业文化以外，碧水湾还有科学的管理手段和方法。其中，"积分制"是碧水湾科学管理的一大亮点。

碧水湾是最早运用积分制进行管理的旅游企业。碧水湾研发的积分制管理系统已经取得了良好的管理效果，成为"碧水湾现象"的重要组成部分，在业内深受好评，业界人士纷纷前来学习考察。如今积分制管理系统已经成为碧水湾对外输出的又一个拳头产品。

积分制的应用，使碧水湾温泉度假村的管理如虎添翼。

三、碧水湾企业文化落地的关键

参加"碧水湾现象"研讨会和前来碧水湾学习考察的业界人士，他们共同的感受是：震撼、感动、无言、学习！

大家普遍认同的是，碧水湾的成功在于其强大的企业文化，与此同时，大家普遍关心的问题是：如何让企业文化落地？

这是问题的核心，也是难点所在。

要使企业文化真正在酒店落地生根，开花结果，必须具备以下条件。

（一）文化本身充满正能量

指导企业经营管理的企业文化必须是健康向上、充满正能量的，这是企业文化得到贯彻落实的前提条件。只有这样的文化才能得到员工的认同和拥护，才能鼓舞人心。

（二）要有相应的配套制度

企业文化的贯彻落实，需要有相应的配套制度，包括激励机制、培训机制、用人机制、选拔机制、督导机制、检查机制、评价机制等。从某种意义上讲，这些制度是企业文化的"护卫舰"。而这些制度本身必须是科学的，必须得到坚决的贯彻执行。

（三）要明确渗透方式和抓手

企业文化的落地需要各个部门、各个班组，以各种方式，每天每时每刻，坚持不断地学习和渗透，将员工的工作与企业文化不断对照检查，及时修正。以碧水湾为例，从员工入职培训到每日班前例会，再到碧水湾大学堂，从"三正三反"案例的学习，再到积分制的实施，无不体现和贯彻碧水湾企业文化的思想。

（四）管理者率先垂范，知行合一

企业文化落地的关键就是"知行合一"，就是要求管理者率先垂范，长期以身作则，要在核心理念的指导下，与员工共同构筑和遵守理念指导下的行为规范，这是直接影响理念落地的关键。

"知行合一"说起来容易，但要做到却是非常不容易，最受考验的就是"是否舍得"。这个"舍得"既包括我们通常意义上所说的资金上的投入，也包括企业领导者自身能否舍得付出时间、精力，能否率先垂范，带头讲正气、讲奉献。前者是观念问题，后者是境界问题，体现的是一个人的事业心和使命感。如果领导说一套，做一套，下属就一定会阳奉阴违：你看得见的时候，是一个样子；你看不见的时候，是另一个样子。

碧水湾的文化之所以能落地，与管理者尤其是高层管理人员知行合一是分不开的。正是由于这一点，一些业界同行发出了"碧水湾是学不来的！"这样的感慨，因为碧水湾高层管理人员具有非凡的人格魅力，这不仅是因为他们的个人气质和特有的亲和力，更是因为他们都是充满正能量的碧水湾企业文化的率先垂范者，因为他们付出了比一般酒店管理者更多的时间、精力和爱心。

（五）锲而不舍，长期坚持

企业文化落地的另一个关键是：长期坚持。

企业文化不是口号，企业文化属于企业发展战略，企业文化的贯彻落实决不是一朝一夕的事情，也决不能走形式，做表面文章。企业文化的落实，需要管理者长期坚持，持之以恒，要有打持久战的思想。

很多企业都不乏好的理念，但就是因为不坚定、不坚持，所以好的理念就只能挂在墙上，成了摆设。

企业未能坚持的原因很多：
- 业主和管理层对企业文化重要性的认识不足。
- 企业文化不够科学，难以实施。
- 贯彻企业文化的决心不够。

- 业主对企业文化的落实不支持或支持力度不够。（比如，以人为本的企业文化要求对员工进行关爱，员工福利要有保障，这需要资金支持，但出于各种原因，企业业主拿不出钱或不愿意投入）
- 企业高层经常变动，换了人就换一个新的提法、新的理念。

凡此种种，都可能导致企业文化昙花一现，或长期束之高阁，或只停留于管理者和员工的口头上。因此，企业文化要落地，必须是科学的、健康的、积极向上的，必须得到员工的普遍认可，必须得到业主和高层管理者的重视，必须要有相对稳定的管理团队，必须要下定决心，长期坚持。

四、感谢

华南理工大学旅游与酒店管理学院曲波副教授对于本书的编著工作给予了大力支持，在百忙之中曾参与本书部分章节初稿的编写工作，在此表示特别感谢。

在本书付梓之际，还要感谢碧水湾董事长曾莉，以及包括党总支书记成霏、常务副总经理张彦浩、副总经理刘艳姣、行政人事部副总监周彬、质检培训部经理韩翠文等在内的碧水湾全体员工的大力支持。特别是曾莉董事长，她百忙之中，用了一年多的时间，对本书初稿进行了认真审核，又在本书付梓之际，与本书作者及张彦浩、刘艳姣两位副总经理一起，在碧水湾会议室进行了最后会审、完善。这是曾董的风格，也是碧水湾文化的组成部分，在此，作为本书作者，本人表示深深的感谢、感恩与敬意！

最后，借用著名酒店管理专家、四川大学旅游学院李原教授的一句话作为结束语："碧水湾是一本书，它在不断地书写之中，因而也需要我们不断地去阅读。"

广东金融学院国际旅游与休闲管理研究院院长
广东省第三产业研究会常务副会长
西北大学博士生导师
浙江大学文旅 MBA 导师
2023 年 3 月 6 日
于广州从化温泉镇

序言一

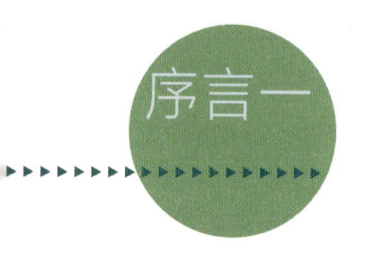

碧水湾，没有"秘密"

碧水湾，没有"秘密"。

碧水湾，位于广东从化，是一家温泉度假村，占地240亩，建筑面积3万平方米，客房250间。从体制来说，是国有企业；从历史来说，前身是民航中南空管局的培训中心；从条件来说，培训中心转型为酒店，布局不优，建筑传统，功能有限，作为温泉度假村，自身并没有温泉，还要从外边引入。处于从化这样全国闻名的温泉聚集区，碧水湾从任何一个方面都没有优势可言。但是，做成了，做好了，做响了，尤其是成为一个现象，必有其过人之处，所以被认为有"秘密"，这本书就是"碧水湾现象"解密。

我去过碧水湾两次。第一次去，颇为隆重，曾莉总经理率员工在门口夹道欢迎，进房之后，看到我的照片，装在框子里，挂在墙上，不是一幅，是多幅。还把我在各地的演讲，抽出一些所谓金句，用手写的方式，汇成一本小册子，加上照片，名为《缘在碧水湾》，这要花多少心思和精力啊，我被深深地感动了。第二次去，我专门提出，别这么排场了，细细看了一番，最后点评了一下碧水湾的局限和发展。其间还讲了一次课，《酒店起伏，服务永恒》，谈了一番对碧水湾的感触。

在我看来，碧水湾没有秘密，无非就是脚踏实地。以人为本是所有酒店人挂在嘴上的词，但是，碧水湾不停留在嘴上，而是真正落在地上。客人不是上帝，客人是亲人，这种理念才不会变成空洞的说法。但是，碧水湾也有不是秘密的秘密。之所以说不是秘密，是因为道理人人皆知；之所以是秘密，是因为不是所有酒店都能做到。至少有四个方面。

第一，关键人物，持之以恒。任何事情，都有关键人物，关键人物形成领袖效应，在关键时期产生关键作用。我们很习惯的语言模式是：这是靠领导的支持，大家的帮助，我只不过做了一点微不足道的工作。这种标准说法，看似谦虚，实则虚伪。

碧水湾的关键人物，就是几任总经理。第一次接触曾莉总经理，就感觉她与其他酒店老总不同，温婉，有一种亲近感，不风风火火，更不咄咄逼人。深入一点，则是智慧，很仔细地听人讲话，很认真地探讨问题。正是这样的关键人物，形成了碧水湾的风格。如果说领导的英明，就在于用人用对了，且持之以恒。

第二，企业温暖，妈妈情怀。在碧水湾，无论在哪个场合，总是有一种温暖的感觉。无论是哪个岗位的员工，也总是发自内心地微笑。而曾总对于年轻的员工也是发自内心的亲切，我称之为"妈妈情怀"。老总待员工如亲人，员工待客人自然亲切。这是碧水湾的风格，也是碧水湾的优长。只有多年的养成训练，才能有如此氛围。

第三，注重细节，无微不至。服务，就是人对人，也是心对心。将心比心，才能注重细节，注重细节，才能无微不至。多年以来，行业里都在讨论适度服务和过度服务的问题，度何在？就在将心比心。现在，酒店的人工成本越来越高，基本已经没有过度服务了，存在的问题都是服务不足。但碧水湾却不同，很多时候，碧水湾担心员工过度服务给客人带来不便，这是十分难能可贵的。

在各个方面都在追求流量的今天，更需要看重质量，流量往往是一次性的，质量才有粘性。尤其是度假项目，形成自己的特色，让客人感觉温暖，客人回头率就高，粘性就强。这些都是常识，没有秘密可言，真正的秘密在于坚持，在于落地，在于每一天，每一个岗位，每一个细节。

另一方面，是"碧水湾现象"的形成。在碧水湾管理和运营的基础上，刘伟教授心心念念，长期关注，长期介入，及时总结，并且组织"碧水湾现象"研讨会，到现在已经20多期，即使在疫情肆虐的情况下，也坚持举办。很难，也是情怀。现在的学者，习惯于宏大叙事，习惯于数学模型，追求的是论文发表。能够踏踏实实研究企业，扎根于基层的教授，不多了。这让我想起当年的王大悟教授，即使在餐厅吃饭，也要把本子和笔放在旁边，听到什么，及时记录，之后成文。碧水湾成为学者们共同关注的对象，这也是一种转化，把参观者转换成介入者，把企业模式转换成行业现象，鼓舞了大家的信心，推动了行业的提升。

《"碧水湾现象"解密》一书出版在即，这是碧水湾模式和"碧水湾现象"的双重解密，是企业文化和管理模式的深入探讨，也是行业发展的组成部分，应当祝贺。岁末，中国旅游仍然处于艰难困苦之中，希望本书的出版，能够如一股清泉，浇灌我们干涸的心田。

魏小安

2021年岁末

序言二

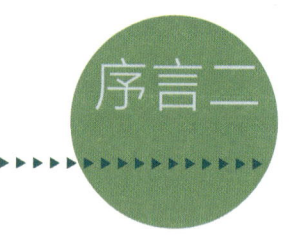

China has demonstrated very strong growth in many areas. This is evidenced by rapid economic growth, the Belt Road Initiative, high-speed trains, airports, re-emergence of Chinese culture and construction of many mobile cabin hospitals in a very short period of time during the COVID-19 pandemic. The hospitality and tourism industry in China has also demonstrated a very fast growth. These developments encourage us to pay closer attention to the developments in China especially the fast growing hospitality and tourism industry.

The Bishuiwan Hot Spring Resort in Conghua District, Guangzhou, China is an enterprise that has demonstrated major success stories. Bishuiwan, a state-owned luxury and modern resort hotel with 250 rooms and 36 hot spring baths, has developed and implemented outstanding management practices and guest services practices based on Chinese culture. Outstanding business performance of the Bishuiwan Hot Spring Resort in many areas has become a role model for many hospitality businesses in China. The success of this resort is called the "Bishuiwan phenomenon. Some of the outstanding achievements of Bishuiwan are summarized below:

Bishuiwan has successfully served millions of guests, who have been highly satisfied and loyal. With 250 rooms, 700 seats and 36 hot spring pools, Bishuiwan demonstrated continued revenue and profits growth for many years and reached a very high level compared with hotels of the same kind. As an old state-owned four-star hotel, its average room rate has been higher than the average room rates of five-star hotels nationwide. Financial performance of Bishuiwan is much higher than local hotels of the same category. Bishuiwan's customer satisfaction has been 99%.

Ctrip customer service rating for Bishuiwan has been 4.9 out of 5 for the past nine consecutive years, which has been higher than other leading international hotel companies in the region such as Ritz-Carlton, Four Seasons, Shangri-La and Hyatt Hotels. More than 80% of Bishuiwan's guests are loyal customers. Bishuiwan management have received over 4,000 handwritten thank-you letters from their customers every year.

Bishuiwan has world-class hot spring resources. However, this is not the most valuable resource the resort has. Bishuiwan has its unique "Qinqing Service" and "Point Management" approach, a very effective management system first introduced to Chinese hotel industry by Bishuiwan, Once I went to Guangzhou, China to attend an academic conference. After being introduced and recommended by a professor at the School of Tourism, Sun Yat-sen University, we visited Bishuiwan resort. My colleagues and I were so impressed and satisfied with Bishuiwan's outstanding service and the hot spring. Each time I visited Bishuiwan, the genuine smile and service by the employees made me happy. I also greatly enjoyed the rare, comfortable and relaxing hot spring in Bishuiwan World.

Certainly, the biggest highlight of Bishuiwan's management model is its family service (known as "Qinqing Service") approach that has served thousands of guests. Bishuiwan's " Qinqing Service " focuses on offering personalized and outstanding service to their guests. It is a Chinese culture based approach on the premise of employee satisfaction, customer satisfaction, and treats employees as family members. It has a goal of satisfying customers, a service mode featuring smile, caring, kindness and warm heart. Another highlight of Bishuiwan's management model is its "unique point management" which is a performance model. The reward points are used to record and evaluate the comprehensive performance of employees.

Since 2015, The "Bishuiwan Phenomenon Seminar" has been held for 20 consecutive sessions for Chinese tourism colleges, hotels and resort in China by Professor Liu Wei, the author of the book, to study the management experience and model of the resort. In June 2018, an "International Seminar on Bishuiwan Phenomenon" was held for international influence.

This book introduces the management model, philosophy, system of Bishuiwan Hot Spring Resort based on Chinese culture and the concept, theory and practice of point system management in detail. I believe that all professional managers in the hotel industry can be inspired by this approach. The editor-in-chief of this book, Professor Liu Wei, is the dean of the International Tourism and Leisure Management Research Institute of China Guangdong University of Finance, PhD supervisor of Northwest University and tutor of MBA in Zhejiang

University. Professor Liu Wei is also one of China's "Top Ten Most Influential Teachers of Tourism Colleges". This comprehensive book of "Decoding Bishuiwan Phenomenon" introduces the management model of Bishuiwan Resort based on Chinese culture. It also focuses on the essence of resort management in China and globally. The publication of this book can help the readers understand the phenomenon of Bishuiwan. This book also opens a window for readers to understand Chinese hospitality and Chinese culture. This book can help international experts and managers in hospitality industry learn and understand the developments in the hospitality and tourism industry in China. Finally, I would like to praise Professor Liu Wei for his professional efforts and contributions to the development of the industry, and sincerely congratulate him on the publication of this book.

Professor Fevzi Okumus

the Rosen College of Hospitality Management, University of Central Florida

Editor-in-chief, *International Journal of Contemporary Hospitality Management*

June 28, 2020

序言二（译文）

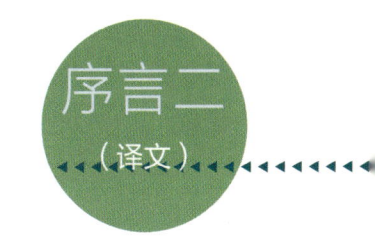

中国在很多领域的发展都非常强劲。快速的经济增长、"一带一路"合作倡议、高铁、机场、中国传统文化的复兴，以及超短时间内建成的方舱医院，都是这些发展最好的证明。中国的接待业和旅游业也实现了飞速增长。这些发展促使我们更加关注中国，尤其是其快速发展的酒店业和旅游业。

位于中国广州市从化区的碧水湾温泉度假村是个非常成功的企业案例。度假村有250间客房、700个餐位、36个温泉汤池。度假村以中国文化为基础，建立并实施了出色的管理体系和客户服务体系。碧水湾温泉度假村在诸多方面的出色表现使之成为中国接待业企业和旅游业的典范。这个度假村的成功被称为"碧水湾现象"。碧水湾的卓越成就可以总结为以下几点。

碧水湾成功地服务了数百万的顾客，他们对碧水湾的服务高度满意，并且忠诚；有着250间客房、700个餐位和36个温泉汤池的碧水湾多年来持续实现营收和利润的增长，与同类酒店相比，达到非常高的水平；作为一家四星级国有老酒店，其客房平均价格一直高于中国五星级酒店的平均房价；碧水湾的财务业绩远高于当地同类型酒店；碧水湾的顾客满意度一直为99%。

携程点评数据显示，顾客对碧水湾的服务评价在过去9年一直保持在4.9（满分为5分），高于本地区包括丽思卡尔顿、四季和凯悦酒店等在内的其他顶级国际品牌酒店；80%以上的客人是回头客；碧水湾管理团队每年收到1000多封来自顾客的手写感谢信。

碧水湾拥有世界级的温泉，但这并非是这个度假村最有价值的资源。碧水湾创立了独特的亲情服务，并率先在酒店行业引入行之有效的积分制管理模式。有一次我去广州参加一个学术会议，一位中山大学旅游学院的教授向我推荐了碧水湾。我和我的同事们到这里之后，对碧水湾的服务和温泉非常满意，并且印象深刻。从那时起，每次去碧水湾，员工脸上真诚的笑容和出色的服务都令我十分愉快。我也非常享受碧水湾稀有、舒适和令人放松的温泉。

碧水湾管理模式最大的特色是为成千上万的顾客提供的亲情服务。碧水湾的亲情服务重在为顾客提供个性化的优质服务。它的前提是员工满意、顾客满意和把员工当作家人的中国文化。微笑、关心、友善和热心是它服务模式的特点，旨在令顾客满意。

碧水湾管理模式的另一个特色是其率先在旅游和酒店行业推出的积分制管理模式。积分制中的积分用于记录和评价员工的整体绩效。

从2015年开始，本书作者刘伟教授面向中国的旅游院校、酒店和度假村，已经连续举办了20期"碧水湾现象"研讨会，以研究碧水湾度假村的管理经验和管理模式。2018年6月，"碧水湾现象"国际研讨会在广州从化碧水湾度假村成功举办，展示了它的国际影响。

本书详细介绍了扎根于中国文化的碧水湾温泉度假村管理模式、理念和系统，以及积分制管理的概念、理论和实践。我相信酒店业的职业经理人会很受启发。本书作者刘伟教授是广东金融学院国际旅游与休闲管理研究院院长（兼浙江大学MBA导师和西北大学博士生导师），是中国最有影响力的旅游院校名师之一。这本《"碧水湾现象"解密》向读者介绍了基于中国文化的碧水湾度假村管理模式，同时也揭示了中国和全球度假村管理的本质。本书的出版可以帮助读者理解"碧水湾现象"，理解中国人的热情好客和中国文化。同时，本书能够帮助国外旅游和酒店业专家及职业经理人学习和理解中国接待业和旅游业的发展。我非常赞赏刘伟教授为行业发展付出的专业努力和所做出的贡献，诚挚地恭喜他出版此书。

费夫齐·欧卡默斯教授
美国中佛罗里达大学罗森酒店管理学院
《当代国际酒店管理杂志》[①] 主编
2020年6月28日

---

① 《当代国际酒店管理杂志》是全球最著名的酒店管理学术期刊之一。

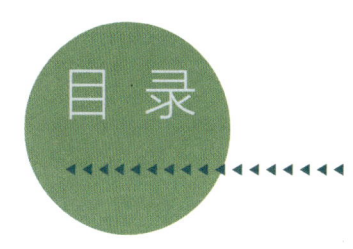

目 录

开篇　辉煌碧水湾

第一章　走进碧水湾　　003
一、碧水湾：一家位于广州从化的国有四星级温泉度假村　　003
二、碧水湾：一家充满正能量的企业　　004
三、碧水湾：中国服务的代表　　005
四、"碧水湾现象"　　009

第二章　"碧水湾现象"研讨会　　011
一、"碧水湾现象"国内研讨会　　011
二、"碧水湾现象"国际研讨会　　019

第三章　"碧水湾现象"的社会影响　　022
一、广东有个碧水湾　　022
二、碧水湾：将服务做到了极致　　024
三、微笑在碧水湾静静地流淌着　　027
四、碧水湾的颠覆：四问碧水湾　　035
五、碧水湾是民间大美女：我眼中的碧水湾　　038
六、宽广的胸怀与高度的社会责任感　　040
七、碧水湾缘何成为"现象"　　042
八、碧水湾传奇故事：顾客竟然因为喜爱碧水湾而辞去工作　　046

第一篇　文化引领

第一章　使命、愿景与企业宗旨　　056
一、使命与愿景　　056
二、企业宗旨　　057

第二章　以人为本　以德治村　　060
一、以人为本　　060
二、以德治村　　062

1

第三章　打造充满正能量的企业文化 063
一、碧水湾正能量企业文化的特征 063
二、碧水湾充满正能量的价值观 064
三、碧水湾正能量文化是一种养成文化 067
四、正能量文化孕育了"碧水湾现象" 069

第四章　规范管理者和员工行为的"五、四"文化 070
一、管理者"五、四"文化 070
二、员工"五、四"文化 073

第二篇　双轮驱动

第一章　员工满意是根本 079
一、"员工是家人" 079
二、创造友爱的人文环境 080
三、27个维度：开展员工满意度调查 086

第二章　顾客满意是目标 091
一、以顾客满意为中心 091
二、建立顾客投诉管理制度 093
三、顾客满意度管理办法 096

第三篇　品牌经营

第一章　碧水湾亲情服务品牌 101
一、亲情碧水湾：碧水湾品牌定位 101
二、"亲情碧水湾"服务品牌的打造 101

第二章　打造度假产品品牌　提升品牌社会价值 104
一、创新度假产品　打造产品品牌 104
二、努力提升品牌社会价值 106

第四篇　服务取胜

第一章　碧水湾服务理念 109
一、"服务取胜"是战略　不是战术 109
二、顾客是亲人　不是"上帝" 110
三、服务目标：让客人惊喜和感动 112

四、对客服务要物超所值　　113
　　五、服务"要与顾客的期望赛跑"　　114
　　六、好的服务是设计出来的　　115

第二章　碧水湾亲情服务模式　　117
　　一、亲情服务全景图　　117
　　二、亲情服务的基本要求　　120
　　三、亲情服务的基本特征　　127
　　四、亲情服务的要点　　130

第三章　亲情服务的保障体系　　135
　　一、培育优秀的企业文化　　135
　　二、建立亲情服务的保障机制　　136

第五篇　科学管理

第一章　碧水湾科学管理理念　　145
　　一、基本管理理念　　145
　　二、管理思想与管理定律　　147
　　三、管理方针与管理原则　　149

第二章　碧水湾"八大管理机制"　　151
　　一、工作汇报机制　　151
　　二、人才选拔机制　　155
　　三、考核激励机制　　157
　　四、问题管理机制　　167
　　五、督导检查机制　　171
　　六、员工关爱机制　　189
　　七、沟通管理机制　　190
　　八、学习培训机制　　192

第六篇　创新发展

第一章　碧水湾的创新战略　　201
　　一、碧水湾的创新理念与创新目标　　201
　　二、碧水湾服务创新　　203
　　三、碧水湾产品创新　　206
　　四、碧水湾管理创新　　210

第二章　碧水湾大学堂　213
一、碧水湾人对学习与培训的认知　213
二、碧水湾大学堂：碧水湾培训体系中必须浓墨重彩的一章　217

第三章　积分制管理　222
一、积分制：碧水湾应对当代企业管理中员工激励问题的重器　222
二、积分制为组织赋能　227
三、碧水湾积分制管理：基本思路与实施要点　238
四、积分的分类　241
五、积分的来源与获得方式　244
六、积分分组与积分有效期　245
七、积分奖扣要点　247
八、积分分值与权重设定　249
九、积分奖励制度　260
十、积分制管理的保障体系　261

后记

创新才有出路　263

附录一

解析度假村行业标杆：碧水湾的"八大服务密码"　268

附录二

碧水湾文化手册　276

开篇　辉煌碧水湾

"碧水湾现象"解密

充满朝气的碧水湾管理团队

  碧水湾是一家位于广州从化的国有四星级温泉度假村。自2002年成立以来，碧水湾以其独特的充满正能量的企业文化创造了亲情服务模式，感动了无数客人，同时也创造了业界的经营奇迹。2016年在人民大会堂，碧水湾与海底捞等企业一起荣获"中国服务十佳企业"称号。《中国旅游报》连续5版连载《碧水湾管理制胜之道》，后又开设专栏《亲情碧水湾 服务不简单》连篇报道碧水湾经典服务案例；连续6版连载《碧水湾品牌核心价值》。随后，南方都市报、广东电视台等多家媒体也先后到访，并作了大篇幅连续追踪报道。

  近年来，碧水湾以其感动无数客人的亲情服务以及率先在行业推行的酒店积分制管理，取得突出的经营业绩，获得无数荣誉，引起了国内外旅游业界和服务业界的广泛关注。随着连续20多期的"碧水湾现象"研讨会以及"碧水湾现象"国际研讨会的召开，前来碧水湾学习考察的国内同行、旅游院校老师，以及国内外旅游与酒店业专家、教授络绎不绝。

第一章　走进碧水湾

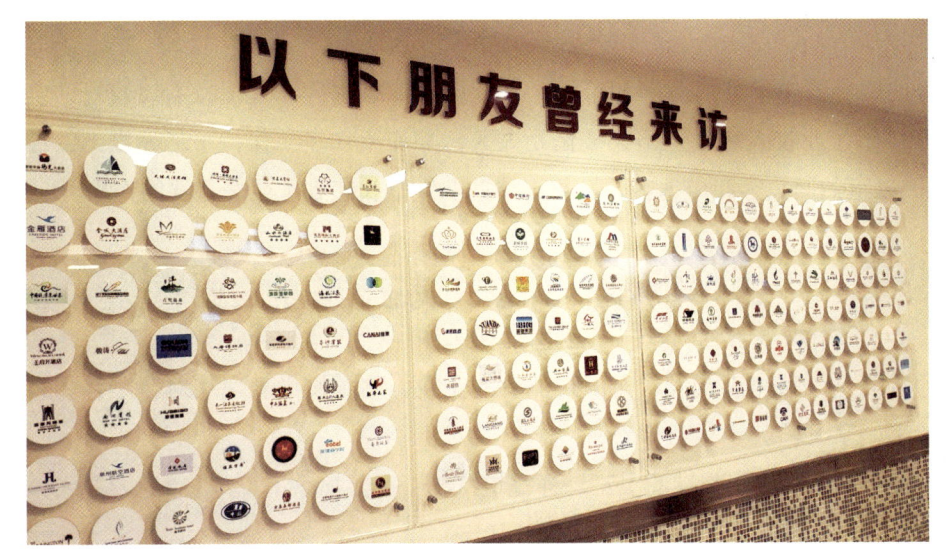

碧水湾创造的奇迹，已经成为一种现象，作为一家现象级的企业，已经吸引了近千家国内外同行和机构前来碧水湾考察，学习碧水湾经验，研讨碧水湾现象

碧水湾：业界传奇

碧水湾是一家传奇式的旅游企业：

碧水湾全体员工以其发自内心的真诚微笑，使所有来碧水湾度假的客人如沐春风；

碧水湾以其亲情服务，感动了成千上万的国内外客人；

碧水湾人引入积分制管理模式，解决了长期困扰企业的员工激励问题；

碧水湾作为一家国有四星级老酒店，房价超过了国内五星级酒店的平均水平；

碧水湾取得了令业界仰慕的经营业绩。

一、碧水湾：一家位于广州从化的国有四星级温泉度假村

碧水湾是由民航中南空管局投资，按四星级标准兴建的一家温泉度假村，位于广州东北部从化山区，度假村共有250间客房、700个餐位、36个温泉池和康体娱乐

设施。

碧水湾于2002年9月28日正式开业。2005年1月通过国家AAAA级景区评定；2010年申报并通过四星级饭店评定；2015年通过国家五星温泉评审成为首批获评五星温泉的企业（全国仅有14家，广东2家）。

碧水湾一直坚持"以顾客满意为中心，品牌经营，服务取胜"的经营理念，顾客满意度不断提升。从2012年开始，碧水湾已连续10年在携程网服务点评4.9分，推荐率99.99%；在同程、艺龙、去哪儿、美团等知名网站的好评率和推荐率也一直名列前茅。

好的服务赢得了好的口碑和市场。开业以来，碧水湾一直保持着比较好的发展态势，2011年营业收入更是一举突破亿元大关，并连续10多年保持了亿元以上的经营业绩。80%以上的回头客和口碑客，对碧水湾的业绩增长起到了至关重要的作用。

二、碧水湾：一家充满正能量的企业

碧水湾是一家充满友爱、充满正能量的企业，这种友爱表现在对待顾客如亲人，对待员工如家人。

一位曾在碧水湾工作过的员工这样写道：

我们走到哪里都会告诉我们的同事、朋友，我们曾在一个充满友爱的地方工作过，那就是碧水湾。提起碧水湾，满满的都是说不尽的话题。满满的回忆、满满的感动、满满的爱。感谢公司，感谢碧水湾这一大家子亲人。

位于广州的母亲河——流溪河畔的广州从化碧水湾温泉度假村

三、碧水湾：中国服务的代表

基于中国文化的碧水湾亲情化服务，已经成为"中国服务"的代表，碧水湾以其辉煌的业绩和广泛的社会影响，取得了行业和旅游学界的一致认可，成为全行业学习的标杆。

2006年：获"广州市著名商标"

2008年：入选"中国温泉旅游产业最具影响力十大品牌"

2014年：被中国饭店协会授予"饭店业优质服务奖"及"中国饭店业优质服务培训基地"

2013—2021年：连续五届获评金汤奖"中国最佳服务温泉"

2016：被中国酒店服务创新论坛评为"中国酒店业服务标杆"，获得"亚洲品牌500强"称号

2017年：被授予"广东省名牌产品"

2017—2019年度：连续两届荣登中国饭店品质榜榜首（金爵奖）

2018年：在北京举行的"中国服务"·旅游产品创意案例发布及创新大会上，与故宫博物院等十家企业入选"十项创意案例"

2020年：在中国旅游住宿业金光奖评选中荣获"中国十大最具魅力酒店"

2021年：在文旅住宿业百花奖评选中获评"文旅住宿业标杆学习基地"

2022年：在中国旅游住宿业金光奖评选中荣获"最佳品质服务酒店"

……

附：碧水湾荣获的奖项（部分）

荣获"中国服务"十佳品牌企业

作为"中国服务"的代表，在北京人民大会堂展示碧水湾品牌形象

"碧水湾现象"解密

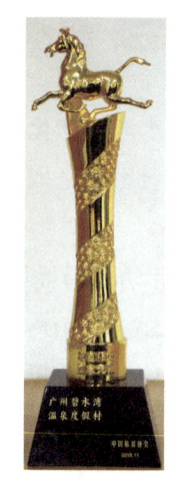

2018年被中国旅游协会授予"中国服务十项创意案例",成为中国旅游酒店行业唯一获此殊荣的企业

第11届亚洲品牌盛典：亚洲品牌500强

中国酒店服务创新论坛：2016中国酒店业服务标杆

中国饭店业年会：第十六届中国饭店金马奖

携程旅行网：2018年度最佳品质奖

中国饭店协会：2016中国十佳温泉服务酒店

开篇　辉煌碧水湾

中国温泉协会：第三届中国温泉金汤奖十佳温泉

2013、2015、2017、2019、2021年连续五届金汤奖获评"最佳服务温泉"，是中国唯一连续五届获此殊荣的企业

中国饭店协会：2017国际饭店业十佳好评热选饭店

美团旅行：2017年最受用户欢迎温泉

2008年荣获中国温泉旅游产业最具影响力十大品牌

"碧水湾现象"解密

中国饭店协会：中国饭店业优质服务公益培训基地

2014年被中国饭店协会授予"中国饭店业优质服务奖"

2022年获美团酒店"年度人气度假酒店"

荣登中国饭店品质榜榜首（金爵奖）

四、"碧水湾现象"

碧水湾是一家设施设备并不先进的四星级国有老酒店，仅有200多间客房和30多个温泉泡池，却创造了让同行刮目相看、让无数顾客热泪盈眶的业界奇迹：

- 每一位员工都能为客人提供亲情服务：发自内心的真诚的微笑服务；专业的服务；用心的服务；令客人感动和惊喜的服务。
- 250间客房，700个餐位，36个温泉汤池，在近几年全国酒店行业的逆市下，营收持续多年保持在亿元以上，利润连续多年实现持续增长。
- 碧水湾的平均房价连年上升，高于全国五星级酒店的平均房价。
- 碧水湾的顾客满意度和顾客推荐率几乎达到100%。
- 碧水湾在携程网的顾客服务评分连续10多年在4.9分以上。
- 碧水湾80%以上的客人都是回头客及口碑客。
- 碧水湾年均收到顾客手写表扬信近4000封，获得顾客提名表扬5000余人次。

广东东莞某医药企业在半年时间内，先后组织了近千名企业员工到碧水湾体验学习，随后选取了58篇学习感受文章，汇编成长达126页的内部学习资料，这份资料成为该企业员工的必读培训教材。

2018年，由中国旅游协会主办的"中国服务"·旅游产品创意案例发布及创新大会在北京举行。会上公布了中国旅游行业"十项创意案例"，广州从化碧水湾温泉度假村作为一家老牌的国有体制下的四星级酒店，因突出体现了"中国服务"内涵，在实现文旅融合、传播中华文化及持之以恒地践行"用心服务"等方面具有典型性，以"硬件不硬"做到了"软件不软""业绩不俗"，与故宫博物院、高德地图等一起入选"十项创意案例"。

由此可见，什么是"碧水湾现象"？简单地说，就是作为一家设施设备并不豪华的国有老酒店，以充满正能量的企业文化为基础，通过为客人提供碧水湾式的亲情服务，感动无数客人，连续多年顾客满意度和推荐率近乎100%，取得让同行仰慕的经济效益和社会效益的奇迹。

这，就是令行业惊叹和膜拜的"碧水湾现象"。

"碧水湾现象"解密

广州从化碧水湾入选"中国服务"十大旅游产品创意案例

最早提出"碧水湾现象"这一概念的是《饭店世界》杂志主编、上海社会科学院旅游研究中心主任王大悟教授。他于2013年探访碧水湾之后，写下了《"碧水湾现象"解析》一文，并在该文章中首次提出"碧水湾现象"这一概念。

王大悟在文中激动地说："当我耳闻'碧水湾现象'时，已是姗姗来迟者。"

第二章　"碧水湾现象"研讨会

为什么碧水湾作为一个按四星级标准建造的培训中心，经过十几年的发展，能够卖到超过五星级的价格，拥有超过国际奢华酒店的宾客满意度？

为什么碧水湾的业绩能够一直领先同行？广东是一个温泉大省，碧水湾在广东300多家温泉企业中，规模属于中等偏小的企业，但营收却早已超过了很多比碧水湾规模大、档次高、装修豪华的同行企业。

为什么行业内普遍存在招工难，流失率高，80后、90后难以管理等问题，在碧水湾却恰恰相反，大家都愿意来碧水湾工作，国内旅游院校的学生都愿意来碧水湾实习，80后、90后恰恰是碧水湾最有激情，最富创造力的中坚力量？

为什么来碧水湾学习、考察的单位已经不只是酒店、温泉、景区同行，很多像机场、银行、医院、电信、学校、高速公路等行业外的单位等也纷至沓来？

碧水湾如何创造这些奇迹？"碧水湾现象"的背后是什么？碧水湾企业文化是什么？如何使碧水湾企业文化落地？碧水湾管理模式是什么？

为了回答这些问题，为行业和社会答疑解惑，"碧水湾现象"研讨会应运而生。

一、"碧水湾现象"国内研讨会

（一）起源

"碧水湾现象"研讨会起始于2015年。这一年，广东省高校旅游管理类专业教学指导委员会正式成立。

为了提高旅游院校骨干教师的专业水平，广东省高校旅游管理类专业教学指导委员会委托教指委委员、广东金融学院国际旅游与休闲管理研究院院长刘伟教授牵头举办广东省高等院校旅游管理专业骨干教师培训班。在时任广东省旅游管理类专业教学指导委员会主任、中山大学旅游学院院长保继刚教授以及教指委秘书长中山大学管理学院酒店管理系主任刘静艳教授等领导和委员们的大力支持下，刘伟教授找到当时已在行业内声名鹊起的广州从化碧水湾度假村，期望碧水湾作为行业优秀企业，能够作为承办方，与教指委共同举办这期培训班。这一想法得到碧水湾温泉度假村时任董事

"碧水湾现象"解密

长曾莉的大力支持。

　　培训班筹备期间，刘伟通过其专业网站"刘伟酒店网"、公众号"旅游饭店内参"（已更名为"伟业文旅"）及"饭店管理教授总经理联盟""中国高校饭店管理专业联盟"等媒体对碧水湾做了大量介绍宣传，引起了众多专家学者以及包括酒店业主和总经理等在内的业内人士的广泛兴趣，纷纷表示希望来碧水湾考察学习，了解碧水湾成功的秘诀。征得曾莉董事长的同意后，首届"碧水湾现象"研讨会与广东省高等院校旅游管理类专业骨干教师培训班联合举行。

广东金融学院国际旅游与休闲管理研究院院长刘伟主持"碧水湾现象"研讨会

广东省高等院校旅游管理类专业骨干教师培训班暨第一期"碧水湾现象"研讨会

第一期"碧水湾现象"研讨会现场

(二) 参加"碧水湾现象"研讨会的学者和业内专家

为了全面深入地研究和剖析"碧水湾现象",每期研讨会主办方都会邀请国内外旅游及酒店行业的著名学者、行业领袖作为特邀嘉宾出席,并就"碧水湾现象"、企业文化、国内外酒店及度假村管理发展现状与发展趋势等做主题演讲。

截至2020年底,先后出席"碧水湾现象"研讨会并做主题演讲的有以下专家学者。

"碧水湾:中国服务的典范!"
——中国旅游协会休闲度假分会会长、前国家旅游局旅行社饭店管理司司长　魏小安

"碧水湾现象"解密

"碧水湾是一面旗帜！在碧水湾感受到的服务令我感到激动。十分钦佩曾莉董事长，碧水湾从董事长到普通员工都是令人尊敬的伟大的人。我十分赞赏碧水湾人无私奉献的胸怀和主动承担的社会责任以及对行业和社会做出的巨大贡献！碧水湾在提供'中国服务'，打造具有中国文化特色的'中国饭店'方面提供了范例。"

"刘伟教授组织了16期'碧水湾现象'研讨会，这是十分了不起的！"

——中国社会科学院旅游研究中心名誉主任 张广瑞

万豪酒店集团中国区发展副总裁兼中国旅游饭店协会副会长林聪对"碧水湾现象"给予高度评价，并就"东西文化与企业管理"问题做激情演讲

"碧水湾确实是一个了不起的企业。应该将教育部全国旅游院校院长（系主任）会议安排在碧水湾举办，让更多的院校领导和骨干教师有机会体验碧水湾服务，了解其先进的管理理念和管理模式。"

——教育部旅游管理类专业教学指导委员会副主任、
国家"万人计划"领军人才 马勇

开篇　辉煌碧水湾

"碧水湾服务和管理令人震撼。"

——国内著名酒店管理集团南京金陵饭店管理公司董事、总裁　陈雪明

"来到碧水湾后感受颇多，看到自己曾经提出的观点在碧水湾得以落实，感到非常欣慰和满足。要借助这次近距离接触碧水湾的机会，学习碧水湾，深入研讨'碧水湾现象'，为以后传道授业解惑提供更多的帮助。"

——浙江大学旅游学院原院长、开元集团副总裁　邹益民

"以前只是听说，百闻不如一见，这次来到碧水湾，感觉碧水湾还真是个现象！服务处处让人感动，其背后的管理值得业界学习和研究。"

——美国饭店协会教育学院（AHLEI）大中华区负责人　时李铭

015

"碧水湾现象"解密

"简单来说，企业要解决三个问题：第一是做什么、第二是怎么做、第三是愿意去做。这也是管理的痛点和难点。而碧水湾则解决了这三个根本问题，使每一个员工都如此真诚地服务客人，确实不简单！"

——广州南沙大酒店总经理、全国旅游职业教育教指委委员 杨结

"碧水湾是个奇迹，值得全行业学习！"

——美华来魅力酒店管理公司总裁、恒大酒店集团前副总裁、国家级星评员 唐伟良

"碧水湾是基于中国传统文化的成功管理范例，实践证明，'积分制管理'是十分有效的管理创新。'碧水湾现象'与绿色治理相遇，会得到新的升华。"

——《中国大百科全书·工商管理卷》《南开管理评论》主编，中国管理现代化研究会联职理事长，中国企业管理研究会副会长，国务院学位委员会第六届学科评议组（工商管理）召集人，教育部高等学校工商管理类专业教学指导委员会副主任，东北财经大学、天津财经大学前校长 李维安

附："碧水湾现象"研讨会代表感言

"碧水湾现象"研讨会连续举办近20期，参加研讨会的代表们无一不被碧水湾的亲情服务所感动，无一不为碧水湾以人为本的企业文化所折服。本节仅摘录部分代表发自肺腑的感言，与读者分享。

研讨会上学员与嘉宾互动研讨，并分享学习感言

广东御景酒店总经理蔡明亮：来到碧水湾，有8字感言：震撼、激动、无言、学习！

某酒店总经理：在碧水湾，我一天学到的东西，比我以往一年学到的东西都多！

某酒店总经理：真没想到碧水湾会将服务做得这么好！回去后，我们还会派酒店50人的管理团队前来碧水湾学习！

某酒店高管：真没想到，碧水湾不仅把服务做到了极致，更令我震撼的是，它的二线部门也做得如此之棒！作为一个有10多年历史的老酒店，其厨房竟能保持得如此干净，地面和厨房设备用手摸上去如此干爽，没有一点油污，这简直不可思议。我做过10多年的行政总厨，国内酒店从来没有见过！

某旅游局长：以前只是在业内听说碧水湾很好，这次实地体验了一番，感觉真棒、真棒、真棒！

某大学教授：碧水湾不仅是国内酒店和度假村行业的典范，也是整个服务行业的典范，能把服务做到如此境界，不身临其境，是难以置信的！碧水湾不仅为酒店和度假村行业树立了典范，也为我们高校旅游与酒店管理专业以及工商管理专业教师深入了解、考察和解剖一家成功的企业提供了极好的素材，这是高校教师提升自身素质、丰富教学内容的极好机会！

碧桂园酒店集团区域总经理胡建华：

碧水湾是一所大学，是酒店管理与酒店服务理论兼实操的综合性大学。课程内容全面，从管理知识到服务技巧，从理论到实操，从案例到观摩，内涵丰富，包罗万象，学不完用不尽。

碧水湾是一部电影大片。我们这几天欣赏了一部《碧水湾》大片，我们每一个人被深深打动，我们都沉浸在亲情服务的"表演"中，有时候我们也成了"群众演员"并与"演员"一起完成了某一个场景，回味无穷。碧水湾的每一个"演员"都完美无缺，每一个场景，每一个主题，每一项活动，每一个课程都精彩纷呈，美妙绝伦。

再多的感谢都显得苍白，我们唯有把刘教授、曾总、张总对亲情服务的执着与专注，以及毫无保留的传授，传播到我们具体的实际工作中去，带动大家学习借鉴，把亲情服务这一理念发扬光大。为提升酒店整体服务，时刻向碧水湾看齐，向碧水湾学习！让我们的酒店成为美好生活的提供者！

泉州师范学院赵益民：之前参加过其他类型的研讨会，但其实都是停留在理论层面。这次参加碧水湾研讨会真的收获颇丰，干货满满。在学习过程中，我一直在思考如何将碧水湾的管理模式和企业文化放在我教学的层面上。所以，以后只要有研讨学习班，我都会过来学习，也带上我们院的骨干老师一起学习，然后把我们所学再教给学生。

珠海来魅力酒店焦婕：

我总共三次到碧水湾，每一次都被碧水湾的个性化服务的细节所震撼。

第一次是自己过来泡温泉被碧水湾的亲情服务所吸引，所以第二次就带管理团队（包括总经理）过来学习，开展了对口交流。感受到差距后，回去跟团队一起琢磨参照碧水湾的亲情服务，我们打造魅力亲情服务。这次是第三次来，仍然收获很多，很崇尚碧水湾的企业文化和管理模式，也期望借机与业界和教育界大咖联系、沟通和交流。

深圳南山商务酒店总经理谭秀娟：

1.带着空杯心态来学习，满载而归。

2.入住体验：新来了几天的实习生都能够给我们提供非常好的服务，这是非常了不起的。

3.个性化服务贴心细致。

4.不虚此行，强烈推荐业界的同人来学习。

浙江越秀外国语学院教师李萍： 经上海旅专朱承强校长推荐，参加"碧水湾现象"研讨会，虽然只是入住一晚，个性化服务的体验案例可以整理成一本书了。

更多代表发自肺腑的感言，请扫描右侧二维码查看。

二、"碧水湾现象"国际研讨会

"碧水湾现象"引起了国际旅游学界和业界的关注。2018年6月2日，在广州市从化碧水湾温泉度假村举办了首届"碧水湾现象"国际研讨会。来自美国等国家的国际旅游大咖们对基于中国文化的碧水湾亲情服务（Qinqing Service）大加赞赏，一致认为碧水湾服务是中国服务的代表，是全世界最好的服务之一。

国际大咖们齐聚碧水湾，研讨碧水湾现象

"碧水湾现象"解密

"我们研究世界顶级的Ritz-Carlton酒店，认为Ritz-Carlton酒店将员工流失率控制在7%左右是十分了不起的，但是碧水湾度假村却能将员工流失率保持在2%~3%，这是个奇迹，值得我们从世界各地来碧水湾做深入研究！碧水湾提供的不仅是服务，是基于亲情、微笑、用心服务的别具特色、令人印象深刻、难以忘怀的体验！愿碧水湾在文化自信、品牌自信的道路上走得更高、走得更远，迈出中国，走向世界！"

——美国中佛罗里达大学罗森酒店管理学院院长、《旅游目的地营销与管理杂志》（Journal of Destination Marketing and Management）主编 王友成

"碧水湾温泉度假村确实是中国服务业的楷模！

"深刻体会到服务创造价值！酒店管理者要向碧水湾学习亲情服务，还要学习碧水湾如何保持住员工队伍，把员工离职率维持在3%以内的水平！

"碧水湾的亲情服务将是我在美国研究生课程宣传中国式服务的案例！"

——美国佛罗里达国际大学终身教授、酒店管理学院研究生院院长 赵金林

开篇　辉煌碧水湾

"我们看到的不仅是碧水湾员工脸上洋溢的真诚的微笑，而且是为客人提供的一种难忘的回忆，碧水湾的服务和管理非常棒，除了碧水湾文化和管理模式以外，碧水湾领导者的人格魅力也值得研究。"

——《酒店与旅游管理研究》（Hospitality and Tourism Research）杂志主编　Chris Roberts

"碧水湾的Qinqing Service（亲情服务）创造了奇迹，碧水湾员工的细节服务为我们创造了终生难忘的度假经历！"

——美国餐饮协会副总裁　Alisha Gulden

《当代国际酒店管理杂志》（International Journal of Contemporary Hospitality Management）主编Fevzi Okumus就服务文化与服务价值链做深度分享

第三章 "碧水湾现象"的社会影响

"碧水湾现象"引起了全社会的关注,本章摘录部分业内著名专家、学者在考察(或暗访)完碧水湾以后,写下的感悟和对碧水湾的点评文章,以及部分客人写给碧水湾的感谢信,可以帮助读者从不同的侧面了解和理解"碧水湾现象"及碧水湾经营管理理念和模式。

一、广东有个碧水湾

广东知名旅游文学家武旭峰老师暗访碧水湾后,情不自禁写了《广东有个碧水湾》一文。

广东有个碧水湾

武旭峰

藏族诗人仓央嘉措的《见与不见》中有这样的名句:"你见,或者不见我,我就在那里,不悲不喜;你念,或者不念我,情就在那里,不来不去……"同样,"我说或不说,碧水湾就在广东",还用得着大惊小怪?

但是换一个语境就不同了。30多年来,由于我们对旅游目的地营销的轻视,广东旅游景区在内地顾客心目中的地位并不高,不少内地人都在问,广东有什么地方好玩的?因此,我们隆重地告诉他们"广东有个碧水湾"就显得十分重要。

碧水湾全称是广州从化碧水湾温泉度假村,坐落在距广州市区80公里的从化"温泉谷"之中,地处流溪河与鸭洞河的交汇处。它四周群山高卧,有180万亩密林,100多个湖泊,生态环境堪称一流。

碧水湾温泉是国内少见的苏打型温泉,出水口水温高达71度。温泉酒店尊贵豪华,各种设施,一应俱全。并以乡野珍馐、特色美食、山林探奇、竹涧寻幽、健身娱乐、保健理疗吸引着大批旅游者。碧水湾是民航中南空中交通管理局属下的国有企业,创建于2002年7月,到2012年已经成功地实现了十年探索、十年磨砺、十年跨越的征程,成功地铸就了温泉旅游品牌,成为广东省温泉行业的龙头企业。

坐落在从化温泉谷的碧水湾只有36个泉池、200余间客房，从硬件上看碧水湾规模不大、"年岁"不小，并不具备绝对的竞争力。它究竟凭什么成为中国温泉业的一个标杆，成为许多旅游人"探求"的热点，我也为之动心，早就有心去寻找其中的秘密。

碧水湾我路过多次，也与温泉度假村的总经理很熟。但为了找到最真实的感受，我不想事先告知他们。因为几年前我在珠海某著名温泉受到贵族般的服务，后来我到处宣扬这家温泉，但朋友告诉我，他去时泡温泉时根本就没有享受到个性化服务。我那些特殊待遇，都是总经理事先安排好的。

为了求得个真实的感受，2012年12月26日下午，我和家人悄悄溜进了碧水湾。只见几个穿着红色风衣的女子款款而来，俨然空姐风采，细细一看原来都是年轻的服务员。刚停下车，刚好碰上港中旅400多人的大团队不期而至，十几辆大巴一字排开，男女老少纷纷下车。

于是，我混在人群中，走向度假村的温泉区。身边有一辆载满游客的大巴缓缓离去，只见3个身穿黑色制服的年轻人站在路边，带着依依惜别的目光，微笑着频频招手，直招到车子不见踪影，他们这才散去。

在温泉的入口处，许多红衣女子领着游客前行，彬彬有礼地解答着游人五花八门的问题。全场不乱不挤，井井有条，不过十多分钟，400多人全都进入了泳区。

耳听是虚，眼见为实，碧水湾"碧水柔情"的服务让我很是信服。

那天我在碧水湾园区漫步时收获最多的就是微笑。好像见到的每一个人都是我的亲人。

后来我在酒店的文化手册看到关于"微笑服务"的注解：热情的微笑是世界上最便宜的化妆品，是通向世界的"护照"。

这才明白，怪不得碧水湾有那么好的口碑，怪不得许多游人都说"泡温泉，我只去碧水湾"！

由此，学者们发现了"碧水湾现象"。人们纷纷解读，"注家"纷起。

有人说，"碧水湾现象"贵在服务，度假村规定的个性化服务内容就有200多条，例如：记住客人姓名；看到客人泡温泉拿手机，及时提供防水袋；见到客人喝醉酒时，要提供蜂蜜水和柠檬汁；看到客人流汗时，要提供冰巾或面巾；见到女士上火脸上长痘时，要提供西瓜、青瓜面膜……

也有的人称赞道："碧水湾现象"在于赢得了顾客的满意。度假村一年收到4000多封感谢信，有的一封信写了几千字；2011年度度假村启动顾客满意度调查计划后，当年顾客满意度达到96%，连续18个月蝉联广州地区酒店满意度第一名。

上海社会科学院旅游研究中心主任、《饭店世界》杂志主编王大悟先生是国内酒店业界研究的专家。30多年前我在安徽主办刊物时就和他有过联系。不久前他来到碧水湾,激动地写下了《"碧水湾现象"解析》一文。

王大悟在文中说:"当我耳闻'碧水湾现象'时,已是姗姗来迟者。"

这位专家眼中的"碧水湾现象"是:2012年广东省温泉行业营收总体滑坡,而碧水湾逆市上扬;只有200多间客房的碧水湾,2012年年收入达到1.2亿元;广州五星级酒店房价只有600元,而碧水湾卖到1380元,而且周末不打折,竟能爆满;酒店都在头疼招工难,而来碧水湾工作的人都愿意留下来。他甚至注意到酒店地毯10年未换,仍然像新的,连香港同行都不相信……

王大悟还说到一件令他惊讶的小事:"在客房里,服务员亲笔写了留言条向我致意,内容亲切且不说,她的字,笔法洒脱。在全国各地酒店我看到过无数张服务员的留言,但如此笔走龙蛇的,还是第一次看到。"

于是《饭店世界》的主编惊呼:碧水湾是"广州地区酒店的第一品牌"!

与王大悟一样,那天入住后我也收到过服务员给我手写的字条,而且有3张。其中一张是服务员谢清云所写:"得知你今天入住,并戴有眼镜,我特在房间里配上眼镜布,希望对你带来方便。"还有一张是服务员钟彩花所写:"在为你整理房间时,见你比较爱吃苹果,特意为你切了一碟,希望你能喜欢。"

我没见到这些年轻的女服务员,但读着读着,我的眼睛湿润了。因为在缺少"亲情"的金钱时代,我找到了人与人之间的真切关爱。

孔子说:仁者爱人。我以为说一千,道一万,"亲情"才是"碧水湾现象"中最名贵的东西!

二、碧水湾:将服务做到了极致

2011年,广东金融学院国际旅游与休闲管理研究院院长刘伟教授和新疆饭店业协会副会长陈浩先生慕名对碧水湾温泉度假村进行了一次暗访,以了解位于广州从化的这家当时已在国内业界小有名气的温泉度假村的实际服务和经营管理状况。暗访的结果使刘伟教授深受感动,留下了终生难忘的印象。也正是由于这次暗访,促成了日后连续20多期的"碧水湾现象"研讨会,使得"碧水湾现象"在全国开花结果,又因为召开"碧水湾现象"国际研讨会而使碧水湾具有了国际影响力,受到国际旅游与酒店业界和学界大咖们的高度评价。

暗访结束后,刘伟教授情不自禁地写下了《碧水湾温泉度假村:将感情化服务做到了极致!》一文,并在上海社会科学院旅游研究中心主办的《饭店世界》杂志发表

（2013.6）。①

碧水湾温泉度假村：将感情化服务做到了极致！

刘伟

某大学刘教授陪友人考察广东从化碧水湾温泉度假村（注：属于暗访，事先未通知酒店方）。当车辆到达酒店停车场后，立即有人上前为其开门，并亲切问候。刘教授想了解一下度假村的经营管理情况，提出要见他们经理或主管，迎宾人员立即答应，随后就有一个着黑色制服的管理人员前来广场回答刘教授提出的有关问题。

这时，在温泉部门口的一位迎宾员小姐见客人在太阳下站立谈话，马上送来一把伞，关心地对客人说："天很热，我帮你们遮一下阳。"而另一位迎宾员则主动用托盘为客人送来几杯矿泉水，关切地提醒客人喝点水降温。刘教授暗自赞叹这家酒店服务真好。然而，让刘教授感动的更好的服务还在后头。

当刘教授在温泉部员工的引导下进入更衣室更衣时，一位员工发现了他肩膀上贴的一块膏药，立即关切地问道："先生，您这里怎么了？"

"哦，没关系，是前段时间在一家景区滑草时不小心摔伤的。"

"哦，不要紧吧？小心点，我帮您撕下来，不过泡温泉对它的疗养是有好处的。"

随即，这位员工将刘教授引导到温泉池。

然而，事情并没有到此结束。当刘教授泡完温泉再次来到更衣室准备更衣时，一位服务员拿着钥匙为刘教授打开更衣柜，并问道："先生，请问您贵姓？"

"姓刘。"

"您就是刘先生啊，您是不是肩膀滑草时摔伤了？"

"是啊，你怎么知道的？"刘教授记得刚才接待他的不是这位员工。

"哦，我们领班说的，我们都知道了。请您先不要换衣服，稍等一下。"

不一会儿，这位服务员回来了，手里拿了两片伤痛膏药，告诉刘教授："这是我们为您准备

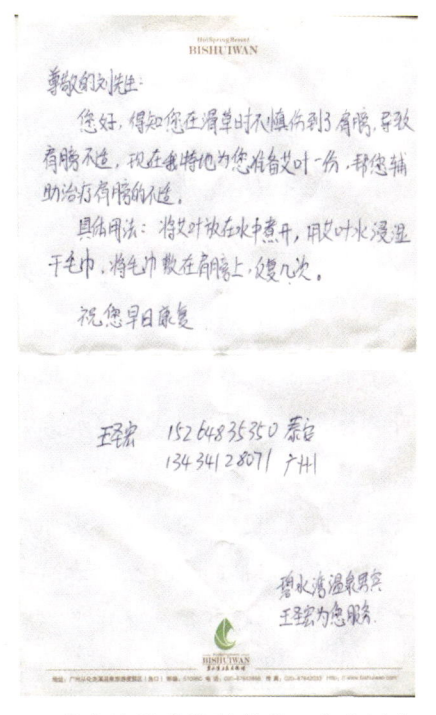

碧水湾温泉度假村员工亲笔写给客人的艾叶使用方法

---

① 文章发表时，题目改为"持续不断的情感化服务——体验广东从化碧水湾温泉度假村"。

"碧水湾现象"解密

的膏药,我帮您贴上吧。"随即为刘教授将膏药贴在肩膀部位,并关心地提醒刘教授注意不要剧烈运动,注意保护好伤痛部位。刘教授心里十分感动。

等刘教授换好衣服准备离开时,这位服务员又来到了刘教授身边,这次,他手里拿着一包用塑料袋包装好的中草药。他告诉刘教授:"这是我们为您准备的艾叶,可以治疗您的肩伤。"更让刘教授感动的是,他还将艾叶的使用方法详细地用手写在一张巴掌大的纸条上(其清楚、详细的程度绝对不亚于许多药品包装盒上的"使用说明"),然后将其放在一个精致的小塑料袋交给刘教授,并再次详细地口头告诉刘教授艾叶的使用方法及治愈肩伤的注意事项。

这是把客人当亲人,在用心为客人提供服务啊!

事情到此还没有结束。当刘教授换好衣服来到休息室时,服务员马上为他送来了一碗水果汤,并对他说:"听说您肠胃不好,这是厨房特别为您做的,对您的肠胃有好处。"

"你们怎么知道的?"刘教授纳闷。

"哦,您在泡温泉时,无意中说到的。"服务员微笑着说。这时,刘教授才想起来在泡温泉时,随意问了一下旁边的一位领班:"请问,肠胃不好应该泡哪种温泉池啊?"一定是这句话引起了他们的注意和重视。

真是太不可思议了,他们在处处留意客人的信息啊!而且服务反应如此之快,真令人惊讶!

然而,碧水湾的服务到此依然没有结束。临走时,一位服务员又送来了一张手写的纸条,上面写着针对刘教授肠胃不好的养生之道。

碧水湾的感情化服务到此仍然没有结束。几个月以后,刘教授因工作需要从广东去千里之外的新疆担任某五星级酒店总经理,有一天早上,正在开晨例会时,突然收到了一条发自广东的手机短信。发短信的人正是几个月前为其服务的广东从化碧水湾温泉度假村温泉部的那位员工,上面写着:"刘先生,您好!我是那个在碧水湾实习过的实习生,请问一下,您的肩伤恢复得怎么样了,康复了吗?如果我没有记错的话,您已经有186天没有回度假村了,我们都很想念您。"

这样的服务,怎么能不让客

碧水湾温泉度假村员工关爱客人的养生建议

人感动呢！刘教授怀着激动的心情，当即在晨例会上将这一短信读给参会的各位总监和酒店高级管理人员听，并将这一典型的服务案例讲述给大家（被短信的内容和碧水湾员工的亲情服务所感动，读这个短信和回忆并讲述服务故事时，身在异地的刘教授已经忍不住眼眶湿润，几度哽咽），在座的各位酒店高管们，也无不深受感动，纷纷表示：碧水湾是我们学习的榜样！

碧水湾的感情化服务依然在继续。大约半年以后，刘教授再次光顾碧水湾温泉度假村，这次温泉部的员工知道了刘教授的身份，一样的亲切笑容、一样专业规范的服务、一样感人至深的亲情服务……临走时，刘教授又一次收到了温泉部员工手写的问候与祝福，还有一包永远散发着中草药香与关爱之情的"艾叶"……

碧水湾温泉度假村温泉部员工写给客人的关爱纸条

三、微笑在碧水湾静静地流淌着

栾瑞生教授是我国著名演讲家、社会活动家、营销服务专家，曾任广东省电台新闻中心主任，现任中国创业家讲师团首席讲师。他通过参加全国酒店服务创新论坛，亲身体验并非常细致地考察了碧水湾服务和碧水湾企业文化，写了一篇《微笑在碧水湾静静地流淌着》，向读者展现了一副美丽的碧水湾"3D"画卷……

《微笑在碧水湾静静地流淌着》通过网络传播以后，收到3381份微信信息留言和200多个电话，有企业界人士、专家教授、大专院校学生、服务行业一线人员，他们看了文章以后，都对碧水湾的服务深为感动，大加赞赏。

微笑在碧水湾静静地流淌着

栾瑞生

世界上没有哪一种语言能与微笑的魅力相比，它是超国界的，是任何肤色的人都能读懂的语言，它具有强大的磁力。无论你身处何地，只要一个微笑，就可以使陌生的人变为朋友，使痛苦的人忘掉忧愁，使疲惫的人忘掉辛劳。

最近，我应邀参加第三届中国酒店服务创新论坛，做《转变传统服务观念 提升酒店文化品位》的演讲，住进了广州从化碧水湾温泉度假村。

"碧水湾现象"解密

我虽然只住了一天多时间,他们对客人亲情的关爱,热情细致的服务,特别是那甜美的微笑,像温泉一样静静地、轻轻地流淌着,一幕幕展现在我的面前……

当你来到碧水湾温泉度假村,他们送你一个甜蜜的微笑,你感到特别温馨;当你疲倦时,送你一个甜美的微笑,你满身的倦意会得到释放;当你不舒服时,送给你一个坚毅的微笑,你顿时会信心百倍;当你离开酒店时,送你一个会心的微笑,你会把碧水湾永远留在心间……

中国酒店论坛组织秘书长严胜道,曾多次向我介绍碧水湾温泉度假村,希望我去采访。

他说:"碧水湾温泉度假村用爱心、耐心、细心、热心、同情心、责任心和奉献精神,从小事做起,从细微做起,把酒店营造成一个温馨的家园,是酒店服务行业的榜样。"他希望我借参加第三届中国酒店服务创新论坛的机会,感受一下碧水湾的亲情服务。

8月29日上午,我刚到碧水湾温泉度假村,没来得及到房间,就来到第三届中国酒店服务创新论坛会场。会议开始前,一位服务员对我说:"栾老师您好,您的房间已经安排好了,先把您的行李放到房间好吗?"我说:"谢谢!"他说:"不客气。"说完,留给我一个甜甜的微笑,悄然而去。

中午,我回到房间,首先映入眼帘的是电视上我的一张照片,写着"青春不老,你我不散",顿时让我感觉年轻了很多。床头柜上放着印有我的头像的欢迎卡。更让我惊喜的是在桌子上,看到了小孙子栾臻昊的两张照片,还有我写的《天南地北总是情》这本书的封面照片。

在我家里的桌子上,就有一张小孙子的照片,看到酒店客房有同样的照片,真有一种到家的感觉。

还有一张服务专员丁雪娇留给我的便条,上面写着:尊敬的栾老师您好,欢迎您来到美丽的碧水湾。我看到您的朋友圈后,心中跳出的第一个想法就是,非常羡慕您有一位非常帅气、天真可爱的小孙子,特为您打印了两张他的照片,您带回家留作纪念!这是送给您

"青春不老,你我不散"

的小礼物,希望您喜欢,嘻嘻!您的小管家:丁雪娇。

看完便条,我好像看到了丁雪娇那甜美的笑脸,再看看小孙子那甜甜的笑容,我也笑了……

在第三届中国酒店服务创新论坛结束的晚宴上,张彦浩常务副总经理带着服务员

来敬酒时，我见到了服务细心周到的丁雪娇。这位受大西北秦文化、四川盆地川文化和新疆少数民族文化熏陶的姑娘，有着大西北人的豪爽、四川姑娘的泼辣、新疆姑娘那特有的笑容，再加上岭南文化感染，使她多了几分灵气。

我说："小丁，谢谢您热情周到的服务，给了我一个又一个惊喜！"她笑着说："栾老师，很高兴认识您，您快乐，我们就快乐！"她脸上始终挂着甜甜的微笑。

"您快乐，我们就快乐！"把客人快乐，当作自己的快乐，她说得多好啊！不仅是丁雪娇，度假村每一个服务员都是这样做的。

客人住酒店，除了外出办理业务和旅游，就是在客房休息，在餐厅用餐。我与从广州同来的谭金凤、黄丽英教授等四人，来到餐厅，迎客的两位女服务员微微欠身，右手前伸，引导我们找到座位以后，她们说："祝您用餐愉快！"送给我们一个微笑。

餐厅的服务员，穿着专门定染布料设计的工服，上面有美院老师创作的画作，那鸡蛋花和度假村标志，与服务员脸上自然流露出的笑容，融合在一起，笑得是那么甜，那么美。这甜美的微笑，成了碧水湾的一道风景线。

在碧水湾温泉度假村餐厅

她们迎送客人、帮客人端餐盘、收餐具，都微笑着服务。我端着菜盘去盛一碗粥，一位服务员走过来说："先生，小心烫，我来帮您。"我看到她脸上的微笑，没有拒绝。

我在全国餐饮经理培训班讲课曾提出，在餐厅工作的服务员要做到五勤：一是眼勤多观察，提前发现客人的需要。二是手勤多帮忙，主动为客人服务。三是腿勤多走动，快捷为客人服务。四是嘴勤多询问，及时了解客人的需求。五是耳勤多倾听，把客人的需求做在前面。

餐饮部经理易雪枝说："栾老师，您总结得太好了，我们就是这样做的啊！"我说："你们不但是这样做的，而且把这五勤服务，几乎做到了极致。"

在碧水湾温泉度假村餐厅，只要你一个手势，一声招呼，哪怕一个眼神，服务员

"碧水湾现象"解密

都会微笑着来到你的面前。

一位女服务员不停地在餐厅巡视，看到我在注意她，走过来，微微欠身微笑着问："先生，请问有什么可以帮您吗？"她姓程，是河南统计学院来实习的学生。

一位客人端着菜盘刚来到座位，服务员把凳子轻轻往后一拉，微笑着说："先生，您请坐！"一位客人不小心筷子掉在地上，他刚捡起来，服务员就把一双筷子送了过来。

碧水湾亲情服务

我看到一位客人一手端着菜盘，刚盛了一小碗粥，服务员接过小碗说："叔叔，我帮您。"一位女客人用完餐刚起身离开，女服务员说："阿姨，不要忘了您的包。"这位女士说："谢谢你，小妹妹，差一点忘记了。"

我看到每当有客人向服务员打听卫生间时，他们都会在前面引导客人，到了再做一个引导手势，送一个微笑才离开。

在碧水湾温泉度假村的前台、餐厅、客房、温泉区，很少听到质问客人的话语："找谁？""有什么事？""怎么了？""你干什么？"

我看到的是甜甜的微笑，听到的是亲切的话语："您好，请问有什么可以帮您呢？""阿姨！请问有什么需要帮忙吗？""好的，我马上过去。""叔叔，我扶您起来。""大姐，穿好衣服，小心着凉。""小朋友，阿姨带你去好吗？""先生，您慢走！""我们是自助餐，希望您喜欢！""欢迎您下次光临！""谢谢您！""不客气！"这些亲切的话语，再配上那温馨的微笑，使我感到像在家里一样温暖。

在前厅大堂吧，我和谭金凤、黄丽英教授刚坐下，一位女服务员端着茶来到我们面前，说："请喝茶！"她给每一位客人端茶，都是一个标准蹲式服务。

在第三届中国酒店服务创新论坛会场，服务员给客人倒茶，都是用手语示意"请您喝茶"。会议正在进行中，这个肢体语言动作，用得恰到好处。

在碧水湾温泉度假村的前台、餐厅、客房、温泉区，每一个服务员见到客人都会微笑着问好。我刚来到电梯口，一位穿着蓝花上衣的男服务员，匆匆赶过来给我按了电梯门，微笑着说："先生，您请！"我问："您是大堂服务员吗？"他笑着说："不是，我是酒店的保洁员。"

我漫步到湖边，一位姓许的在涂油漆的维修工看到我，微笑着问候："您好！"

客房服务员大部分是本地人，对比前台、餐厅、温泉区那些年轻服务员来说，她们都是老大姐了。但是，每当我来到客房，她们看到了，都会主动拿我的房卡，微笑着为我开门，都会说："先生您好，请进！"

我和陈步峰老师吃完饭走到餐厅门口，一位服务员微笑说："栾老师，陈老师，你们慢走。"她没有参加会议听我俩讲课，我们也没有给她名片，她怎么会知道我们的姓氏呢？我心里明白：这是一位观察细心的服务员，她看到了我们吃饭座位上的名字，记在心上。

我来到温泉区，遇到九位服务员，都微笑着向我问好。一位来自山东泰安旅游学院的学生告诉我："在这里，不但客人感受到亲情服务，我们服务人员也感受到了大家庭的温暖。"

这里的温泉设施，和其他地方不同的是：有小型温泉会议池，客人一边泡温泉，一边开会；有能下象棋、围棋的温泉池，客人可以泡着温泉在楚河汉界一争高下；还有对身体有调理作用的冰火池，最受客人欢迎。

温泉部副总监张丹荔告诉我：这一切，都是根据客人的需求设置的。她一边带我参观，一边讲述着发生在温泉区的故事：今年三八国际妇女节，为了让来碧水湾的女客人感受到节日的氛围，酒店在温泉区开展"缘在碧水湾，相遇女神节"为主题的庆祝活动。

要让客人感受到惊喜，就要给客人制造惊喜。他们制作了海报、贺卡，为女士送上女神专属贺卡。还用鹅卵石在草坪上布置"女神节快乐"，将原有的心形拱门用气球装饰，烘托舞台美感。他们送给女神一首诗、一封信、一首歌、一支花、一个游戏、一支舞，这新颖而独特的六个"一"，是碧水湾员工的独创，每一个项目都是一个值得传颂的故事。他们现场展示的手语舞《三德歌》、诗朗诵等节目，表达了碧水湾对客人的节日祝福，让客人惊喜和感动。

张丹荔还谈到，客人张女士带着亲朋好友慕名来到温泉度假村过生日，他们为她设计了一场主题为"粉色之梦"的生日会。在通往二楼平台的楼梯两侧用粉色气球布置成粉色通道，青山远黛与池水庆典装饰交相辉映，营造出了充满着公主气息的粉色氛围。张女士的孩

温泉部副总监张丹荔

子,高兴地又蹦又跳,对妈妈说:"这里太漂亮了,以后我还要来碧水湾温泉。"客人把这美好经历发到朋友圈,五湖四海的朋友们记住了碧水湾。

张丹荔讲着这些感人的故事,脸上流露出欣慰的笑容,这微笑标志着对客人的关爱,也使我想起了丁雪娇说的:"您快乐,我们就快乐!"她们都做到了把客人的快乐,当作自己的快乐。

餐饮部经理易雪枝,也给我讲了一个令客人感动流泪的真实故事:余老先生是碧水湾的金卡VIP客人,12月22日是他85岁生日。他召集在北京、上海的儿女来碧水湾温泉度假村为他庆贺生日。餐饮部得知消息后就忙了起来,精心布置寿宴房间:将餐桌台布及围裙全部换成大红色,并折叠了心形的口布;在餐桌上布置"寿"字及"寿桃"米画;在窗户边挂上"寿"字的卷帘画,右侧镜子旁布置两个"寿"字的红色中国结,并将包房门牌主题设计为"万寿无疆厅"。在菜品上还特意为老先生制作了他爱吃的水晶寿包。

天花板墙面上的红色气球下,悬挂着余老先生的个人照和全家福。余老先生一家人进到包房时,十分惊讶。易雪枝经理还精心设计了"为父亲煮一碗长寿面"环节:老先生的大儿子换上厨师服、厨师帽、口罩,亲自为父亲煮上一碗长寿面。

当他把长寿面端给父亲时,老人家向这位"师傅"连声道谢。但是,当儿子摘下口罩和厨师帽,祝福爸爸寿比南山,福如东海时,老先生和家人大为惊讶。特别是余老先生,惊讶和惊喜交集在一起,眼睛湿润了。他说:"今晚的这碗面味道很特别,有儿子和碧水湾的味道。"说着眼泪出来了。

在晚宴的尾声时,随着音乐和灯光,易雪枝和服务员唱着生日歌,推着精心制作的蛋糕和生日果盘,缓缓走了进来,掌声、歌声和祝福在房间回荡着……

我给婚礼寿宴主持人讲课时,特别推崇山东潍坊大酒店的婚庆寿宴文化,到他们酒店举办婚礼和寿宴都要提前联系排队。我在采访中了解到:在广东,很多客人喜欢到从化碧水湾温泉度假村举办生日宴会。从中医药大学的院长,酒家的副总经理,到85岁的余老先生,再到慕名来碧水湾的张女士。

这是因为碧水湾人把度假村营造成客人温馨的家,把客人当作家人。因此,他们会把客人的生日宴会安排得丰富多彩,给客人一个个意想不到的惊喜,使客人在朋友面前感到自豪,亲朋好友通过朋友圈看生日宴的场面,客人自然会感到体面。

空姐服务明星韩晶听我介绍碧水湾的服务,她问:"客人都喜欢到碧水湾过生日,还有其他原因吗?"我笑着说:"还有一个重要原因,就是到碧水湾过生日,可以益寿延年,长命百岁!"她说:"好啊,我要带老人到碧水湾过生日,也看看碧水湾的微笑。"

有人把"微笑服务"当作服务的法宝,这是有道理的。酒店之父希尔顿老先生,每次见到他的下属，问得最多的一句话就是："你今天对顾客微笑了吗？"希尔顿的微笑体现这样一条法则：树立起一个令公众满意的良好形象，以此在激烈的市场竞争中求生存，图发展。

我到美国采访，之所以选择住希尔顿酒店，就是感受服务员的微笑服务。我在酒店、铁路、航空、银行、通讯、保险等服务行业讲课，都谈到微笑服务，还在报刊发表了十几篇关于微笑服务的文章。

碧水湾温泉度假村用真诚友好的微笑，在客人中树立起了美好的公众形象。为了感谢他们热情周到的服务，我和严胜道秘书长一起，把我国著名书法家、词作家蓝岩老师书写的墨宝《惠风和畅》，送给了碧水湾温泉度假村。

惠风和畅，是指柔和的风徐徐吹来，使人感到温暖、舒适。我们来到碧水湾温泉度假村，就感受到了舒心惬意。

我离开了碧水湾温泉度假村，应邀到航空公司探讨细微服务，抽时间拜访了蓝岩老师，把向碧水湾温泉度假村赠送墨宝的照片送给他，并讲述了碧水湾亲情服务的故事。

蓝岩老师听了，即席作词一首《卜算子·咏碧水湾》：爱心送宾归，喜颜迎客至。碧水湾人之魅力，迎来欣喜日。酒香飘万里，八方聚此地。微笑柔情待宾朋，温馨又甜蜜。

在碧水湾温泉度假村，服务人员微笑着迎来一个个客人，送走一个个客人。从董事长曾莉、常务副总经理张彦浩，到部门经理张丹荔、易雪枝，再到主管、领班和每一个服务员，遇到客人，你都会看到他们的微笑。

中国服务文化研究会会长陈步峰说："走进碧水湾，令人感动的是金管家全程贴心的用情用智的服务，令人眼睛一亮的是每个员工发自内心的甜美的微笑与亲切得体的问候。"

中国旅游饭店业协会副会长、山东省旅游饭店业协会会长何庄龙，离开碧水湾，在车上留恋地望着青山绿水环抱的碧水湾温泉度假村，满怀真情地说："亲情碧水湾，慕名而来，来了不想走，走了还想来，不来真后悔！"

碧水湾亲情，来了享受，走时眷恋，走后思忆。家外之家，来来往往！这位曾是军人的山东人，被碧水湾的亲情服务感动了。

中国旅游饭店业协会副会长、山东省旅游饭店业协会会长何庄龙

张彦浩常务副总经理听着专家的赞誉，看到服务员那发自内心流露出的真诚微笑，他笑了，开怀地笑了。

我看到了他们真诚的笑、会心的笑、甜美的笑、灿烂的笑、欣慰的笑、温馨的笑、坚毅的笑、高兴的笑、歉意的笑……

我们都知道，服务文化是以服务价值为核心，以顾客满意为目标，以形成共同的服务价值认知和行为规范为内容的文化。

酒店为什么要打造服务文化品牌呢？因为服务是人在主观意志支配下有目标地行动，服务者根据顾客的需求从头到尾都在有计划、有步骤、有目的地行动，人的主观意志起着主导作用。服务者的文化品味和文化素养都贯穿于整个服务活动之中，都在不同程度地影响着服务质量。

董事长曾莉在第三届中国酒店服务创新论坛上，联系碧水湾的亲情服务，对服务文化做了令人满意的解释，对酒店如何打造服务文化品牌，做了让人信服的说明。

她讲到"以顾客为中心，为顾客创造价值"的核心理念。碧水湾就是围绕这一核心理念，在标准化、规范化基础上实行个性化、超常化服务，"在情感上把客人当亲人，视客人为家人；在态度上是不向客人说NO；在利益上不让客人吃亏"。

我明白了：在碧水湾人心里，每一个客人，都是他们的亲人朋友，碧水湾就是客人温馨的家。因此，才有了他们那对客人发自内心的真情微笑。

在他们心里，微笑是充满亲情的无声问好，使人感到亲切温暖。所以，微笑成了她们经常的面容，共同的信条。微笑，已成为碧水湾的一道景，成为碧水湾连接客人心灵的一座桥……

我们上车离开酒店时，他们在车门口放了一个台阶凳，方便客人上车，这是我在全国酒店极少看到的。

我在碧水湾温泉度假村仅住了一天，就匆匆离开了。遗憾的是我因参加第三届中国酒店服务创新论坛，没有时间采访，会议结束以后还要到外地讲课，也不能留下来采访。

在这短短一天里，我遇到的，看到的，听到的，让我感动。

再见了，碧水湾！车开动了，我远远看到董事长曾莉、常务副总经理张彦浩和服务员，微笑着在向我们招手再见！

这微笑，像那清澈的温泉水，在静静地，轻轻地流淌着，流向五湖四海，流进了客人的心田……

2019年9月8日写于北京

四、碧水湾的颠覆：四问碧水湾

三峡大学旅游系主任郑宇飞教授在参加完第15期碧水湾现象研讨会以后，激动地写下了《碧水湾的颠覆》一文，此文随后发表在2019年4月25日的《中国旅游报》上（标题改为"四问碧水湾"）。

碧水湾的颠覆

郑宇飞

一个星期过去了，书桌上还放着碧水湾的一些纪念品，电脑上还有导出来的碧水湾学习照片，手机备忘录里仍然保存着碧水湾的学习笔记，脑袋里仍然会浮现出碧水湾学习的点点滴滴，还有很多关于碧水湾的问号。过去的几年里，一直关注着住宿接待业的发展和变化。从经济型酒店到中档精品酒店，从传统星级酒店到乡村民宿和城市客栈，从体验式住宿到养生型度假，从国际品牌到中国品牌。在市场竞争日趋激烈，利润水平逐年下滑，人力成本不断上升，服务与管理人才匮乏，跨界融合层出不穷，人工智能山雨欲来的大背景下，住宿接待业仍然艰难前行，活力无限。而广州从化碧水湾温泉度假村这样一个国企背景，位置较偏，建于2002年的老旧温泉度假酒店，只有200多间客房的规模体量，竟然创造了连续8年营收过亿的经营奇迹。其带给我的震撼超过之前我所有考察和入住过的酒店，在某种程度上，它甚至颠覆了我关于服务、管理和文化的认知。

（一）服务可以创造顾客价值吗？

我们过去讲酒店产品80%是实体产品，只有20%是服务。纵观近20年住宿接待业的发展，服务领域的创新越来越少，而环境设计、建筑设计、景观设计、室内设计、形象设计、新技术应用等非服务领域的创新越来越多。人们似乎都在追求新、奇、特，享受设施设备的舒适和便利，而忽略了人存在的价值和意义。酒店行业关注人效、坪效，关注成本控制、收益管理，背后都是利润诉求，却又面临无人可招、无人可用的境地。在2010版星级酒店评定标准里，硬件和软件评分各占50%，新版星级酒店评定标准据说更加重视智能化设备，服务评分只有很少一部分。在这样一个趋势下，服务越来越被忽视。只有VIP来了，才会专门设计服务；只有大领导来了，才会有高质量的服务。而到了碧水湾，我们一个高校普通教师，一个行业普通经理主管，以及几乎任何一个到过碧水湾的客人，都能感受到热情的微笑、主动的称呼、精心的服务，处处感受到被尊重、被理解和受欢迎，这是不容易做到的。这种工作热情和服务积极性不仅仅是一线面客员工，从一线到二线，从前台到后台，从总经理、部门经理、主管、领班、普通员工到实习生，从前台接待礼宾，到保安、PA保洁阿姨，都主动和客人微笑，和客人交流，实在是不可思议！在其他地方，我们可能会遇到：当我们被当作贵宾和领导的时候，我们受到足够的礼遇。但如果我们不是贵宾和领导，我们只是一个普通人，就马上被忽视了，处处是冷脸。我们可能会遇到：民宿主人热情接待，主动沟通，将我们当作远方的贵客。但是在民宿里，标准化的东西还有缺失，规范化的管理还达不到，服务仍然是随性的，管理仍然是随意的。而在碧水湾，几乎每一个到这里的人都能够感受到超常规的服务，超过期望的服务。所以携程点评4.9以上，所以口碑客人达到80%以上，所以这个老酒店比新酒店定价还高，出租率更高。由此可见，服务真的可以创造价值。

（二）管理能够提升服务吗？

这个问题的答案当然是肯定的，但经常也会被质疑。质疑的前提就是经济人假设，每个人都是经济人，都是理性的，付出的劳动需要回报。国外的服务员服务好，可以得小费，而国内的服务员服务再好，人们也不给小费。工资就那么一点，那凭什么要微笑，要热情，要主动，要想客人的需求呢？于是有了标准化管理，于是标准越来越多，却也不见得服务做得有多好。人们只想着工资、奖金，2000的想3000，3000的想5000，5000的想10000，10000的想20000，人的欲望是无穷的。如果大家眼里只有钱，所谓的好服务就是实现个人利益最大化的工具和手段，那什么时候是个头？于是，有了自动化生产，有了智能机器人，人们希望更快实现机器取代人，人的价值被忽略。要么就如同民宿，既然大中型服务企业的员工难以保证服务规范、积极、热情，那就民宿主人全包。在这个过程中，大中型企业的员工们会抱怨，会埋怨，你拿的钱多，所以你该服务好，我拿的钱少，差不多就行了。管理层内部，管理层和普通员工之间、员工内部矛盾重重，无论怎么培训、考核，服务质量难以提升。所以，我们看贯标的企业，大量的管理制度和规范化文件最终被束之高阁，服务和管理仍然糟糕。4D和六常能够提升服务和管理水平，但人走茶凉，服务和管理水平不稳定，不可持续。其实，幸福不是得到的多，而是计较的少。碧水湾做的是，以产品为基础，以利润为保证，通过坚持学习、活动渗透、制度建设三管齐下，关心员工生活，关注员工需求，帮助员工成长，提升员工满意度和忠诚度，进而提高顾客满意度和忠诚度，实现企业健康发展。在激励机制和薪酬体系方面，他们的员工除了基本工资、绩效和奖金，还设立了积分奖扣管理制度，扩大成本可控的激励，调动员工积极性，适当授权，让吃亏是福变成现实，让分外之事有人主动去做，这个是比海底捞更进一步的系统化的管理提升。员工工资要多少才够？可能只需要比区域全行业平均工资高那么一点点，但所有人都希望职业有前途，工作有尊严，生活有品质。而恰恰在住宿行业，这是很多企业没办法给员工的，最终造成离职率高和招人难的问题。服务做得好，有时候是表面文章。长期服务好，就要看管理了。管理好不好，主要看后台。当我们看到碧水湾整齐规范的二线办公场所，看到洗衣房热火朝天的工作场面，看到员工食堂和员工宿舍干净整洁的环境，我们就能真切感受到企业管理的水平。

（三）企业文化究竟有没有用？

当然有用。企业文化是可以复制的吗？非常困难。企业文化该怎么推行呢？罗马不是一天建成的。我们看到在员工餐厅挂着四个工作信条：凡事安全第一；行动以客为先；保持积极心态；不向困难说不。四个见到：见到客人或同事要主动问好；见到客人或同事有困难要主动帮助；见到地面有垃圾要主动捡起；见到不安全因素要立即报告。四不文化：一线员工不对顾客说不；二线不对一线说不；下级不对上级的命令说不；上级不对下级的困难说不。四个凡事：凡事要从自己做起；凡事多替别人着想；凡事常怀感恩之心；凡事主动帮助别人。对于管理层而言，做到四个凡是：凡是要求别人做到的，自己首先做到；凡是今日的工作，必须今日完成；凡是出现问题，先检讨自己，立即整改；凡是布置的工作，必须有检查验收。四不放过：问题没有得到解决不放过；查不出问题发生的原因不放过；拿不出防止问题再次发生的措施不放过；责任人没有受到处理不放过。四个管理智慧（曾国藩）：轻财足以聚人；律己足以服人；量宽足以待人；身先足以率人。这些企业文化看起来很简单，但执行起来非常困难。其实我们自己一个人做到都很困难，更别提公司上下500多人，还经常有新人和实习生了。碧水湾经过十几年的不断积累，坚持学习标杆，举办活动，优化机制，基本上做到了文化落地。

（四）亲情服务究竟能不能持续？

人的行为受很多因素的影响，经济人之外还是社会人，除了企业文化、管理制度之外，还有传统文化。中国传统文化是祖宗崇拜，家国一体，没有信仰，强调君君，臣臣，父父，子子。中国人的相处有远近亲疏，中国人讲宗族，讲亲情。亲情服务能否成为中国服务的品牌和标签尚不得而知。而要做到将客人当作亲人，并坚持做下去还是非常困难的。碧水湾做出了很好的尝试和榜样，实现了员工满意、顾客满意和企业利润增长的良性循环。这种企业文化和管理模式能否复制，能否实现品牌扩张，同样受到很多因素的影响。碧水湾之所以能做到这样，与企业领导者的思想、素质和能力密切相关，从第一任董事长姜忠平到现任董事长曾莉都是非常卓越的企业领导者。难能可贵的是，他们也带出了一个优秀的管理团队，而且能够留住人才，这是企业长远稳定发展的关键。

五、碧水湾是民间大美女：我眼中的碧水湾

著名酒店管理专家、四川大学旅游学院李原教授借参加第三届中国酒店服务创新论坛的机会，考察了碧水湾，情不自禁地写下了《我眼中的碧水湾》一文。

我眼中的碧水湾

李原

近几年来，广州从化碧水湾温泉度假村作为行业转型升级的现象级酒店越来越引起广泛的关注，碧水湾的亲情化服务、碧水湾的个性化服务、碧水湾的积分制……不同的人从不同的角度对碧水湾做了各种各样信息量巨大的解读。和美丽的曾莉董事长认识很久，但阴差阳错，始终无缘碧水湾，因而碧水湾的形象在我心目中始终是笼统、模糊的，我甚至心存疑虑，碧水湾到底是一个什么样的酒店，碧水湾现象之于行业价值何在？假第三届中国酒店服务创新论坛的机会，来到碧水湾，俗话说，百闻不如一见，短短的时间，通过体验、交流，尤其是曾莉董事长的分享，碧水湾的形象逐渐清晰、立体起来。碧水湾是一家实实在在、接地气的酒店，"碧水湾现象"也并非一种操作下的"光晕"，而是实施组织创新所迸发出的酒店光彩，之于行业，之于未来，碧水湾最为宝贵的价值如下。

价值一：碧水湾经验具有普适性。

标杆的意义在于其普遍的推广与仿效价值，因而和行业大多数酒店的基础设施水平、市场环境条件相类似前提下的创新性做法是标杆成其为标杆的前提，也是标杆的经验具有价值的基本要求。和现在许多靠资本、靠资源、靠高科技、靠设计手法等形成的"高大上"酒店不同，碧水湾就是一家普普通通的四星级酒店，没有视觉冲击的建筑造型，没有宫殿般的大功能空间，更没有贵族式的奢侈豪华，碧水湾的基础设施本身甚至还存在许多先天的不足和缺陷，这从它6000多条宾客在线评论中的21条差评大多以诟病其卫生间太小、装修风格老套、客房智能化水平不够就可以看出，但正是碧水湾这种平民气质对占大多数与其具有相似性的酒店而言，碧水湾更具普适性、可学习性、可借鉴性。与我相似但比我做得好就是榜样，整洁有序的空间环境营造，良好的维护保养功力，注重实用而不是炫耀的设备配置，出自员工创意与手作的各种小贴士，洋溢在每位员工脸上的灿烂笑容……为碧水湾的平民气质注入了浓浓的美学意蕴。碧水湾不是公主，但碧水湾绝对是美女，而且是那种越看越漂亮，越看越有味道的民间大美女。非周末、非节假日900元以上的最低房价，超过99%以上的感动好评便是消费者对碧水湾这种美的认同与赞许。

碧水湾以专业化的管理、精致的服务突破了行业绝大多数类似酒店的经营瓶颈，立足酒店业最本真的方法和途径，在最基础的要素方面实施变革，创造出效益和品牌，也给行业提供了更为专业、更加经济、更有操作性的发展标本，这便是碧水湾之于行业，之于未来的最大价值。

价值二：碧水湾现象的核心在回归。

没有先天颜值的碧水湾成为一个家喻户晓的美女，实际得归功于后天艺术般的"美容手术"，医生是以曾莉董事长为首的整个碧水湾团队，手术的方法则是碧水湾提出的亲情化服务理念。对碧水湾的亲情化服务理念行业内有很多的介绍，在充满不确定性的时期，酒店业是乐于创造，也善于创造概念的行业，对碧水湾亲情服务过多的浅层化、现象性解读都降低了这一理念提出的战略价值。

碧水湾的亲情化服务理念不是一种空幻的口号，更不是为了制造某种噱头，犹如曾总所言，碧水湾提出亲情化服务是一种战略决策。在曾总团队心目中，服务是一种文化，而不是一种工具，通过以服务变革为核心的亲情化战略的制定，目的在于改变组织长期习惯性的运行状态，以具有创造性的制度创新，有效地为组织赋能。为此，碧水湾赋予亲情化服务理念"四个突出""五个点"的深厚内涵。

所谓"四个突出"指：第一，必须突出感情投入，倡导"把客人当远道而来的朋友，当终于回家的亲人"看待，要求主动问好，热情迎送，用心服务，主动关怀；第二，必须突出"想客人之所想，急客人之所急"态度，并拿出行动；第三，必须突出服务的"深度"和"广度"，以贴近、细微的服务行动，达成"客人想到的，完美地做到；客人未想到的替客人想到，并提前做到"的服务境界；第四，突出"超常服务"，以超预期的服务感动宾客。感动宾客的关键点在有效的传递亲情，因此在"四个突出"的基础上，碧水湾又赋予亲情化服务"走心点儿、时尚点儿、好玩点儿、幽默点儿、温情点儿"的性格色彩。由此，碧水湾的亲情化服务不再是空洞的口号，更不是苍白的说教，而是有血有肉，有温度有性格的组织变革与创新战略。同时，我们还必须深刻地理解到，这种组织创新之所以在碧水湾能够行之有效，开创出潜力无穷的发展蓝海，就在于这种基于服务变革与创新的战略规划符合了行业发展的规律，回归到了行业产品生产的本质属性上。在急剧变动的客观现实中，行业太急于找到出路，转型升级。然后不切实际的创新不是创新，更不会产生效用。因为，就酒店而言，地理位置不可变，建筑结构、设施设备档次、空间装饰变动的成本又太大，而唯有服务才是酒店产品变革成本最低，边际效益最大的创新要素。碧水湾的亲情化理念的提出恰恰是基于回归行业产品最本质的属性和产品最根本的要素"圆点"，以服务为突破口，以服务变革为创新点，通过对酒店行业服务价值的再认识、再定义，赋予组织新的活力，这也就从战略的高度定义了酒店整体的发展方向和运营思维。所以说，碧水湾的亲情化服务理念不停留在产品创新的层面，更具有赋能组织的战略力量。

价值三：碧水湾亲情化的魅力在始终如一。

碧水湾的亲情化服务为什么具有如此大的影响力？其根本原因体现在它的始终如一上。严格意义上讲，亲情化、极致化、精细化服务对中国酒店来说都不难，这是我们最为拿手的，从政务接待型酒店时代就开始磨炼积累起来的看家本领，但贵在坚持，难在始终。而碧水湾的亲情化服务则呈现出始终如一的特征，这种始终如一体现在对所有客人的一致性和长期持续的稳定两个方面。而养成这种服务素质的机制和动力来源于碧水湾的积分制激励办法。从小费服务费制，到利润分享制，再到股权配给制，等等，可以说酒店业的激励机制有很多，而碧水湾的积分制能发挥实际的功能，是因为碧水湾的积分制真正发挥了激励作用，激活了员工。曾总团队始终奉行德鲁克"管理的本质就是激活人的善意和潜能"的理念，因而碧水湾实施积分制的初心不是刚性的管理约束，而是柔性的鼓励与激发。因此，曾总反复强调，碧水湾的积分制不直接与钱挂钩，甚至不以员工某一具体的工作表现评价为重点，积分制实现的核心宗旨是以构建发展的、长时效性的动态管理氛围为基点，不纠缠于一时一事的员工表现，更规避赤裸裸的以金钱刻度员工工作业绩的习惯性思维。在碧水湾积分制体系下，柔性的评价氛围比刚性的考核让员工在酒店更为放松，对工作更有把握感，从而使员工在日常的服务行为方面表现出足够的从容，从容带来主动，主动产生亲切，亲切生成温馨。因而，在碧水湾，来自员工从从容容的服务给了宾客美妙的感受，没有刻意的表现，更没有颇具心计的邀功感觉，自自然然中完成服务，和风细雨般达成情感的传递，亲情化服务的目标便在这柔软的氛围下自自然然地得以实现。

刚性的制度以柔性的表达方式和流程来推行，是碧水湾积分制成功的关键，这是一种管理文化的创新，更是基于人文关怀前提下的企业精神再造。赋能组织，激活员工，企业就会具有旺盛而持续的生命力。许多人说学不会碧水湾的方式，是因为没有认识到碧水湾管理思维的实质和内涵，要知道思维和理念永远具有可理解性、可学习性与可模仿性。

曾莉董事长说，人性永恒、服务永恒。碧水湾是一本书，它在不断地被书写之中，因而也需要我们不断地去阅读。

六、宽广的胸怀与高度的社会责任感

著名旅游专家、中国社会科学院旅游研究中心名誉主任张广瑞教授作为第16期碧水湾现象特邀演讲嘉宾，在对碧水湾实地考察后，写下了《宽广的胸怀与高度的社会责任感》一文（见《中国旅游报》2019年6月20日），对碧水湾企业文化与高度的社会责任感给予高度评价。

宽广的胸怀与高度的社会责任感

张广瑞

也许有些人并不一定清楚广东从化的准确位置，但一定听说过"从化温泉"。近年来，从化已然成为"温泉之乡"的代名词。而碧水湾温泉度假村称得上是其中的佼佼者。

近年来，碧水湾声名鹊起，受到游客的青睐和同行的赞许。究其原因，不是因为它规模多大，也不是设施多奢华。相反，一些慕名而去的游客说："这个度假村外观并不惊艳。酒店主楼倒像是一个老式的办公楼，隐于普通社区公园之中。除了楼前哗哗作响的喷泉给人以活力之外，整个度假村显得平静而祥和，没有热点景区那种车水马龙的喧嚣，也没有一些现代度假村的豪华与张扬。"然而，就是这个规模不大的温泉度假村，自2002年开业以来，获得了广东省和全国许多有影响的温泉方面的奖项和荣誉，跻身亚洲500强品牌企业之列。

日前，一次偶然的机会，笔者在碧水湾度假村逗留了两天，对度假村周围环境、员工工作状态进行了考察，参观了包括客用物品洗涤消毒、部分规章制度及员工积分奖惩记录公示、员工之家等在内的度假村后台运营管理程序和设施，参观了员工班前会，欣赏了特定服务技术表演，并与度假村董事长曾莉进行交流。虽然这样的调查研究并不全面，但至少有两点给笔者留下了深刻印象。

其一是企业领导人对以人为本服务理念的理解深刻，并把这一理念发挥到极致。应当说，以人为本的理念人尽皆知，然而落实到实践层面却是良莠不齐。碧水湾的以人为本理念，不仅体现在对客服务的细腻而得体上，更体现在对服务主体——员工的关爱与激励上，而后者更加突出而有效。碧水湾实行的公开、公正、透明的积分制度，提高了"千禧一代"员工对服务的责任感、荣誉感和成就感，而企业对员工日常生活、能力建设和职业生涯等方面的关心和爱护，激励员工提高服务质量，自觉维护企业形象。而这是一个成功企业的根基所在。

其二是企业管理层的宽广胸怀和高度的社会责任感令人起敬。对于在规模、设施及经营环境等方面不具备突出优势的碧水湾来说，做到这一点其难度可想而知。作为管理者，没有坚定的信念构筑良好的企业文化，就难以带好一个员工队伍；面临不断变化的市场需求和日益加剧的竞争压力，能使自己和员工一起坚持一个共同的信念而不妥协则更难；面临外部各种发展机会和利益诱惑，员工队伍保持稳定，忠诚度不减，在当前的形势下非常难得。更令人赞赏的是碧水湾人有着宽广的胸怀和高度的企业责任感。碧水湾知名度高了，媒体曝光率高了，赞誉声多了，企业管理层依然能保持头脑清醒，保持谨慎好学的态度。一方面，碧水湾管理层长期支持学界和业界对"碧水湾现象"进行探讨，对管理理念和实践进行多角度的剖析，以期从中激发更多的灵感。据笔者了解，截至今年5月，"碧水湾现象"研讨会已连续举办了16届。另一方面，碧水湾管理层还通过多种有效的途径，把自己的经验和做法毫无保留地提供给同行，尽量做到"你想问的，我全告诉你；你想看的，我打开大门；你想学的，我做给你看"。都说同行是冤家，而碧水湾用自己的行动证明同行是伙伴。

对于企业管理者来说，这样做是明智的，能给自己和员工带来更大的压力，更能激发创新的动力。而要做到这一点，管理者必须有底气和勇气。笔者一直认为，企业的社会责任不仅表现为在经济层面为社区做出贡献，参与社会慈善事业，或是在保护自然和人文环境方面做出积极的努力。其实，为同行和社会传播知识和经验、提高整个行业的服务水平，是在一个更高层次上履行"企业公民"的社会责任，是一个知名企业、一个新时代的职业经理人为社会做贡献的重要途径。

我们常说，文化是企业的基石，复制是难以奏效的。但是，技术、技艺和理念是可以传播的，良好的企业文化可以感染伙伴，启发和引领同行。在全行业努力打造"中国品牌""中国制造""中国服务"和"中国模式"的创新热潮中，碧水湾温泉度假村作为"中国服务"的标杆企业，为酒店业树立了榜样。笔者为碧水湾点赞，也希望酒店行业能够涌现更多的"碧水湾"。

七、碧水湾缘何成为"现象"

中山大学旅游学院前副院长彭青教授对"碧水湾现象"进行了研究，写了一篇很有价值的文章：《没有高颜值加持的碧水湾，凭什么成为"现象"？》

没有高颜值加持的碧水湾，凭什么成为"现象"？

彭青

碧水湾积分制是基于"点赞"心理需求构建的新型制度，不同于以经济指标为核心的评估制度，它全方位鼓励员工为顾客提供优质服务、弘扬优秀企业文化，将企业倡导的文化量化为可计算的分数，明示给员工，将员工行为与员工切身利益挂钩。

广州碧水湾温泉度假村（以下简称碧水湾），是一家有着16年历史的四星级度假酒店，硬件相对陈旧。方圆3公里内的温泉酒店及客栈多达379家，竞争十分激烈。受淡旺季影响，度假酒店出租率普遍不高，但碧水湾近3年出租率逐年增长，依次为

64%、65%、67%，高出国内四星级酒店平均水平7.42%。平均房价也逐年增加，2017年为789元，高出国内四星级酒店均价453.56元，高出国内五星级酒店均价155元。营收、利润连续7年实现增长，2013年至2017年营收保持在1亿元以上。

良好的财务数据，源于顾客的忠诚度。碧水湾75%以上的访客是通过口碑相传而来，旅行团客人占比不到5%。据携程网点评数显示，截至2018年11月18日，碧水湾顾客点评共计6211条，评分高达4.9分，其中涉及服务的点评4480条，所有点评中差评仅11条，其中只有2条涉及服务问题。也就是说，6211位顾客打分，顾客满意度高达99.99%。携程上的广州酒店共9510家，评分4.5分以上占21%，4.9分以上仅占0.378%。在设施设备、地理位置、交通上均不占优势的碧水湾，能获得消费者如此好评，实属不易。

（一）碧水湾良好的口碑为其赢来了不少回头客

碧水湾之所以能取得上述成就，源于多年坚持的亲情服务和积分制管理。在酒店人力资源匮乏，人力成本上升，抹布事件、杯子事件频频发生，服务质量似乎全线崩塌之时，为什么一个四星级的老单体酒店可以突破困境，通过服务获得优异的成绩？我们应透过现象思考碧水湾服务文化的形成、发展的机制与文化底蕴，因为机制才是可以传播与复制的元素，为整个酒店业的质量提升与进步提供样板和借鉴。

（二）服务文化是碧水湾在竞争中取胜的关键

碧水湾多年来坚持的服务文化可以归纳为：热情款待你的顾客，想在你的顾客之前，满足顾客的需求，让你的顾客惊喜。在顾客点评中，我们可以看到数以千计的动人故事。摘选其中几条：

①环境非常好，服务一流，这是我住过的所有酒店里服务最好的。特别适合带小朋友一起来，室内外泳池都有小朋友玩耍的地方，下次泡温泉一定还选这里。

②服务员的素质很高，一张张笑脸、一声声问候，让人觉得特别温暖。当你出去泡温泉时，服务员将房间整理得非常干净，还放上点心和写着问候语的小纸条。

③老牌的温泉度假酒店，服务确实特别好，甚至比很多国际五星级酒店的服务都好。虽然硬件设施陈旧，但服务员非常用心地清洁打理，所以整体感觉不错。

④今天我去碧水湾泡温泉时，突然有点头晕，起来坐到池边，一位年轻的服务员见到，马上关心地问："怎么了？"我说头晕。她让我休息一下。过了一会，她拿了杯甜牛奶给我，说："您可能是低血糖，喝点牛奶吧。"并将一张写着低血糖泡温泉时的注意事项的纸条递给我。当时，我很惊讶，问她："你是服务员吗？"她告诉我她是刚来2个月的实习生。才来2个月，就能快速学会主动为客人服务，碧水湾真让人刮目相看，怎能不点赞。

碧水湾正是通过亲情服务，克服了酒店人力资源的困境，弥补了设施设备的不足,在激烈竞争中立于不败之地。碧水湾也因此在中国温泉行业最高奖"金汤奖"的评选中连续三届获评"最佳服务温泉"企业,也是唯一一家连续三届获此殊荣的企业,并在北京人民大会堂召开的"中国服务"大会中,荣获"中国服务"十佳品牌企业称号。

(三)积分制管理,服务文化的基础和保障

碧水湾的亲情服务究竟是如何保证的?为了解背后的支持机制,笔者专访了碧水湾的管理者,他们反复谈到积分制管理。本以为这只是酒店绩效考核制度的另一种说法,但深入了解发现,积分制是碧水湾服务与效益的重要基础与保障。

员工积分分为两类:固定积分和表现积分。固定积分鼓励员工不断学习,提高学识、提升学历、获得职称等;表现积分包括工作和生活两方面,如提前上班、主动加班、帮助同事、创新工作和获得荣誉等。这些积分来源于四个渠道——上级奖励、自行申报、同事申请、固定项目,充分体现了民主集中制原则。当积分可以自行申报或由同事申请时,企业从制度设计上就摆脱了员工唯上的被动工作状态,给予了员工积极主动工作的权利与空间。积分制让员工知道领导在与不在工作都一样,这是酒店管理中的重要改革。

酒店管理有半军事化的特点,层级制导致员工有较强的服从性,较弱的主动性。领导在与不在,员工工作就不一样,是酒店普遍存在问题,积分制从机制上为解决这个问题提供了方法。

积分情况每个月、每个季度、每一年度都会被公开。员工所有好的行为会与其荣誉、晋升、奖励、工资相结合,通过加分即时得到强化与发扬,而对于员工不好的行为也会减分,从而制止这种行为蔓延。当然,减分不是绝对的,因为员工后期的努力依然会为自己加分。加分+减分=最后的排名,排名最终决定员工能获得多少奖励。

积分制让所有员工有了努力的目标和成功的通道,也激起了员工的工作热情。例如,某日,8647房的客人询问GRO(客户关系主任)哪里可以买到竹笋。GRO询问有关部门后无果,客人表示那就算了。为不让客人遗憾,GRO又联系到计财部的本地同事,在同事的帮助下,其朋友次日早上4点上山采来竹笋,在客人离店前送到其手中,客人十分惊喜。正因为积分制,让GRO和计财部同事有了热情帮助客人的动力。

总的来说,碧水湾积分制是基于"点赞"心理需求构建的新型制度,不同于以经济指标为核心的评估制度,它全方位鼓励员工为顾客提供优质服务、弘扬优秀企业文化,将企业倡导的文化量化为可计算的分数,明示给员工,将员工行为与员工切身利益挂钩。

为构建积极向上的企业氛围,碧水湾用奖分去培养员工的好习惯,用扣分来约束员工的坏行为;把工资以外的福利与积分排名挂钩,打破二次分配上的平均主义,让优秀的员工不吃亏,放大激励的效果;让吃亏是福变成现实,员工每次的额外付出都能得到积分奖励,解决份外事没人做的问题;赋予管理人员奖扣分权限,管理人员在日常管理中可以奖扣分交叉运用,让管理人员的理念更容易实现。例如,有一天,度假村某领导发现洗衣房后面有一些遗留的围栏和废弃的设备没有拆除和清理,于是将此照片发至管理群,工程部经理仅1个小时便完成了全面清理整改。如果是在以前,至少需要2天时间才能完成。有了积分制,部门的执行力提高了,员工的主动性增强了,减少了人盯人的人力成本,管理更轻松更有效。

(四)一个务实、创新、进取的管理团队

通过碧水湾积分制,不难发现好的制度能激发员工的积极性。笔者认为,相关制度的建立应基于对员工心理特点和人性特点的全面把握。过去很多制度均以惩罚为主(扣分),传递的是负能量,员工谨小慎微,生怕犯错,没有服务的主动性,同时管理者也怕得罪员工,不敢扣分,最后你好我好大家好,评估成为一句空话。

那碧水湾的积分制是如何建立起来的?制度背后又是什么?通过深入调研,笔者发现,制度的背后是人,是管理者,是管理团队。

碧水湾作为一家看起来不具备任何体制优势的普通国有企业单位,经过近10年努力打造出了"碧水湾现象",又通过积分制将亲情服务推向新的高度。这背后,首先是因为有优秀的管理者。碧水湾第一任董事长姜忠平,引导企业通过优质服务换得顾客忠诚度,换得市场。2012年,面对市场的巨大变化,在酒店行业不景气的情况下,碧水湾营业收入达到1.2亿元。碧水湾第二任董事长曾莉接任之后,进一步思考如何将已经形成的优质服务通过制度与规范,传承并发扬光大,于是设计了以点赞为基础、弘扬正能量的积分制评价体系,在运行中不断修改完善。可见碧水湾从现象到制度,从初创到发扬光大凝聚了管理者的坚持、传承与创新。

此外,管理团队的务实和认真也是重要的支撑。面对全国一片叫好声,他们冷静、不浮夸,更没有沾沾自喜,而是在不断学习、寻找新的突破。笔者在一次调研中,由于个人疏忽,离店时将行李箱遗落在酒店,酒店员工发现后,马上将行李箱送往机场,笔者对此深表感谢。这本是个人的疏忽,但是管理者却对此进行反思,开会讨论,为什么会出现这种情况?流程中存在哪些漏洞?酒店应该如何避免类似问题再次发生?管理团队的自省、务实精神由此可见一斑。

谈到积分制管理,碧水湾董事长曾莉认为,虽然经过近三年的实践,积分制管理已经成效显著,但其价值仍有很大的挖掘空间,酒店会持续研究和完善。在新的积分制2.0版管理软件中,他们增加了权重设计,这样企业必须解决和亟待解决的问题可以通过加大权重来推动解决。积分制2.0版将随着企业发展而变化,始终与企业发展保持同步,这有利于企业制度与生存环境及市场趋势保持一致。据了解,碧水湾积分制管

理已向前来学习者进行推广，目前已在四家酒店成功落地。

笔者深深感到，一个务实的，不断进取的，将顾客需求、员工需求摆在工作首位的管理团队，才有可能创造"碧水湾现象"。有人的地方就有江湖，江湖与江湖的不同之处在于人。"碧水湾现象"背后正是大写的人。

八、碧水湾传奇故事：顾客竟然因为喜爱碧水湾而辞去工作

"我与碧水湾结缘于2016年的3月8日，到今天整整6年了，这里要感谢我的朋友李先生，是他带我走进碧水湾的，而李先生与碧水湾的结缘要追溯到更早，足足有12年了。这些年，我们定点在碧水湾泡温泉，可以称得上是碧水湾的'老汤客'了。我们每周二都来打卡，粗略一算，一年三百六十五天，我们有三分之一的时间都是在碧水湾度过的，以至于碧水湾人都认识了我们，大家亲切地称呼我们'李先生''陈小姐'……把我们当作自家人，处处给予我们方便、人到服务到，令我们感到非常的尊贵和有面子。而我们也自然而然地把碧水湾当成了我们的第二个家，每次约上三五好友一起来都要住上一晚，大家一起泡温泉、赏美景、享美食……体验着神仙般的日子，惬意而悠然。"

以上这段话选自一篇两位碧水湾顾客写给碧水湾的感谢信，也是他们发自肺腑的感言，这篇感谢信堪称"史上最长感谢信"。他们因碧水湾温泉而与碧水湾结缘，又因碧水湾的服务而成为碧水湾的忠诚顾客，风雨无阻，连续10多年，每周二都来碧水湾泡温泉，为此，竟然辞去了外省的工作，成了碧水湾的传奇客人……

下面是两位客人写给碧水湾的感谢信全文，与大家分享。

碧水湾，我的心灵归宿

前序

在这个浮躁的时代，我们都欠自己一份专注和一份热爱，也许我们都曾在内心问过自己：什么样的专注算作长久？什么样的热爱谓之炽烈？在专注和热爱之间，又有着怎样的因果关系？而我，历经多年已然找到了属于自己的答案！

缘起

我是一个虔诚的养生爱好者和品质生活追求者，多年来，无论再忙、再累，都没有放弃过追求修养身心的信念和停止过追逐品质生活的脚步，反而通过养生，我的生活品质和身体素质都得到了提高，甚至社交圈子也因此而得到拓展，结交了一群共同爱好者，这让我受益匪浅。而我最主要的养生方式，是泡温泉，最心仪的泡汤处，是

碧水湾温泉度假村。

我与碧水湾结缘于2016年的3月8日，到今天整整6年了，这里要感谢我的朋友李先生，是他带我走进碧水湾的，而李先生与碧水湾的结缘要追溯到更早，足足有12年了。这些年，我们定点在碧水湾泡温泉，可以称得上是碧水湾的"老汤客"了。我们每周二都来打卡，粗略一算，一年三百六十五天，我们有三分之一的时间都是在碧水湾度过的，以至于碧水湾人都认识了我们，大家亲切地称呼我们"李先生""陈小姐"……把我们当作自家人，处处给予我们方便、人到服务到，令我们感到非常的尊贵和有面子。而我们也自然而然地把碧水湾当成了我们的第二个家，每次约上三五好友一起来都要住上一晚，大家一起泡温泉、赏美景、享美食……体验着神仙般的日子，惬意而悠然。

钟情

碧水湾温泉的特色就是拥有众多风格不一、功效各异的温泉池，其中冰火池是我们认为最具特色的一个，也是最吸引我们的一个，刺激且极具挑战性，对于我们来说有着非凡的魔力，我们都一直专注泡这个池。

泡温泉如果不泡冰火池，泡一会儿就会感觉疲乏、想睡觉，泡冰火池一整天都不觉得累。我和我的朋友们都有同样的体会。冰火池解乏的功效特别给力，特别是在工作熬夜、长途跋涉、舟车劳累之后，在冰火池里交替浸泡一下，很快就能恢复元气，这就是我们一直钟情于冰火池的主要原因。

泡冰火池，一旦尝试，定会上瘾，但初泡者需要勇气、方法和技巧，最好有"老司机"指导，在碧水湾，我们教会了很多朋友泡冰火池，大家都喜欢每周二来跟我们一起练"功夫"，现在碧水湾的冰火池已然成了网红温泉池，常常"人满为患"。

"带盐"

说起温泉，其实我一点都不陌生，因为我的家乡重庆也是温泉之都，重庆的龙水湖温泉度假村距离我家只有40公里路，每逢公司活动、亲友聚会也会去泡一泡。可那时我对温泉毫无概念，所以不觉得泡温泉是一件多么有趣的事儿，很单纯地认为泡温泉的季节只有冬天，根本不理解为什么广东人大热天都要泡温泉。种种疑惑，我在泡过碧水湾温泉后才恍然大悟。

我承认，自从泡了碧水湾温泉之后，我就爱上了泡温泉，成了个实打实的温泉达人。每周都得安排一次泡温泉，不然接下来的日子，我食不知味、寝不能寐。我知道碧水湾温泉属于珍稀的低氡小苏打温泉，具有美容养颜的功效，被誉为天然美容汤，所以只要有人问我皮肤保养的秘诀，我就告诉她们，是我坚持每周泡一次温泉的缘故，不知引来过多少人羡慕的目光。

我身边有些朋友听说我常来碧水湾，便好奇地问："你在碧水湾工作吗？"我推荐朋友来碧水湾泡温泉，朋友又问："你在碧水湾有股份吗？"还有个北京的朋友见我经常发碧水湾的美照便问我："你的别墅就在那里吗？"因为她见我来碧水湾的频率跟她回她乡下别墅的频率差不多。也难怪，通常纯粹的旅游度假，有多少人常年只去同一个地方的呢。我暗自想：我在这里没别墅，但有个"家"。

"上瘾"

我清楚自己为什么会对温泉那么"上瘾"。像我这样常年坚持泡温泉，最令我满意的当然是看得见的效果：精神状态越来越好、人显年轻、皮肤没斑没痘没细纹、晒了太阳也不过敏、美容院也不用去了、居家也不用敷面膜了……

以前我的皮肤免疫力特别差，见了太阳就要躲，还要花很多心思做防晒工作，包里防晒霜、保湿喷雾、太阳伞一样都不能少。有一次泡完温泉我搭李先生的车返程，一上车就立马从包里取出伞撑开，挡住照在腿上的太阳，李先生见状略带嘲讽地调侃我："这点太阳都不敢晒吗？"他就是笑我怎么那么怕晒太阳，这个笑话被他从那时讲到现在。

温泉确实帮了我很大的忙，我现在早已不需为皮肤问题烦心，出门带太阳伞于我都是一种多余。温泉带我走向健康、让我变得越来越年轻，养生、养心、养颜，是我最好的健康助手和美容师。

舍得

长久以来，我视泡温泉为生活里的一部分，每周二泡温泉已经成了一种生活习惯。说起这个生活习惯，我还曾做了很多的牺牲和努力。当年我在老家有一份很喜欢、离家很近的工作，上下班只需步行七八分钟，而且我做了整整10年，可当我喜欢上了泡碧水湾温泉，便毅然决定辞去工作、移居广东，奔赴我的热爱。

我广东的朋友都知道，2016年至2017年期间，我每个月飞广州两次，隔一周飞一次，就是专为泡温泉而来，这样整整持续了一年。由于我经常请假，担心长此以往会引起公司不满，思忖良久，还是向老板递了辞职报告，到广东从新做了打算。当年离职一事，我的很多亲友都觉得不可思议，就为了一个地方的温泉，居然放弃了在老家的工作和生活……

现在我已转型做了自由职业者，这样一来，我就可以更好地把控我的个人时间了。这就是我对温泉的态度，一朝选择，一世坚守。

是的，温泉不但留住了我的容颜，还改写了我的人生，它让我的内心如此的通透和安定，这是我遵从自己内心选择的结果。所以，我从未后悔当初的抉择。我认为人最可怕的不是不被他人理解，而是不了解自己，不知道自己的心之所向。

有时我不禁在想：如果当时我没有选择离开家乡来到广东，以彼时的人生阅历和社会圈层，我可能只能一直过那样的人生了。而现在，我通过泡温泉结识了一大群志同道合的、对我人生有意义的人，他们丰富了我的生活，也精彩了我的人生。所以，生活有所舍，才有所得。但愿多年以后再回首这段旅程，我依然感谢当初自己的选择给了我最好的人生。

印象

我对碧水湾温泉最深刻的印象是：池够大，水质好，干净卫生，水温管控得好，干毛巾拿取方便，服务那就更不用说了。这方面我的朋友李先生最有发言权，他说他在泡碧水湾温泉前去泡过很多地方的温泉，都觉得不爽，泡过碧水湾温泉之后，就不想去其他地方了。

李先生还说，他走遍了大江南北的风景名胜区，不管去哪儿旅行，都比不上来碧水湾泡一场温泉舒服；休闲养生就是工作一周出来让身心放松，如果弄得疲倦而归，出来休闲度假就失去意义了，在碧水湾哪怕是坐着发个呆都觉得舒服。看来，他和我一样，心里只有碧水湾，碧水湾就是我们的诗和远方。

李先生豁达通透，他认为，人的一生就两件要紧的事：一件是教育好孩子，不让孩子长大了给社会找麻烦；另一件是管好自己的身体，老了不给孩子添麻烦。俗话说健康快乐，无健康何谈快乐？健康的基本前提是无病无痛、生活能自理，倘若吃喝拉撒都在病床上完成，那活着就没一点儿品质了，完全是一种罪孽。所以他特别重视自己的身体，坚持运动、坚持泡温泉。我觉得在养生方面，他是一个特别自律的人，没有之一。我的改变也正是因为受了他的影响。

感动

在来碧水湾的这6年里，我和我的朋友们都感受到了最好的、真正意义上的"宾至如归"的服务。每次回来，我们的车刚到温泉门口停下，就有迎宾小跑着把温泉手牌送到我们的手上，我们在更衣间分别都有固定的专柜，我的手牌是B318、李先生的是A169、王先生的手牌是……每次到前台，不管是谁在当班，都不会给我们递错手牌。把我们的手牌记得那么熟，实属难得。

到了更衣间，打开柜就能看见泳衣、浴袍，这些都是服务员提前备好的。只要在碧水湾景区内，我们无论走到哪儿，都能听见工作人员热情的招呼声，这让我们倍感熟悉和温暖。

走近我们要去的温泉池，贵宾专用的茶台和生活用品也已经摆好了，服务员征得我们的意见后，就去为我们准备贵宾专享的茶水，通常都是红糖姜茶、柠檬蜂蜜水、冰糖雪梨三种任我们选，温控员时不时过来巡逻管控水温，按我们的意见调温，与我们在一个区域的其他客人也能一起享受至尊服务。

在碧水湾用餐也是一件很开心的事，无论是荔香园餐厅还是德啤广场餐厅都会尽力满足我们的需求，按照我们的口味要求烹饪菜品：辣子鸡的鸡肉要切大块一点，加辣、加麻、不加淀粉、咸一点、炒干一点；生煎韭菜饺要求现包现煎、不能过水；苋菜咸骨煲胡椒味不能重……只要交代点菜人员，厨房就会按要求做，如果哪一道菜做来不符合要求，他们会马上端回重做。我们的高标准、严要求真是难为我们的服务员和大厨了。

我们时常会得到酒店客房免费升级待遇。遇到过生日，服务更是高级，生日房布置得特别温馨浪漫，餐台米粒画图案鲜艳夺目又艺术，感谢米画才艺师丁燕婷小妹妹，如此的心灵手巧。还有每一年的生日蛋糕，也是做得非常精致，熟悉我们的每个部门都很用心地送上生日礼物，总有很多惊喜带给我们。

尤其是去年9月那次我的生日，很让我感动。当我走进洞庭湖包房，一眼就看见桌上的米粒画，简直太美了，甚至可以用惊艳来形容。那一刻，我立马就反应过来一定是房务部齐晓玉经理为我精心安排的，我就是在生日的前一周跟她聊天的时候无意中提到了下周去碧水湾过生日的事，结果生日当天惊喜一串一串地接踵而至。

还有营销部的石灿总监也没少用心为我们服务，她带给我们的感动故事是深夜场半小时温泉的事情。那次我从重庆飞广州，因为航班延误，赶到碧水湾时离温泉区打烊时间只有半小时了。在从机场到碧水湾的路上，开车来接我的李先生为了不让我失望而来，紧急打电话联系石灿，请她帮忙协调温泉部。石灿协调好后立即回电："李先生，您别急，已经帮您协调好了，一定会等你们过来泡完温泉了他们才下班，你们小心开车，全体温泉部的工作人员等着你们。"

当我们赶到冰火池的时候，工作人员正在给冰火池重新注水，就这样单独放了两池水让我如愿泡上了，满足了那天的温泉瘾。我当时心想，天哪，碧水湾这是在不计成本地服务他们的客人，这不就是"亲情碧水湾"的服务理念最好的体现吗？享受到这种服务的客人是何等的有面子啊！

身为一个财务工作者，职业习惯让我不免思考一个问题：碧水湾这种细致入微的服务究竟可以细到什么程度呢？服务的边界在哪儿呢？有没有边界呢？服务成本是如何管控的呢？最后一个问题的答案我觉得显而易见，他们在不计成本为顾客提供最好的服务。

还有一件暖心的事我一直在心里不能忘记：2018年11月6号早上，就是餐饮部易雪枝经理怀二胎宝宝的那个冬天，我在餐厅吃早餐，看见窗外树上的柚子好像已经熟了，心想不知道味道如何，如果能尝一下鲜就好了。不曾想我这小心思被易经理看了出来，几分钟后，我看见有两个环卫工姐姐在用一根很长的竹竿用力"夺"柚子，大约过了20分钟，易经理亲自抱了两个柚子过来放在我的餐桌上，切开其中的一个。我拿了一块剥了皮放进嘴里，说实在的，新鲜柚子本身有点涩，味道并不好，但是，我却感觉像是吃了块糖，甜到心底里。

诸如此类的事情还有很多，比如每逢碧水湾的芒果熟了、莲雾红了，只要我去了，温泉部的张丹荔总监都会安排员工不辞辛劳地摘下来让我品尝，虽然这些水果论颜值、论口感，可能都比不上市面上的水果店卖的精挑细选的。但是我却总能吃出这个世界上最好吃的水果的味道来。

几年来，我们得到的这些高级贵宾服务几乎成了一种常态化，这着实成了一种强大的吸引力，正是这种吸引力让我们无法自拔、不能割舍。

共情

碧水湾园区里有几棵凤凰木，开花的时候特别漂亮。碧水湾也有很多院校实习生，他们犹如凤凰花，给人一种纯真的美感和蓬勃的青春感。忘了是在什么时候，和碧水湾员工聊天时她们告诉我：每当凤凰花开的时候，就是实习生实习结束将要离开的时候，与此同时也是她们感到悲伤的时候。不料这种心情也影响到了我，从此以后，每当我看到碧水湾的凤凰花开，就会打心底里产生一种莫名的悲伤感，这种悲伤感就像是自己的好朋友离开自己去了外地……

尾声

在碧水湾，我们总感觉自己是无所不能的，我想这是因为我们一直以来都被碧水湾捧着、宠着、娇惯着而养成的优越心理。比如前台的韩筱玲，客房小管家廖冬青、黄伟琼，餐厅的张坤芳，温泉的伍秋凤、敖弟禄都对我们亲如家人，我们也自然而然地感觉自己是这个大家庭的一份子了。

碧水湾，一湾泉，一生恋！这湾泉，滋养着我们的健康、我们的欢乐，还滋养着我们和碧水湾的情缘。6年人生灿烂、6年真情陪伴。我相信这灿烂永不熄灭、这陪伴没有终点！

最后，感谢碧水湾给予我们的一切美好与小确幸，感谢我提到名字的、没提到名字的，在我心里你们有一个共同的名字——碧水湾家人。

谨以此文纪念我们和碧水湾的六周年！

铁粉陈小姐、李先生

第一篇 文化引领

"碧水湾现象"解密

送客比迎客更重要：碧水湾的服务理念

碧水湾自开业以来，一直致力于培育一个优秀的企业文化，那就是充满正能量，能解决问题、能落地的文化。

"碧水湾现象"研讨会已经连续举办了20多期，每一期开始都是由时任董事长曾莉用整整一个上午解析碧水湾企业文化。因为在碧水湾人看来，文化是碧水湾的灵魂，碧水湾正是因为重视企业文化建设，才成就了今天的辉煌！

碧水湾在旅游酒店行业及至整个服务业，都是品质产品的代表与典范，大家对碧水湾产品会自然贴上一个标签，那就是"好服务"。碧水湾为什么能够为客人提供这么好的服务呢？究其根本，是企业DNA决定的，即：度假村的企业文化。

文化是碧水湾强大的软实力，能够全面解决制度覆盖不到、解决不了的问题。读者无论怎么认识碧水湾企业文化的重要性，都不为过。

如果说"碧水湾现象"是一棵结满硕果的参天大树，那么企业文化就是这棵大树之根，是碧水湾强大的企业文化培育了碧水湾这棵大树。所以，研究"碧水湾现象"，必须从解析碧水湾温泉度假村的企业文化开始。

这几年，到碧水湾学习考察的同行、非同行都比较多。我听到最多的赞誉是对碧水湾员工脸上的微笑的。他们有一个共同的感受，就是：碧水湾员工的微笑不光是洋溢在脸上，而且是扎根在心里。

被问及最多的问题是：你们是怎么做到让员工脸上有那种发自内心的微笑的？

我的答案是：企业文化的力量！企业文化就是企业的"道"，企业的灵魂，它是无形的，但却是最重要的。为什么这么说呢？因为企业文化能帮助我们解决两个重要的问题：一个是员工的问题；一个是品牌塑造的问题。

员工作为企业最重要的资源，他的问题重不重要？显然非常重要。而在企业管理中，员工的问题归结起来就是两个方面问题，即：不愿做和不会做的问题。不会做，我们可以通过培训去解决，但要让员工有发自内心的微笑，首先要解决的不是不会做的问题，而是不愿去做的问题，优秀的企业文化正是解决员工"不愿做"这个问题最有效的途径和方法。员工能够发自内心地服务顾客了，才可能带给客人好的感受，赢得好的口碑和市场。碧水湾10多年来的实践就很好地印证了这一点。

碧水湾之所以能够取得这样的成绩，得益于很多成功的要素，包括天时地利人和，但我认为，坚持正确的理念并最终培育了碧水湾独特的企业文化，是最重要、最关键的要素。

——碧水湾原董事长：曾莉

第一章　使命、愿景与企业宗旨

使命、愿景与企业宗旨是企业文化的重要组成部分，仔细研读，我们会发现碧水湾的使命与企业宗旨充满了正能量。

碧水湾企业使命：为顾客创造健康与快乐。

碧水湾企业愿景：打造中国旅游业知名品牌。

碧水湾企业宗旨：为顾客创造价值；为员工创造前途；为企业创造利益；为社会创造繁荣。

一、使命与愿景

（一）碧水湾企业使命：为顾客创造健康与快乐

每个企业和组织的存在都有其使命，这是它存在的价值，是一个企业首先要考虑的问题。

所有成功的企业，都必须有老板和员工坚信和践行的正确的使命，在企业发展的关键时刻（企业重大利益决定、生死攸关之时），使命会发生很大的作用。

使命不是写在墙上给别人看的，是你第一天成立这家公司时，骨子里面就想干的事情，没有这种东西，你是不可能在后面这条孤独、曲折的路上走下去的。不管你信与不信，所有走到今天成功的企业，一定有正确的使命！

碧水湾的企业使命是：为顾客创造健康与快乐！

碧水湾是一家温泉度假村企业，以对人体有益的温泉为载体，通过温泉服务文化为旅游消费者创造健康与快乐，实现人类自身的可持续发展，并提高人们的幸福指数和健康水平。

（二）碧水湾企业愿景：打造中国旅游业知名品牌

对于员工来说，企业的愿景很重要。一位著名企业家曾说过："不听愿景就加入公司的员工，尽量少招聘，他没问老板，公司将来到底搞成什么样子？如果他这个都不关心，他只关心下个月工资在哪儿，那么，这员工找错了。"

什么叫做愿景？这个公司5年以后，估计会这个样子，10年以后会这个样子，20年以后将会这个样子，这个图如果不出来，是不可能有战略的，而这张图跟这个愿景是必须匹配的。使命和愿景需要经常讲，老板不讲，员工不会记住。这两样东西碰在一起，会有一些很有意思的化学反应，员工会自己觉得每天好像打了鸡血似的。当员工觉得使命使做这件事情变得有意义时，员工就把自己点燃了，做管理就轻松了。

碧水湾的愿景是：打造中国旅游业知名品牌。

事实上，碧水湾仅用了10年左右的时间，就已经发展成为中国温泉服务领导品牌。

2013年，在首届博鳌国际金汤奖年会荣获"最佳服务温泉奖"。

2016年，在亚洲品牌网、中日韩经济发展协会等相关研究机构及《人民日报》海外版、新华网等媒体共同主办的"亚洲品牌500强排行榜"颁奖典礼上，荣获"亚洲品牌500强"企业。

2018年，随着"碧水湾现象"国际研讨会的召开，碧水湾度假村及其经营管理模式引起了国际旅游与酒店行业的关注。

碧水湾与韩国三星、日本丰田、中国华为等企业一起荣获"亚洲品牌500强"

二、企业宗旨

（一）为顾客创造价值

为顾客创造价值，就是站在客人的角度，衡量产品和服务的价值，把握客人显性和隐性的需求，让客人感到物超所值。碧水湾人坚信，为顾客创造价值是企业生存和发展的基础。

谈到为顾客创造价值，碧水湾一直坚持一个理念，即：不让顾客吃亏。

碧水湾愿意为顾客提供超值的服务，有时候甚至愿意让客人"占到便宜"。这是因为当前的市场环境已经发生了很大变化，一方面是竞争越来越激烈，另一方面是消费者越来越成熟，也越来越挑剔，以前只要物有所值客人就感觉很不错了，但现在，

"碧水湾现象"解密

如果不能让客人感到物超所值就很难取胜。

如何才能让客人感到物超所值呢？碧水湾认为，企业要懂得"舍得"的哲学，员工则要"与客人的期望赛跑"。员工和企业只要比正常多付出一丁点努力，就会获得超常的回报。实际上，这就是西方经济学家提出的、碧水湾一直在倡导的"多一盎司定律"。做人如此，做企业也一样。践行"多一盎司定律"，是碧水湾让客人感觉物超所值的法宝。

（二）为员工创造前途

碧水湾是一所培养人才的"黄埔军校"，不仅培养企业所需的人才，而且全面提高员工的素质，帮助员工成长，为员工创造前途。

为员工创造前途，就是重视对员工的培养。顾客价值，归根到底是由员工创造的。企业为员工创造价值，员工就会为顾客创造价值，这是碧水湾的管理哲学和管理理念。在碧水湾，帮助员工成长是每个干部的责任。碧水湾尤其重视干部、员工的养成教育，教导员工不但要学会做事，更要学会做人。碧水湾希望每个员工来到度假村之后，能真正学到东西，终生受益。

在碧水湾的理念中，员工来到碧水湾时，素质不高，不是我们的错，员工离开碧水湾时，如果素质没有提高，就是我们的错。帮助员工成长是企业的责任。

（三）为企业创造利益

企业是要讲求效益的，做企业毕竟不是做慈善，但碧水湾更看重长远利益，也更重视实现企业的良性循环。

碧水湾不仅成功地塑造了行业服务领导品牌，取得了良好的经营业绩，在碧水湾原董事长曾莉看来，这个良性循环（员工满意—顾客满意—企业效益），是碧水湾最成功之处。

碧水湾人认为，实现企业良性循环，首先必须建立以顾客满意为核心的经营理念。顾客满意的实现，要从重视员工满意度开始，给员工好的待遇，好的生活环境，让员工学到东西。员工开心了，服务用心了，顾客满意度就提高了。顾客满意度、忠诚度提高了，自然就有了效益。有了效益，就是对股东和业主最好的回报，同时又可以更好地提高员工的待遇，提高员工的生活环境、学习环境、工作环境，使员工更加用心地为顾客服务。这样，才能使企业发展始终处于良性循环之中。因此，要真正为企业、为股东创造效益，一定要

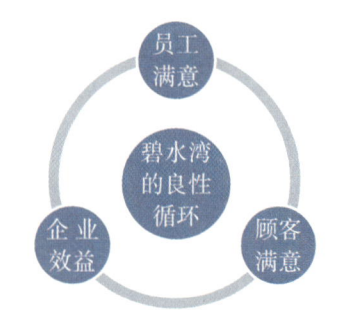

碧水湾的良性循环

058

重视员工满意度，要舍得爱他们，舍得为他们付出。最终一定能换来一个好的结果，即：企业长远的持续健康的发展。

（四）为社会创造繁荣

碧水湾要做一个有社会责任感的企业，这种责任感体现在五个方面：一是为客人和员工创造健康与快乐；二是为员工创造前途；三是助力行业的发展；四是对社会传播正能量；五是带动当地经济的发展。

碧水湾是个充满正能量的企业，顾客来到碧水湾，会真切地感受到每个碧水湾人的真诚、微笑、亲情和正能量，并会把这种正能量带进社会，传递给他人，推动社会文明进步。

不仅如此，碧水湾还通过"碧水湾现象"研讨会及各种行业培训班等，毫无保留地将自身的管理理念、管理经验、管理模式和管理方法奉献给前来学习、考察的国内同行，助力全行业的发展和进步，为国内旅游和酒店行业服务质量和管理水平的提高做出了贡献。

随着碧水湾这些年的发展，碧水湾也把周边乡村的发展带动起来了。在碧水湾的对面，出现了"碧水新村"，借助碧水湾的影响，当地农民盖起了别墅、餐馆，大规模经营农家乐，推动了广州从化乡村旅游，带动了当地经济发展，帮助农民实现脱贫致富，为从化推进乡村振兴做出了贡献。

碧水湾度假村带旺了附近"碧水新村"的民宿出租业务，推动了从化乡村振兴战略的实施

第二章　以人为本　以德治村

碧水湾企业文化是充满正能量、能够解决问题、可以落地的文化。以人为本，以德治村，是这一文化的核心。

一、以人为本

以人为本，是碧水湾始终坚持的管理理念，也是碧水湾企业文化的核心。碧水湾所有企业文化、服务规范、管理制度，都贯穿和体现了以人为本的理念。

"以人为本，以德治村，科学管理，持续改进"这16个字的碧水湾管理理念被醒目地设置在碧水湾员工宿舍正门口

在碧水湾，以人为本的含义主要有三个层次：一是充分肯定"人"的因素在企业发展中的决定性作用；二是要"以提升人的满意度为抓手"，通过采取各种手段，关心人、理解人、尊重人、满足人的物质与精神需要，从而充分调动人的积极性，来发展、建设、繁荣企业；三是在企业管理中充分尊重员工的意见，激发员工的智慧。

客观而言，人的本质只能用"人"来表达。人既不是机器或机器零件的组成部分，也不是简单的资产、资源或资本。人不仅有物质追求，而且也有精神追求。人不仅有利己的需要，而且也有利他的需要。人不仅是理性的，也是感性的。人不仅是自然人、经济人，而且也是社会人。把人归结为生产要素或其他"物"的观念都是片面的。

在碧水湾，企业文化建设的任务不仅是树立共同的价值观，而且要根据企业发展的需要，努力提高人的素质与能力。员工素质与能力的提高与企业生存、发展和竞争密切相关，员工素质与能力得不到提高，企业就不可能有大发展。

对于人的素质与能力，既"适应"又"提高"，这是企业在处理与人的素质和能力关系时坚持的两个方面。只考虑如何提高人的素质，而不考虑如何适应人的能力，提高就变成了"硬拔"，不仅欲速则不达，而且有悖于企业文化"尊重人、以人为本"的初衷。同样，如果只考虑如何适应人的素质，而忘记了提高人的能力的任务，就等于把适应变成了"迁就"，会导致人的素质与能力退化。在适应的基础上提高，在提高的指导下适应，是碧水湾在处理人的素质、能力方面的指导思想和实践。

碧水湾通过采取各种手段来关心人、理解人、尊重人、满足人的物质与精神需要。其所出台的企业文化建设的各项政策与措施，都充分考虑适应员工的素质与能力，是员工乐于接受或者至少是愿意接受的，充分体现人情味与人性化。

在碧水湾，以人为本还意味着管理者的经营决策需要集中多数人的智慧，集思广益。这是因为，不论多么优秀的人，只要他是人，就不能像神一样无所不知、无所不能。仅凭个人智慧工作，就会发生各种自己想不到的问题以及看问题片面等，这些往往会导致失败。集思广益，并不代表遇事必须找人开会或商量，更不是要放弃自己的主见或主体性，摇摆不定，听风是风、听雨是雨。集思广益，重要的不在形式，而在于经营者的心里必须经常装着"要集思广益地办事"这一原则，要有随时随地听取别人意见的思想习惯。这样，当有事情需要决定时，即便是经营者一个人做判断，但其判断中已经包含着员工的智慧了，这就自然而然地达到了集思广益的目的。碧水湾管理层注意在企业内形成一种集思广益的氛围，欢迎并鼓励下级提建议，员工不仅可以自由地提建议，而且可越级向上提建议。

碧水湾的企业文化是要充分调动每一个人的才能。管理者不能自以为是，居高临下，要始终尊重和发挥员工的才干，选贤任能，发挥人的最大作用并信任员工，也始终允许并鼓励员工去发挥各自的才干。

在辞退员工问题上，碧水湾慎之又慎，即便在经济不景气的时候，也绝不轻易辞退员工。度假村一旦雇佣了某人，就会首先使他们理解并认同应与公司同舟共济的观念，同时让他们知道：如果遭遇经济衰退或公司产生困难，公司情愿牺牲自己的利益而留用他们。

在碧水湾，顾客至上，员工第一。碧水湾不仅高度关心员工的生活，而且关心员工的思想动态，关心员工的进步和成长。

事实上，以人为本并不是一个新的企业管理理念，所不同的是，绝大部分企业都将以人为本挂在嘴上，而碧水湾却将其落在了实处，实实在在地践行着以人为本的理念。

案 例

为了表达对员工家人支持员工在碧水湾工作的感激之情、感恩之心，2018年1月，碧水湾常务副总经理受董事长的委托，在春节前驱车5000多公里，历时7天半，途经6个省，代表碧水湾领导探望员工家人。

"碧水湾现象"解密

碧水湾常务副总经理张彦浩驱车5000多公里，历时7天半，途经6个省，在春节前代表碧水湾领导探望员工家人

二、以德治村

以理服人得人心，以德服人得天下。其身正，不令而行，其身不正，虽令不从。

德，是碧水湾企业文化的核心，是碧水湾正能量的文化基因。在碧水湾，德具体体现在正、勤、实、和四个方面，而最核心的在一个"正"字上。

正，即正直、正派、正气，永远充满正能量。

勤，即勤奋、勤恳、勤勉，天道酬勤。

实，即诚实、务实，能落地。

和，即和气、和谐、和顺。

碧水湾提出"员工忠诚定律"，认为一个企业成功，必须善待员工，对员工诚实，说到做到，以心换心，员工才会对企业忠诚。

碧水湾对管理者的素质要求中，第一条就是"良好的品德"，所提出的"用人三原则"中，也将品德放在首位：

品德好，能力强，大胆使用；

品德好，能力弱，培养使用；

品德差，能力强，坚决不用。

碧水湾认为：一个烂苹果足以把一箱苹果搞坏，一个不良员工足以把一个团队带坏。企业如果容忍那些消极负面的坏员工存在，无异于自掘坟墓。为此，碧水湾要求所有员工要有仁爱之心、正直之心、成功之心、感恩之心、恭敬之心。对上级的关心爱护，要有感恩之心；对平级的支持帮助要有感谢之声；对下级的尽职尽责要有感激之情。

第三章　打造充满正能量的企业文化

纵观世界酒店业发展历史，无论是万豪的"以人为本"，还是香格里拉的"殷勤好客香格里拉情"、华住集团的"求真、至善、至美"等，无不体现了这些优秀服务企业的正能量文化。

碧水湾的文化的突出特点，就是一种充满正能量的企业文化。

碧水湾是尘世中的一片净土。在碧水湾，你会沉浸在员工的笑脸之中，你会体会到心灵的温馨、温暖与安详，这是因为碧水湾是一家充满正能量的企业。

在碧水湾人看来，凡是真、善、美的行为，或者，只要是朝着好的结果、好的方向，有益于公众和集体利益的行为，都是有正能量的行为。

正能量文化引导着碧水湾人形成积极向上的世界观、人生观和价值观。

一、碧水湾正能量企业文化的特征

碧水湾的正能量文化具有以下特征。

（一）碧水湾正能量文化是一种有社会责任感的文化

碧水湾人始终不忘社会责任、回报社会。碧水湾要做一个有社会责任感的企业，碧水湾人要通过自己的努力，为顾客创造健康与快乐。

碧水湾的社会责任感主要体现在对顾客体验、对员工进步、对行业发展、对地方经济繁荣及对社会传播正能量等五个方面。

（二）碧水湾正能量文化是一种关爱文化

碧水湾的关爱文化体现在两个方面：一是对员工的关爱；二是对客人的关爱。碧水湾把员工当家人，把顾客当亲人。在碧水湾，如果员工状态不好、情绪不佳，脸上没有笑容，管理人员不是训斥，而是会从关心员工的角度说：你是不是今天不舒服或者有什么不开心的事？要不休息一下，调整一下心态，等调整好了再来上岗？

来到碧水湾后，员工处处能感受来自领导、同事的关心，这会让他相信这个世界上存在着美好的事物，然后他也会去关爱别人，把这种正能量、这种关爱，传导到客人身上，对客人倍加关爱，在这个过程中会得到上级和同事的鼓励，于是会变得更好。这是碧水湾的管理哲学和管理逻辑。

（三）碧水湾正能量文化是一种感恩文化

一切动力的源泉是感恩，如果一个人没有一颗感恩之心，就很难保持一个长久的积极心态。因此，碧水湾在度假村内大力倡导感恩文化，培育员工的感恩心态。

碧水湾在其企业文化手册中写道：为什么我们能允许自己的过失，却对他人、对公司有这么多的抱怨？再有才华的人，也需要别人给你做事的机会，也需要他人对你或大或小的帮助。你现在的幸福不是你一个人就能成就的。

- 公司给了你饭碗；
- 工作给你的不仅是报酬，还有学习、成长的机会；
- 同事给了你工作中的配合；
- 客户帮你创造了业绩；
- 对手让你看到距离和发展空间；
- 批评者让你不断完善自我。

如果我们都能以它为准绳，那么达成个人的理想绝不是空谈，集体的目标也将指日可待！要深信一句名言："能力决定你所在的位置，品格决定你能在这个位置坐多久！"

碧水湾的感恩文化不仅要求员工对度假村要有感恩之心（感谢企业为自己的成长和职业发展提供了平台），还包括：对客人感恩（客人是员工的衣食父母）；对管理人员感恩（感谢管理人员对自己的培养之恩）。反过来，度假村也要对员工心怀感恩之情，感谢员工的努力，成就了碧水湾的今天，在为企业创造效益的同时，赢得了顾客和社会的广泛赞誉。

曾经在碧水湾工作过的员工，因各种原因（事业发展等）离开碧水湾之后，都对碧水湾充满感恩之心，碧水湾在店庆等企业发展的重要节点和时刻，也会邀请他们回家看看，分享企业成功的喜悦。

二、碧水湾充满正能量的价值观

碧水湾的价值观充满正能量。

碧水湾的价值观有以下几点。

第一篇　文化引领

（一）让学习成为一种生活方式

学习，已经成为个体、企业、组织、国家，甚至社会进步与可持续发展的重要动力。企业的责任不仅仅在于"利用"人，优秀的企业一定更加注重"培养"人。为员工提供学习机会，并帮助员工学习，已经成为很多企业的实践，但在碧水湾，学习的含义则更进一步：让学习成为一种生活方式。

"生活方式"意味着学习的习惯、行为，已经深深地烙印在了每一位员工心中，在碧水湾，任何学习的行为都是自然的、正常的，而任何有违学习的行为都是不被提倡的。

每月一次的碧水湾大学堂，雷打不动，已经成为碧水湾员工学习成果展示的好场所和相互学习的好机会

（二）把工作当成乐趣，把敬业当成习惯

"把工作当成乐趣，把敬业当成习惯"，是一种价值观，也是一种心态的引导，可以是一个口号、一种追求，也可以实实在在去实施、去体现。

西方传统管理理论的一个基本前提，是把生活与工作截然分开，认为：

生活是人们所向往的，工作不过是生活的手段；

要调动员工的工作积极性，就应该多付钱让员工改善生活；

家是生活的场所，企业则是工作的场所；

生活是美的享受，工作则是苦的支出。

碧水湾则力求把员工的生活与工作统一起来。度假村不仅是员工的工作场所，而且在某种程度上也应是生活区域；工作不仅是谋生手段，而且工作本身有价值，应充分挖掘其意义，使之成为员工所愿意、所喜欢从事的活动。要让员工"工作并快乐着"。工作环境如同生活环境，"春有花，夏有荫，秋有香，冬有绿"，在度假村如同在家，有时甚至比在家里还舒服。

为了实现工作环境与生活环境的一致，"人人为我，我为人人"是碧水湾人多年追求的目标，"友爱的人文环境"具有教化和培育人的功能，"教"为教育，"化"为感化，在教育中感化成为碧水湾的实践之一。

065

碧水湾人的快乐观是：人生的快乐在于自己对生活的态度，只要心改变，一切都会改变，只要你愿意，你随时可以使用心中的遥控器，将心灵调整到快乐频道。

碧水湾的文化手册中写道：好心情是人生的财富。学会适应，生活就没有苦难；学会宽容，生活就没有烦恼；学会奉献，生活就充满阳光。

碧水湾教育员工时刻保持积极的心态，只有积极的心态，才能吸引财富、成功、快乐和身体的健康。

（三）为碧水湾奉献今天，为自己储蓄明天

"为碧水湾奉献今天，为自己储蓄明天"的价值观，把员工为企业的奉献与个人成长联系到了一起，可以激励员工。可以让员工正面地去看待遇到的困难，把困难当作是对自己的一个磨炼和提升。

事实上，也正因为这样的理念和价值观，以及在这种价值观的指导下，碧水湾员工工作的干劲、不怕困难和吃苦耐劳的精神及突出的工作表现，使得碧水湾的干部员工在行业内非常受欢迎，从碧水湾出去的干部很多都做到了总经理、副总经理，总监和经理就更多了。

不仅是碧水湾的干部员工，就是碧水湾的实习生都很受欢迎。不少高星级酒店和度假村企业，找到与碧水湾合作的院校，直接承诺"只要是在碧水湾实习过的学生，来了至少给个领班职务"。

为什么碧水湾的员工会如此受欢迎呢？更多是源于这样一种为企业甘于奉献的心态和兢兢业业的工作作风，而这种心态、工作作风和精神面貌则源于"为碧水湾奉献今天，为自己储蓄明天"的理念。

学会说话，给人温暖，给人鼓励，给人赞美，给人信心，才能得到身边人的认同，才能聚人。为了培养员工正能量的文化，碧水湾总结出了 "世上最具正能量的语言"，并倡导员工在工作和生活中使用。

1. 能控制住对方发火的语言：对不起！
2. 筑起谦虚人格塔的语言：谢谢！
3. 让对方挺起胸膛的语言：做得好！
4. 能召唤和解与和平的语言：我错了！
5. 把对方心情"UP"的语言：你今天真帅！
6. 能带来更好结果的语言：你的想法如何？
7. 温馨安慰的语言：有没有要帮忙的？
8. 能带来200%的能量的语言：相信你！
9. 使鼓起勇气的语言：你可以的！

10. 鼓励子女的语言：真为你骄傲！
11. 为重新开始鼓起勇气的语言：没关系，一切都会好起来的！
12. 让对方感到与众不同的语言：果然你是不一样。
13. 能抚慰对方疲倦心情的语言：这些天辛苦了。

三、碧水湾正能量文化是一种养成文化

碧水湾正能量文化是一种养成文化。这是碧水湾特色，也是碧水湾人引以为豪的地方。

在碧水湾，帮助员工成长、为员工创造价值是每个干部的责任。碧水湾尤其重视干部员工的养成教育，教导员工不但要学会做事，更要学会做人。碧水湾希望每位员工来到之后，能真正学到东西，让他一辈子有个好的养成，一生受益。

就大家所关心的碧水湾的培训而言，其最大的特色和亮点，也是养成教育，而不是机械的、纯专业技术的培训。

正能量文化会对员工的成长产生十分积极的影响，帮助员工形成正确的价值观、人生观，积极的心态和正确的思维方式。

碧水湾一线岗位拥有大量实习生，都是十八九岁的孩子，来到碧水湾之后，家长和老师能明显感觉到他们的变化：变得有礼貌了，会关心人了，愿意与人沟通了，会用心做事了。为什么？就因为碧水湾的企业文化。这样的经历对一个人（尤其他们这个年纪的人）来说影响非常之大：一个人懂得了感恩，学会了沟通，养成了敬业和用心做事的习惯，一生都会受益。

案 例

情乐碧水湾
——一篇桂林旅游学院学生的实习日记

> 清清流溪水，暖暖碧水梦。它有让人成就梦想的阶梯，它有让人充满正能量的氛围，它有鞭策着我们不断前进的力量。
>
> 从小学到大学，在别人眼里我就是一个典型的坏学生。最近都非常流行"学霸"和"学渣"，如果把我归为一类，那么"学渣"我当之无愧，但是，现在我想我应该把自己归为"最好的自己"。

一年前，我选择来到碧水湾实习，当时的我是多么的无所谓，不就是去那混一年而已。了解酒店情况后，自我陶醉地觉得碧水湾是个很清闲的地方，工作轻松，转眼就结束。

但这个选择改变了我，让我成了最好的自己。刚来的时候，我发现这里的每位同事脸上都洋溢着真诚的笑容，我很不解，懵懵懂懂的我开始好奇这里的一切。

本来我定岗行李生，但是刘经理给了我第一个机会，临时决定把我定岗在前台，当时的我既是兴奋又是无奈。兴奋的是这是酒店最好的岗位，像我这种"学渣"也能去？简直不敢相信。无奈的是，我这个"学渣"在这个岗位能干好工作吗？

上岗后的第一个星期，我这个"学渣"确实无比无奈，每天就是背背背、写写写，还有学习用心做事、礼仪、对客语言，当时的我想过放弃，想过退缩。但是我那一颗"证明自己"的心未曾想过放弃。另外，我想特别感谢的人是我的师傅，是您的耐心指导和对我的不放弃让我坚持了下来。您不仅教会了我业务，还教会了我生活中、工作中的为人处事，我知道很多人都说我在学校如何的"腐败"，但是我的师傅未曾因此先入为主，也未曾放弃我，而是时刻告诉我，你要证明给所有人看，你有多优秀！

在实习期间，我也犯过很多错误，但是我的大家庭——房务部未曾嫌弃我，而是不断鼓励我，开导我。有一次我因为工作不细心而把客人的卡刷错了，造成了客人的严重投诉。当时的我真的都快崩溃了，觉得很对不起大家，感觉辜负了经理对我的期望。而此时经理却对我说："谁没有犯过错误呢，犯错不可怕，只要能用心改过，只要能从中吸取教训，对自己就是成长，没有错误，就没有成长，不要放弃自己的初衷，加油！"这番话犹如雪中送炭，让我重新找到了力量。

一转眼，我的实习即将结束，但是我想说：是碧水湾，是房务部，是前台，他们改变了我，他们让我成长，他们让我知道了自己的价值，他们让我知道无论你过去如何，今天的你必须努力不懈地做最好的自己！

四、正能量文化孕育了"碧水湾现象"

（一）正能量使度假村出现积极向上的企业氛围

走进碧水湾，你会处处感受到一种积极向上的企业氛围，这种企业氛围不是与生俱来、自然产生的，而是碧水湾充满正能量的企业文化带来的，是领导者与员工共同努力培育的结果。

（二）正能量使员工为了顾客满意而心甘情愿地付出

正能量使员工不仅脸上洋溢出亲切自然的微笑，而且为了顾客满意而心甘情愿地付出。

员工是企业最重要的资产，员工的问题主要有"会不会做"和"愿不愿意做"两个方面。文化，尤其正能量文化，是解决员工"愿不愿意做"的问题的有效法宝。碧水湾管理者在多年实践中，深感员工"会不会做"的问题，可以通过不断加强学习、培训，加以解决；而愿不愿意做的问题，则隐藏在思想深处，不易察觉，但往往对服务及顾客满意产生重要且深远的影响，也是企业最难解决的问题。

正能量文化让员工明白：

- 对别人付出多一点点，会得到意想不到的回报。
- 担当是一种态度，一种责任，一种能力。
- 企业兴亡，人人有责。
- 服务是我们的天职，顾客满意是对我们自身工作价值的最好认可。

一句话：正能量文化能够调动员工的积极性，能让员工为了客人的满意，心甘情愿地付出。

（三）正能量使度假村所追求的顾客满意与忠诚得以实现

顾客在接受碧水湾产品和服务的某一时刻，感受非常好，但可能不持久，只有这种"好"从文化的角度引起了顾客心灵上的共鸣，才能让顾客回味无穷。文化是实现双方共鸣的最好桥梁。

碧水湾的产品与服务是亲情文化的载体。而亲情文化是一种正能量文化，碧水湾员工发自内心的微笑服务，加上感情的投入，构成了碧水湾充满正能量的亲情化服务，最终带来客人的满意和忠诚。

第四章 规范管理者和员工行为的"五、四"文化

结合度假村核心理念和企业在发展过程中遇到的一些实际问题,碧水湾管理层总结、归纳、提炼出了规范管理者和员工行为的两个"五、四"文化,即:管理者的"五、四"文化和员工的"五、四"文化。

两个"五、四"文化进一步解释了碧水湾的核心理念。"五、四"文化清楚地对碧水湾员工和管理者的思想、信念和行为进行了规范。"五、四"文化极具碧水湾特色,是碧水湾企业文化的重要组成部分,对于碧水湾亲情化服务品牌的打造,发挥了极大的作用。

"五、四"文化表述通俗易懂,便于员工理解和落实,如前所述,这正是碧水湾文化的特点:充满正能量、能够落地、能解决问题。

"五、四"文化也已成为碧水湾企业文化的重要组成部分,成为全体员工的行为指南。

一、管理者"五、四"文化

碧水湾管理者"五、四"文化,包括:
- 四个"凡是";
- 四个意识;
- 四个精神;
- "四不放过";
- 四大管理信念。

其中,最核心的是四个"凡是",碧水湾领导层认为:只要解决了这四个方面的问题,管理人员的问题就基本解决了。

(一)四个"凡是"

1. 凡是要求别人做到的,自己首先做到

碧水湾高层经常会告诫度假村管理人员:说给员工听,不如做给员工看,干部率

先垂范很重要。

包括制度执行在内，度假村认为，"凡是要求别人做到的，自己首先做到"，这一条是干部的四个"凡是"中最重要、最核心的内容。

2. 凡是今日的工作，必须今日完成

这是工作效率问题，也是工作态度问题。如果当天的工作，当天不能完成，最终也会影响服务质量以及企业的效益。

3. 凡是布置的工作，必须有检查验收

这一条特别不容易做到，但却是非常重要的。在管理中，我们会经常感觉到，怎么总是说了做不到，怎么很多问题强调了都得不到落实，明明你布置了，要不下面强调太忙，来不及做，要么是条件不够，做不到，要不干脆就是忘了，这样的结果不能怪别人，只能怪管理者自己，因为如果管理者每次布置的工作都要检查，员工保证不敢不做。这一条实际上也是解决下属员工以及整个酒店执行力的问题。

4. 凡是出现问题，先检讨自己

凡是出现问题，先检讨自己，并立即整改。这一条是碧水湾在管理中出现了一些问题后总结而来的。早几年，也存在一旦出现问题，大家就互相推卸责任，互相指责，每个人都能找一大堆的理由来说明是别人的问题，而不是"我"的问题，所以就规定：凡是出现问题，你就先检讨自己，不要说别人，先说自己错在哪里，你不可能一点错没有吧，哪怕是你只有20%的错，你只要先检讨了自己，别人的态度肯定会不一样。反过来，即便你只有20%的错，但如果你先指责了别人，别人也肯定不接受。有了这一条之后，一旦出现这样的问题就会用这一条来对照，渐渐地，大家就有了这样的意识，现在在已经没有相互推卸这种情况了，出了问题都会先检讨一下自己，然后商量怎么解决，这样就不会出现矛盾了，问题也得到了解决。

（二）四个意识

管理者的四个意识，即：
- 学习意识；
- 创新意识；
- 品牌意识；
- 危机意识。

当今社会正处于知识爆炸的时代，科学技术发展日新月异，不学习就跟不上时代步伐，碧水湾首先要求管理人员要有学习意识，学习各种专业知识、技能，以及行业新的理念、方法和管理和营销模式。

创新发展是碧水湾的经营理念，所以，创新意识也很重要。在当今社会，经营企

业就如逆水行舟，不进则退，唯有不断创新，才能保证企业的持续发展。

碧水湾的经营理念是"以顾客满意为中心，品牌经营，服务取胜"，因此，要求管理人员必须具有品牌意识。品牌意识主要强调：不管我们做什么工作，办什么事情，买东西也好，做一个布置也好，搞一个活动也好，都要讲究品质和品位，要力求将最好的产品和服务呈现给顾客，维护碧水湾品牌。

碧水湾已经成为行业的一面旗帜，但不能躺在品牌上度日。行业市场竞争很激烈，稍不努力，就会被同行超越，因此，除了以上三个意识以外，碧水湾还特别强调管理人员要有危机意识。

（三）四个精神

碧水湾要求管理人员具备的四个精神是指：

- 创业精神；
- 敬业精神；
- 专业精神；
- 职业精神。

上述四个精神中，创业精神是要求管理人员保持工作热情和工作激情；敬业精神是要管理人员讲奉献；专业精神是要求管理人员做工作领域的专家；职业精神则强调品德和责任。

这四个精神，是碧水湾对每一个管理人员的要求。

（四）"四不放过"

前面讲了四个"凡是"，四个"凡是"后面关键要有"四不放过"。管理就是一个发现问题、解决问题的过程，要不断地发现问题，不断地解决问题。那么怎么来解决问题呢？碧水湾认为"四不放过"非常有用。（详见本书第五篇第二章中的《问题管理机制》）

（五）四大管理智慧

- 轻财足以聚人；
- 律己足以服人；
- 量宽足以得人；
- 身先足以率人。

这四句话实际上是曾国藩说的，用在管理者身上，也非常合适。碧水湾要求管理者以此为镜，对照自己，获得员工的信任和支持，增强领导力和执行力，打造充满正能量、具有战斗力的团队。

二、员工"五、四"文化

碧水湾员工的"五、四"文化包括：

- 四个信条；
- 四个"见到"；
- 四"不"文化；
- 四个"快速反馈"；
- 四个"凡事"。

（一）四个信条

1. 凡事安全第一

安全是顾客对度假村最基本的需求，没有了安全，一切都归于零。酒店管理者都清楚，酒店安全压力很大，而作为温泉度假酒店，压力更大。碧水湾温泉一天接待游客量最多的时候达到4000～5000人，人多，隐患就多，所以，安全问题决不能掉以轻心，要处处讲安全，事事讲安全。从入职培训开始，到日常巡检、抽检及节前大检与安全重点和应急预案的制定，每天的班前会都会学习，反反复复地讲，时间长了，讲得多了，就形成条件反射。

2. 行动以客为先

行动以客为先，实际上就是围绕"以顾客满意为中心"这一理念的一个具体要求和原则。

3. 保持积极心态

要求员工保持积极心态很重要，无论在生活还是工作中，我们谁都无法避免会遇到各种问题，碰到各种困难，但以什么样的心态去面对，就非常重要。如果心态好，做事就会事半功倍，反之，心态有了问题，就注定了事情一定做不好。

4. 不向困难说"不"

碧水湾要求员工遇到任何困难，不能轻易说"不"，特别是管理人员，每天就是要解决问题、解决困难，这就是其基本责任，所以遇到困难的时候，不要说"不可能、没办法、做不到"，不要总是找各种理由。要相信办法总比困难多，只要有了这样的思维方式，很多的"困难"就不是困难了，所以在文化手册里，碧水湾特别列了一条："在事情未办到之前，一切都看似不可能，如果你不去想办法，处处都是困难，满眼都是障碍。"但是当你真正解决了，就变成一切皆有可能了，这实际上反映的还是一个心态问题，意识问题。

碧水湾的体会是：如果一个企业的员工（特别是干部）眼里都是障碍，看问题总是很消极，那是非常糟糕的事情，所以碧水湾要求员工通过反复学习和实践这四个信条，来树立大家的信念。

（二）四个"见到"

- 见到客人和同事要主动问好；
- 见到客人和同事有困难要主动帮助；
- 见到地上有垃圾要主动捡起；
- 见到有不安全因素要立即报告。

这四个"见到"，从文字和内容上来说，都非常朴素，但很务实，对酒店行业来说，都非常需要。

四个"见到"，看起来很普通，但如果做到了，企业的面貌就会有明显改变，因为它能营造一种非常好的氛围，这一点非常重要。但是如何实现呢？

答案是：领导带头，全体行动，天天督促，检查到位。

据度假村原董事长曾莉介绍，刚开始，有的管理人员见了客人主动打招呼没问题，但见了员工主动问好、主动打招呼就不太习惯，度假村就要求员工，发现哪个管理人员有这种情况，就可以通过总经理信箱投诉。慢慢让大家建立这样一种意识，做得多了，就形成习惯了，大家都养成习惯了，文化就形成了。现在，碧水湾无论是管理人员还是普通员工，见到地上有垃圾，就会非常自然地捡起来，放进垃圾箱。

（三）四"不"文化

1. 一线员工不对顾客说"不"

为什么要四"不"文化呢？因为员工在工作中最容易出现这样的问题，就是很轻易地拒绝客人。客人认为，本来酒店能够帮助他做到的事情，甚至很容易做到的事情，但是员工就不帮他做，还托词这个是酒店规定，那个我没有办法，等等，随便拒绝客人，这显然不能让客人满意，也与碧水湾的服务理念相背，所以，碧水湾规定不能轻易对客人说"不"。

事实上，很多酒店都培训员工，要求员工不对客人说"不"，但大都没有做到，而碧水湾做到了。因为这是碧水湾亲情服务的企业文化，对这个要求，碧水湾不是挂在嘴上，而是真抓实干，严格执行。

在碧水湾，任何人都不能直接拒绝客人，有问题自己解决不了的，就要反馈，一直到总经理确实还是解决不了，那就要研究一个方案，怎么跟客人做好解释，怎样才能尽可能不让客人带着不满离开。根据碧水湾的实践，这样一来，基本上可以解决95%

以上员工以前会轻易向客人说"不"的问题。

2. 二线不对一线说"不"

一般酒店只提出或要求员工对顾客不能说"不"，但碧水湾却在此基础上又提出二线不对一线说"不"，是更高层次的要求，说明碧水湾高层管理者深谙管理的哲学，懂得管理之道和管理的逻辑。

酒店对客服务是一个统一的整体，客人对酒店并不分一线和二线，但酒店管理却将酒店分为一线和二线，一线是直接对客服务部门，二线则是支持部门，只有一线和二线完美配合，才能完成对客人的优质服务。但二线对一线的服务意识不强，这种现象在酒店却普遍存在，要改变这种状况，要求二线不对一线说"不"，是件比较困难的事情。一线遇到了很多的问题，二线往往会不当回事，或不认为是件很急迫的事情，或认为与己无关，这样就无法保障一线为客人提供令客人满意的服务，因为一线的服务跟二线的保障供应是密切相关的，二线对一线的服务意识会实实在在地影响到一线的对客服务质量。

鉴于这种情况，碧水湾度假村严格规定，就像一线不能对顾客说"不"一样，二线也不能对一线说"不"！

怎么解决好这个问题呢？思想引导与考核机制相结合。

（1）建立满意度考核机制，并直接与工资挂钩

通过思想引导和挂钩机制慢慢修正二线部门员工的"机关意识"，让二线不会轻易地向一线说"不"。一旦发现有人明确地说了"不"字，就列为反面案例，全员学习，这样二线员工就很有压力。

（2）提出二线对一线的四个理解

为了使二线不对一线说"不"，度假村要求二线员工要对一线员工做到四个理解。

一要充分理解一线的地位，提倡"一线工作至上"。就是说，一线员工直接面对客人，为客人服务，他们所处的位置最重要。在酒店工作的舞台上，一线唱主角，二线唱配角，最终都是为了让客人满意，二线员工要自觉克服心理上的障碍，甘当配角，甘做幕后无名英雄，二线对一线要像一线对客人一样热情、亲切。

二要充分理解一线的急需。一线在对客服务中，常常向二线提出紧急需求，包括人力援助。时间紧，任务急，作为二线员工应当把一线的急需看作客人的急需，打破"按常规办事"的工作方式，认真做出永远是"YES"的回答和承诺，千方百计提供有力的服务保证，满足一线需求，切不可强词夺理，更不可置之不理。

三要充分理解一线对二线工作的不满。在相互协作中，一线对二线的工作常常表示不满意。面对这种不满，切不可认为是一线跟二线部门过不去，而要以平静的心态严以自责和反省。要知道，一线的不满正是用客人的视角看待二线工作的必然反映。

即使一线的意见或投诉与实际情况有出入，也应当理解一线的良苦用心。

四要充分理解一线的甘苦。一线人员相对比较辛苦，他们劳累了一天，需要二线为他们提供衣、食、住、行方面的优质服务，由于个人修养、心态和情况等因素，某些一线员工对后勤保障工作不满，甚至是挑剔，二线要宽容他们，并用温暖的双手为之排忧解难，用真情去感化他们。

3. 下级不对上级的指示说"不"

下级不对上级的指示说"不"，强调的就是服从意识，这一点非常重要，也不难理解。

4. 上级不对下级的困难说"不"

下级不对上级的指示说"不"，这一点很容易理解。碧水湾还特别提出，要求"上级不对下级的困难说'不'"，这是碧水湾的管理创新，要做到也是比较难的，之所以难，是因为不是指一次做到，而是每次都要求做到。提出这一点，也是提醒度假村的管理人员不要轻易拒绝下属提出的困难，起码要尽最大努力，只有这样，你才能走进员工的心里，赢得下属的尊重和拥护。

碧水湾解决了这四方面问题，就解决了很多顾客不满的问题。以前，一个顾客的口碑会影响250个人，但进入网络时代，可能影响2万人都不止。所以，现在网络如此发达，让顾客带着不满离开，是非常危险的事情，尤其是现在很多消费者在出游之前，都会有个习惯：先看网评。要想避免负面点评，避免负面点评病毒式传播，就一定不能让顾客带着不满离开，那就要有措施、有机制，将四"不"文化落到实处。

（四）四个"快速反馈"

碧水湾要求员工在工作中遇到四种情况，要进行"快速反馈"（详见本书第五篇第二章中的《问题管理机制》）。

四"不"文化和四个"快速反馈"，也是解决行业内人员流动较快带来的服务质量不稳定问题的一个非常行之有效的方法。

（五）四个"凡事"

凡事要从自己做起；

凡事多替别人着想；

凡事常怀感恩之心；

凡事主动帮助别人。

四个"凡事"主要侧重的还是一个心灵思想的引导，经常讲、反复灌输是很有意义的。度假村要创造友爱的人文环境，树立四个"凡事"的意识是非常必要的。四个"凡事"也是碧水湾正能量文化的重要组成部分，也是碧水湾正能量的切入点。

第二篇 双轮驱动

"碧水湾现象"解密

顾客满意，员工满意：碧水湾的双轮驱动战略

双轮驱动是碧水湾发展的基石和动力源泉。

碧水湾之所以能够取得今天的成绩，成功的第一个要素是文化引领，第二个要素就是双轮驱动。

在碧水湾，以人为本，实质上就是抓好两个满意度。

两个满意度是碧水湾企业文化落地的抓手。哈佛大学的一项调查研究表明：员工满意度每提高3个百分点，顾客满意度就提高5个百分点，利润则可增加25%～85%。可见两个满意度对于企业发展的重要性。碧水湾自开业以来，正是牢牢抓住了这两个满意度，视顾客满意为企业的生命，视员工满意为企业发展的根本，实现了企业持续健康发展的良性循环。可以说，两个满意度已成为碧水湾发展的基石。

第一章　员工满意是根本

碧水湾认为，企业的发展要靠双轮驱动，即：员工满意和顾客满意。因此，要高度重视员工满意度和顾客满意度。从某种意义上讲，员工满意度比顾客满意度更为重要，因为从逻辑上讲，没有满意的员工，就不可能有满意的顾客！

为了让员工满意，碧水湾不遗余力，真抓实干。

一、"员工是家人"

被誉为"经营之圣"的索尼公司前总裁、日本著名企业家盛田昭夫指出："日本公司的成功之道并无任何秘诀和不可与外人言传的公式。不是理论，不是计划，也不是政府政策，而是人，只有人才会使企业获得成功……"

因此，人是决定企业经营成功与否最重要的因素。在盛田昭夫看来，管理者最重要的任务，"就是发展与员工之间的健全关系，在公司内建立一种亲如一家的感情，一种员工与企业共命运的情感"。

碧水湾管理者在长期实践中深刻领悟到，员工只有在一个能感知到爱（"关注"和"成长"）的环境里，才能激发起其工作动力，企业才能够获得成功，并得以持续发展。所以，碧水湾领导者一直致力于营造一个充满爱的、"家"的文化氛围和环境。

"员工是家人"的服务和管理理念，其背后是服务价值链理论。

1994年，哈佛商学院的詹姆斯·赫斯克特（Heskett）等五位教授组成的服务管理课题组，历经二十多年，追踪考察了上千家服务企业的研究，提出了"服务价值链"模型，试图从理论上揭示服务企业的利润形成机制。

服务价值链理论中体现的六大关系分别是：利润增长与顾客忠诚度相关联；顾客忠诚度与顾客满意度相关联；顾客满意度与服务价值相关联；服务价值与员工生产力相关联；员工生产力与员工忠诚度相关联；员工忠诚度与员工满意度相关联。哈佛大学的研究者认为：服务价值链可以形象地理解为一条"将盈利能力、顾客忠诚度、员工满意度和忠诚度与生产力之间联系起来的纽带，它是一条循环作用的闭合链，其中每一个环节的实施质量都将直接影响其后的环节,最终目标是实现企业盈利"。

服务价值链理论告诉我们,企业利润是由忠诚的顾客决定的,忠诚的顾客(也就是老顾客)给企业带来超常的利润空间;顾客忠诚度是靠顾客满意度取得的,企业提供的服务价值(服务内容加过程)决定了顾客满意度;最后,企业内部员工的满意度和忠诚度决定了服务价值。简而言之,顾客的满意度与忠诚度最终是由员工的满意度与忠诚度决定的。

可以看出,员工满意与忠诚是服务价值链的起点。这为碧水湾一直践行的"员工是家人"亲情文化提供了强有力的理论支撑。碧水湾人认为,企业的效益是由忠诚的顾客创造的,而忠诚的顾客是由满意的员工创造的,要使客人满意,必须首先使员工满意,而要使员工满意,则必须对员工给予家人般的关爱。

碧水湾之所以创造了旅游服务业的奇迹,就是因为其高度重视人的价值,特别是员工的价值。碧水湾领导者坚信"造物先育人","育人"就是通过关爱员工,提升员工心智、意识和能力,帮助员工成长,这是第一位的,是企业成功的关键。

从本质上讲,"员工是家人"就是以人为本管理理念的体现与实践。以人为本就是以"人的需求"为出发点。碧水湾正是抓住这一点,高度重视员工满意度,舍得爱他们,舍得为他们付出。碧水湾管理者相信,这样做最终能换来一个大的结果,那就是:企业长远的健康发展。

二、创造友爱的人文环境

"创造友爱的人文环境"体现了碧水湾管理层对企业使命及人性的深刻领会与理解。作为服务企业,理应具有服务之心,这颗心最质朴的表达便是竭尽全力确保深处其中的每个人,包括顾客、员工都深感愉悦与舒适。作为个体,中国人常说:"人同此心,心同此理。"每个个体都有血有肉,有热情、渴望和梦想,有自由意志和创造精神。这些东西都难以用数字来衡量,也无法用效用函数来加以表达,唯有将心比心、以心换心。

人文环境是一个范围非常宽泛的概念,从范围上既包括内部员工之间的互帮互助,也包括对外部顾客的关怀友爱。从某种意义上讲,管理者更多的责任在于如何营造、引导一种氛围,创造一种良好的环境。

碧水湾倡导员工微笑服务,快乐工作,幸福生活,但要让员工真的开心,脸上出现发自内心的微笑,就必须有一个友爱的人文环境,否则,员工的微笑就只能是被强制出来的、形式上的微笑,即使有,也是昙花一现,很难保持。员工给予顾客真情的微笑绝不是"管"出来的。表面看起来是一个微笑,实际上背后一定要有一个土壤,有一个环境和氛围，这个土壤体现的也是企业文化。

碧水湾从建立之初，管理层就提出了这样的问题：怎样才能使员工热爱工作、效率高，同时忠诚公司？怎样才能体现公司对其成员的关爱与责任？

（一）倡导健康向上的企业文化

要创造友爱的人文环境，必须长期坚持、大力倡导健康向上的企业文化。

碧水湾员工发自内心的微笑，也是多年努力的结果，是积极向上的、充满正能量的企业文化熏陶的结果。碧水湾要求管理者对待员工要像对待家人一样，同时，也要求员工之间要互助友爱。

碧水湾文化手册中，引用了这样一个典型的案例。

案 例

帮助别人就是帮助自己

有个人想看看地狱与天堂的区别。他先来到地狱。地狱的人正在吃饭，但奇怪的是，一个个面黄肌瘦，饿得嗷嗷直叫。原来他们使用的筷子有一米长，虽然争先恐后夹着食物往自己嘴里送，但因筷子太长，就是吃不着。

他又来到天堂。天堂的人正好也在吃饭，一个个红光满面，充满欢声笑语。但奇怪的是，天堂的人使用的也是一米长的筷子，不同之处在于他们在互相喂对方！

生活中，每个人都面临天堂或地狱的生活：当我们懂得付出、帮助、爱、分享，我们就生活在天堂；若只为自己，自私自利，损人利己，实质就等于生活在地狱里。地狱和天堂，就在自己的心里。

（二）关爱员工：让员工享受春天般的温暖

度假村要求管理人员关爱员工，见到员工也要主动打招呼问好。从管理方式上而言，要尊重员工，重视与员工的沟通，以情义感动下属。碧水湾管理者认为，必须关心自己的下属，不管是老员工还是新同事，管理者都应抱着以人为本的态度，对员工真诚说声"谢谢""辛苦了""好"；由衷地赞美员工；拍拍下属的肩膀，给予信任的眼神；给员工写一张鼓励的便条；及时回复员工邮件；在员工生日、结婚、纪念日时，打个电话、送个小礼物，或发一条短而温馨的短信；举办一次无拘无束的郊游或团队聚会。

碧水湾人对员工的关爱，甚至从员工来到碧水湾之前就已经开始了。

"碧水湾现象"解密

下图是碧水湾常务副总经理张彦浩发给即将前来实习的某旅游院校实习生的短信。

人是社会性动物,需要群体的温暖。企业关爱员工,反过来员工就会更热爱企业。碧水湾从以下几个方面关爱员工。

1. 重视员工利益

企业和员工的利益共享,首先表现为经济利益的共享。企业追求效益,是其发展的前提;员工获得经济利益是其工作的重要目标。企业最大的经济效益和员工最大的满意是相辅相成的,二者缺一不可。员工的满意必定会带来碧水湾的效益,不考虑员工个人利益而获得的企业效益是不长久的。

碧水湾始终把员工利益放在十分重要的位置。员工的工作环境、生活环境、学习条件等

常务副总经理张彦浩发给即将前来实习的某旅游院校实习生的短信

都纳入了议事日程,制订年度员工关爱计划,分步实施。特别是对新员工、有困难员工,在工作、生活、学习等方面加大了关怀力度,使员工深切体会到企业是他们强大的依托,这些都为碧水湾吸引人才、留住人才创造了条件,而且使员工为能在这样的企业工作,感到骄傲和自豪。

2. 关心员工生活

度假村鼓励管理者通过各种途径了解每一位员工。每天开班前会时,管理者对每一个成员都会留心观察,如果有人不高兴,就记在心里,了解他是生病还是有什么不愉快的事,并帮助员工解决问题。

以前,开实习生座谈会的时候,学生总是会反映管理人员这样那样的问题,近几年说得比较多的都是管理人员对他们怎么好,怎么关心他们,完全不一样了。员工觉得管理人员心里有他们,遇到问题和困难,都愿意与管理人员沟通,寻求帮助。孩子半夜生病了,员工会半夜打电话给总监,总监毫不迟疑,立即开车送孩子去医院。这样的故事在碧水湾不止一例,这其实是上下级之间的关爱,也是信任。这样一种友爱的环境氛围很重要。

3. 帮助员工成长

度假村要求管理人员不仅要关心员工的生活,也要关心员工个人的成长和事业上的进步。帮助员工成长是企业关爱员工的具体体现,也是企业的责任。

碧水湾管理者会深入了解员工的专长、特点、性格、兴趣、爱好等,在此基础上

注意为员工量身定做职业生涯发展规划，为其制订合适的目标，安排合适的工作，配置合适的资源，给予合适的培训，确保人尽其才。

为员工量身定做职业生涯发展规划，关注员工成长

管理者关心大家庭中的每一个员工，会创造一种彼此关爱的文化，员工之间以及不同部门之间，也会彼此关爱。以前，碧水湾食堂的阿姨、大叔经常被投诉态度不好，但现在发生了很大的变化，这些食堂的阿姨、大叔都非常好，员工生病了胃口不好不想吃饭，他们就会记在心里，会想着他们，给他们做碗粥、面条、蛋羹送到宿舍，就像对自己的孩子一样，会让员工很感动，这得益于碧水湾积分制的实施，也得益于碧水湾关爱文化的熏陶。

人是最富于情感的，碧水湾给予员工的每一份关怀，员工都以十分的干劲报效企业。

4.构筑目标一致的利益共同体

关爱员工，还要努力构筑目标一致的利益共同体。使员工个人目标与企业目标保持一致，并且能够享受企业发展带来的利益。

碧水湾员工和企业共享企业发展成果，包括经济收益、社会认可、顾客赞誉等。

碧水湾从建立发展至今，随着企业规模、效益的不断提升，员工在收入、个人成长等方面也获得了稳步提升。

（三）创造和谐、舒心的工作氛围

1.学会赞美员工：让员工快乐工作

世界上有两件东西比金钱更为人所需，那就是认可与赞美。

林肯曾说："人人爱听恭维的话。"这种渴求得到赞美的欲望，就像人饥而求食、寒而穿衣一样，是一种本能的需要。正如一位推销大师把他一生的成功经验总结为：微笑、赞美、关怀。"你可以拒绝我的推销，但你不能拒绝我的关心、赞美和微笑。"

欣赏、赞美别人，就是肯定别人、鼓励别人，就是提高对方的自我价值，使他增强信心和勇气。同时，也是人际关系的润滑剂，有利于形成良好的人文环境。

为了使赞美产生良好的效果，碧水湾要求赞美员工时，要做到三点：

（1）赞美要立即表达。

（2）赞美要明确。

（3）赞美要公开。

关爱员工要善于鼓舞员工士气。碧水湾在员工做出成绩时，会及时公开表扬，对评出的优秀服务者广泛宣传，组织员工外出观摩学习，并做经验交流。同时，将员工的表现与工资挂钩，与福利待遇挂钩，与职位升迁挂钩。正是碧水湾对员工荣誉与士气的重视，激励了先进服务者更先进，也使更多的员工争当先进。

2.掌握沟通的艺术

《孙子兵法》中提到："上下同欲者胜。"沟通可以达到管理者和员工的相互了解，有助于决策者的决策意见被员工理解和接受，变成执行决策和服从领导的实际行动。

对于碧水湾而言，一个开放的沟通系统，有助于增强员工的参与意识，促进上下级之间的意见交流，促进工作任务的有效传达。

沟通的内容很多，包括工作沟通、思想沟通、学习沟通、生活沟通等。碧水湾管理者注意从日常工作和生活中，加强对员工各方面情况的了解。

碧水湾沟通的形式包括员工大会、满意度调查、座谈会、工作通报会、碧水湾大学堂、与员工谈心等。

碧水湾还通过积分制等方法和手段，鼓励员工提合理化建议。当员工的建议得到领导和部门的重视时，会获得极大的满足感。无论问题最终是否能真正解决，至少碧水湾管理者竭尽全力的态度，会极大地提高员工的工作积极性和满意度。

为了实现有效的沟通，让员工工作舒心、开心，碧水湾对干部特别规定了上级对下级的"六必表扬""七必沟通"的管理原则，管理者谈话"四要"，管理者四条禁用语等。

附：碧水湾上级对下级的"六必表扬""七必沟通"，以及管理者谈话"四要"和"四条禁用语"

一、上级对下级的"六必表扬"和"七必沟通"

（一）"六必表扬"

- 当下级工作有明显进步时；
- 当下级受到顾客表扬时；
- 当下级工作受到领导表扬时；
- 当下级参加各类活动争得荣誉时；
- 当下级主动提出合理化建议时；
- 当下级主动加班加点工作时。

（二）"七必沟通"

- 当下级受到委屈时；
- 当下级遇到困难时；
- 当下级心情不悦时；
- 当下级工作明显退步时；
- 当下级违纪受到处罚时；
- 当下级岗位薪酬变动时；
- 当下级之间产生矛盾时。

二、管理者谈话"四要"和四条禁用语

（一）管理者谈话"四要"

- 一要"诚"；
- 二要"和"；
- 三要"礼"；
- 四要"赞"。

（二）管理者"四条禁用语"

- 我帮不了你，有困难自己解决；
- 这是公司的规定，我也没办法；
- 要干就干，不想干就走；
- 你怎么这么笨。

3.掌握批评的艺术

碧水湾要求管理人员在批评员工时，先肯定优点，再指出缺点，最后提出建设性意见。

"碧水湾现象"解密

碧水湾将管理人员与员工沟通的方式以制度的形式确定下来，起到了非常好的作用，不仅让员工感觉到了关爱，并且掌握了人际沟通的艺术和技术，使自己得到进步和成长。所以碧水湾员工都有很强的沟通能力，他们会把这种沟通艺术运用到工作和生活中，使上下级之间、部门之间及班组之间的关系十分融洽，同时，使客人享受到碧水湾特有的亲情服务。

三、27个维度：开展员工满意度调查

为了让员工满意落到实处，碧水湾总经理定期召开不同层面员工座谈会，每半年都要做一次员工满意度调查，从27个维度，各个层面，以不记名的方式做满意度调查。每次调查都会有一个很详细的结果，了解到每一个部门、每一个班组的满意度状况，员工满意的是哪些，不满意的有哪些，然后，各部门要召开专门的分析会。度假村高度重视反映出来的问题，要求沟通完之后，要对座谈会上的意见逐项进行公开回复，限期整改。及时的书面、公开回复是碧水湾这些年沟通渠道畅顺的原因。

附：碧水湾员工满意度调查表

员工满意度调查问卷

（本问卷适用碧水湾中层以下员工满意度调查）

一、调查问卷说明

1.本调查问卷共有27个问题，问题采用单项选择的方式，简明扼要并易于回答。

2.你可以匿名填写此份调查表。

3.本调查问卷的密级为A级，你的任何答题情况和个人信息都将严格受到保密，不会泄露给他人，所以你可以放心作答。

4.当你有超过50%的题目不作回答时，本问卷将作无效处理；所有选择题均只能选择一个答案，否则该题答案视为作废。

5.你的选择没有对错之分，我们只想比较每个员工对该问题观点的差异；请你按实际情况如实作答，无须询问他人，否则将影响调查结果。

二、基础资料

为更好地配合本次满意度数据的统计分析工作，如实反映您所关注的热点，请您选择填写以下信息，打"√"确定。

1.请您标明您所在的部门

□营销部　　　　　　　□房务部（前厅）　　　　　□房务部（PA）

☐房务部（客房）　　　　☐温泉康乐部（温泉）　　　☐温泉康乐部（康乐）

☐餐饮部　　　　　　　　☐计财部（收银）　　　　　☐计财部（后台）

☐工程部　　　　　　　　☐安保部（食堂）　　　　　☐安保部（洗衣房）

☐安保部（警卫）　　　　☐安保部（宿舍）　　　　　☐采供部

☐行政人事部（车队）　　☐行政人事部（总办）

☐行政人事部（人力资源、质检培训）　　　　　　　☐餐饮厨部

☐康养部　　　　　　　　☐收益管理部　　　　　　　☐信息化办公室

2.请您标明您的性别

☐男　　　　　　　　　　☐女

3.请您标明您的年龄

☐未满20岁　　　　　　　☐20至29岁　　　　　　　　☐30至39岁

☐40至49岁　　　　　　　☐50岁以上

4.请您以入职时间为起点，标明您的工龄

☐未满1年　　　　　　　 ☐1年至2年　　　　　　　　☐2年至3年

☐3年至4年　　　　　　　☐4年至5年　　　　　　　　☐5年以上

三、满意度调查

当您答完该问卷，请按要求把答题完毕的问卷反馈给我们。非常感谢您参加本次调查活动！

1.我部门的管理人员具备较强的管理能力，能够合理地安排各项工作

（1）部门领导（中层管理人员）

A.非常认同　　　　　　　B.认同　　　　　　　　　　C.中立

D.不认同　　　　　　　　E.强烈反对

（2）主管

A.非常认同　　　　　　　B.认同　　　　　　　　　　C.中立

D.不认同　　　　　　　　E.强烈反对

（3）领班

A.非常认同　　　　　　　B.认同　　　　　　　　　　C.中立

D.不认同　　　　　　　　E.强烈反对

2.我部门内部事情都是按照公平、公开、公正的原则进行处理

A.非常认同　　　　　　　B.认同　　　　　　　　　　C.中立

D.不认同　　　　　　　　E.强烈反对

3.在我部门每个员工都明确自己的工作职责,并能认真履行

A.非常认同　　　　　　　　B.认同　　　　　　　　　　C.中立

D.不认同　　　　　　　　　E.强烈反对

4.近段时间我的上级就工作、生活等问题与我进行过交谈

A.非常认同　　　　　　　　B.认同　　　　　　　　　　C.中立

D.不认同　　　　　　　　　E.强烈反对

5.在日常工作、生活中,我能感觉到部门管理人员对我的尊重和关怀

（1）部门领导（中层管理人员）

A.非常认同　　　　　　　　B.认同　　　　　　　　　　C.中立

D.不认同　　　　　　　　　E.强烈反对

（2）主管

A.非常认同　　　　　　　　B.认同　　　　　　　　　　C.中立

D.不认同　　　　　　　　　E.强烈反对

（3）领班

A.非常认同　　　　　　　　B.认同　　　　　　　　　　C.中立

D.不认同　　　　　　　　　E.强烈反对

6.我部门管理人员经常在工作现场指导我们工作

（1）部门领导（中层管理人员）

A.非常认同　　　　　　　　B.认同　　　　　　　　　　C.中立

D.不认同　　　　　　　　　E.强烈反对

（2）主管

A.非常认同　　　　　　　　B.认同　　　　　　　　　　C.中立

D.不认同　　　　　　　　　E.强烈反对

7.我部门管理人员经常鼓励我们通过学习和创新,提高工作效率

A.非常认同　　　　　　　　B.认同　　　　　　　　　　C.中立

D.不认同　　　　　　　　　E.强烈反对

8.当我需要帮助时,我愿意与部门管理人员进行沟通

（1）部门领导（中层管理人员）

A.非常认同　　　　　　　　B.认同　　　　　　　　　　C.中立

D.不认同　　　　　　　　　E.强烈反对

（2）主管

A.非常认同　　　　　　　　B.认同　　　　　　　　　　C.中立

D.不认同　　　　　　　　　E.强烈反对

（3）领班

A.非常认同　　　　　　　　B.认同　　　　　　　　C.中立

D.不认同　　　　　　　　　E.强烈反对

9.在最近半个月里我的上级对我进行过表扬

A.非常认同　　　　　　　　B.认同　　　　　　　　C.中立

D.不认同　　　　　　　　　E.强烈反对

10.部门在分配任务时，我能够很清楚地知道工作的目标、执行步骤和执行结果

A.非常认同　　　　　　　　B.认同　　　　　　　　C.中立

D.不认同　　　　　　　　　E.强烈反对

11.我很乐意在同事有需要时提供工作或生活上的支持和帮助

A.非常认同　　　　　　　　B.认同　　　　　　　　C.中立

D.不认同　　　　　　　　　E.强烈反对

12.部门内部沟通顺畅，我的工作能得到同事积极主动配合

A.非常认同　　　　　　　　B.认同　　　　　　　　C.中立

D.不认同　　　　　　　　　E.强烈反对

13.在我部门氛围好，员工工作积极性高

A.非常认同　　　　　　　　B.认同　　　　　　　　C.中立

D.不认同　　　　　　　　　E.强烈反对

14.在我部门，我认为同事的工作效率高

A.非常认同　　　　　　　　B.认同　　　　　　　　C.中立

D.不认同　　　　　　　　　E.强烈反对

15.在日常工作中同事之间经常交流新想法和工作流程来提高工作效率

A.非常认同　　　　　　　　B.认同　　　　　　　　C.中立

D.不认同　　　　　　　　　E.强烈反对

16.在我部门多数员工每天都是带着积极的心态投入到工作中的

A.非常认同　　　　　　　　B.认同　　　　　　　　C.中立

D.不认同　　　　　　　　　E.强烈反对

17.我很清楚度假村目前倡导的企业文化

A.非常认同　　　　　　　　B.认同　　　　　　　　C.中立

D.不认同　　　　　　　　　E.强烈反对

18.我熟悉并认同度假村目前实施的各项规章制度

A.非常认同　　　　　　　　B.认同　　　　　　　　C.中立

D.不认同　　　　　　　　　E.强烈反对

19.我对碧水湾的发展远景充满信心

A.非常认同　　　　　　　B.认同　　　　　　　C.中立

D.不认同　　　　　　　　E.强烈反对

20.我的亲人、朋友对我在这里工作感到很放心、满意

A.非常认同　　　　　　　B.认同　　　　　　　C.中立

D.不认同　　　　　　　　E.强烈反对

21.我认为目前度假村的管理人员整体素质较高,是度假村未来发展的中坚力量

A.非常认同　　　　　　　B.认同　　　　　　　C.中立

D.不认同　　　　　　　　E.强烈反对

22.身边大多数员工对度假村都有较高的归属感

A.非常认同　　　　　　　B.认同　　　　　　　C.中立

D.不认同　　　　　　　　E.强烈反对

23.我认为只要通过个人努力,在度假村能得到成长或发展空间

A.非常认同　　　　　　　B.认同　　　　　　　C.中立

D.不认同　　　　　　　　E.强烈反对

24.我认为工作上带来的压力在我的承受能力范围之内

A.非常认同　　　　　　　B.认同　　　　　　　C.中立

D.不认同　　　　　　　　E.强烈反对

25.我所在岗位目前执行的操作流程、标准是合理、适用的

A.非常认同　　　　　　　B.认同　　　　　　　C.中立

D.不认同　　　　　　　　E.强烈反对

26.我部门的日常培训是实用、有效的

A.非常认同　　　　　　　B.认同　　　　　　　C.中立

D.不认同　　　　　　　　E.强烈反对

27.我部门的会议是高效、务实的

A.非常认同　　　　　　　B.认同　　　　　　　C.中立

D.不认同　　　　　　　　E.强烈反对

其他:如果您有一些我们未在调查表中列出的观点需要表达,请把它们写在下面的空白处

第二章　顾客满意是目标

在碧水湾，员工满意是根本，顾客满意是目标。把客人当亲人，"以顾客满意为中心"，是碧水湾始终坚持的核心经营理念。碧水湾人认为：

- 顾客满意是企业生存发展的基础。
- 帮助顾客赢，我们才能赢。
- 追求顾客满意最大化，企业利益也会最大化。
- 顾客的需求就是命令，要想让顾客满意，就必须与顾客内心的期望赛跑。
- 顾客是我们最好的老师。
- 顾客投诉是我们改进服务最好的机会。
- 挑剔的顾客更容易成为我们的回头客。
- 把"对"让给客人是面对顾客投诉、抱怨的最佳态度，与顾客争辩，我们永远是输家。

一、以顾客满意为中心

碧水湾十分重视顾客满意度。在度假村开业之初，就一直坚持"以顾客满意为中心，品牌经营，服务取胜"的经营理念，这与当时的竞争环境有关，更与碧水湾领导人的战略眼光有关。碧水湾人认为，顾客满意是实现度假村发展战略的唯一路径，关注顾客利益、为顾客服务则是碧水湾存在的唯一理由。从企业成立至今，面临日趋激烈的市场竞争，关注顾客、专注服务，碧水湾是坚守者，也是受益者。

为了让客人满意，碧水湾始终努力为顾客创造价值，努力站在客人的角度衡量产品和服务的价值，把握客人显性和隐形的需求，让客人感到物超所值。

在碧水湾，亲情化服务是手段、是路径，而实现"顾客满意"才是目标，企业效益则是结果。

碧水湾人认为，只有实现顾客满意，才能实现企业效益，顾客满意是关键，企业效益是结果，利润是水到渠成的东西，因此，碧水湾高层最终确定"以顾客满意为中心"的经营理念。

事实上,碧水湾的"亲情碧水湾"服务品牌,就是在"以顾客满意为中心,品牌经营,服务取胜"的经营理念指导下创建的。也正是碧水湾员工长期坚持"以顾客满意为中心"这一服务和经营理念,才有了碧水湾亲情化服务,才出现让无数客人泪奔、让同行仰慕的"碧水湾现象"。事实证明,恰恰是服务成就了碧水湾。

实施顾客满意战略,碧水湾主要做了以下几方面的工作。

(一)把客人当亲人对待

很多企业都把顾客当"上帝"(或"皇帝")看待,但碧水湾不把客人当"上帝"对待,而是当成亲人款待。

(二)努力挖掘顾客需求

碧水湾实施服务取胜战略的核心内容,就是以顾客需求为导向。

管理大师德鲁克认为,企业存在的理由是创造顾客。在他看来顾客原本是不存在的,是企业和企业家通过对市场与顾客需求的洞察做出产品和服务而创造了顾客和市场。

碧水湾从以下三个层面去关注顾客需求,不断满足顾客需求,不断地扩大市场空间,赢得了良好口碑。

功能诉求。包括主要功能的诉求、辅助功能的诉求,还有相关特殊功能方面的诉求。比如,酒店的客房产品,主要功能就是要满足顾客睡眠需求,辅助功能可能包括办公、会友等诉求,特殊功能则包括涵盖美感、享受等诉求。

情感需求。体现在心理上、文化方面和感受本身的需求。即便顾客知道有温泉酒店可以提供与碧水湾类似的产品或服务,但顾客还是选择碧水湾而不是其他酒店,为什么?因为人是有感情的,客人与碧水湾的产品、服务和员工之间,已经建立了特殊的感情。

价值需求。顾客对于服务和产品的需求,通常需要很高的性价比。优秀的企业总是致力于让顾客感到物超所值。碧水湾正是通过践行"多一盎司"定律,实现了顾客物超所值的诉求,企业同时也获得了收益。

顾客需求还可以分为显性需求和隐性需求两种类型。碧水湾员工不仅全力满足客人的显性需求,更是不遗余力地努力挖掘和满足客人的隐性需求,正因如此,才使碧水湾成为酒店和度假村行业的领导品牌。

(三)满足和超越顾客期望

相比于需求,期望则又更进一步。顾客可能会清晰表达需求,而不一定表达期望。这更需要员工用心感受并预判。碧水湾的服务理念是:不仅要满足顾客的期望,而且要努力超越顾客的期望，只有这样，才能带给客人惊喜和感动。

除了满足和超越顾客期望以外，碧水湾还要求员工将优质服务与管理顾客期望相结合，掌握让顾客满意的艺术。

碧水湾一直致力于不遗余力地满足顾客需求与期望，但在策略上强调灵活，要求员工合理管理顾客期望。

顾客对服务品质的评价，容易受先入为主的期望所影响。当顾客的期望超过企业提供的服务水准时，他们会感到不满；当服务水准超过顾客期望时，他们会感到满意。针对这种心理，碧水湾在进行期望管理时，会注意不夸大宣传、不过度承诺，避免顾客产生过高期望，而在实际提供服务时，则全力以赴，努力超越顾客期望。

二、建立顾客投诉管理制度

碧水湾制定了系统完善的投诉与满意度管理制度，并将投诉与满意度管理作为提升服务质量的抓手。

（一）有效投诉管理

客人对酒店产品、服务不满，产生直接投诉或隐性投诉行为，经调查确系酒店产品、服务存在不足的，认定为有效投诉。

依据《企业文化》关于"二线为一线服务"的规定，一线部门对二线部门的工作、服务不满，也可向职能部门提起投诉，经调查确系二线部门工作、服务存在不足的，也认定为有效投诉。

碧水湾将有效投诉分为产品类和服务类两大类。

产品类有效投诉：包括客房、温泉、餐厅出品、KTV小吃/酒水、商场商品、大堂吧出品、各营业点茶水等。

服务类有效投诉：包括一线对客服务、二线对一线服务。

1.有效投诉等级

共四类，为A类、B类、C类、D类，分别对应3分、2分、1分、0.5分。

A类、B类、C类、D类的认定，参照标准为客人的直观情绪表现以及对酒店品牌形象的影响程度。参见下表。

常见有效投诉及认定等级

序号	投诉类型	投诉内容	等级
1	出品类	牛肉变质发臭，导致客人腹泻	A
2		菜中发现钢丝/塑料/头发/苍蝇/蟑螂等异物	A
3		干炒牛河，没有牛肉或者很少牛肉	A
4		鱼/虾/海鲜等出品太腥，难以下咽	A
5		夹生饭	A
6		青菜/肉类不新鲜（备注：未腐败变质）	B
7		米饭太硬或者太软/吃到沙子	C
8		牛肉没有牛肉味/三文鱼不地道	C
9		饭菜太咸或太淡/太油或太淡	D
10		汤类出品太稠或太稀	D
11	酒水类	红酒/啤酒变质，饮用危害身体健康	A
12		假酒/擅自勾兑的白酒	A
13		红酒未醒酒或醒酒时间过长影响口感	A
14		酒水温度偏冷或偏热	C
15	产品类	客房内发现老鼠、蟑螂、蛇	A
16		客房异味强烈，不能入住	A
17		客房噪音（空调、水管）明显，影响入眠	A
18		电视故障/马桶故障/风筒故障等	A
19		客房水果变质/未配	A
20		客房水果少配/表面明显污渍	B
21		客房床头有毛发/布草有血渍	A
22		客房布草未更换	A
23		客房灯光部分不亮	B
24	服务类	辱骂/指责客人或对客人做出攻击性行为	A
25		冷面孔或"NO"服务	A
26		服务缺乏耐心，引起客人不满	A
27		临近下班时间，拒绝接待客人	A
28		主动/暗示客人给小费、写表扬信	A

续表

序号	投诉类型	投诉内容	等级
29	服务类	客人问到的应知应会内容不掌握，引起客人不满	B
30		忘记对客服务的承诺	B
31		姓氏称呼客人错误，导致客人不满	B
32		服务拖延，超出客人正常等待的时间，导致客人不满	A或B

注：未尽事项，依据同类参照原则进行等级评定。

2. 有效投诉的关联考核

有效投诉与各部当月满意度直接挂钩，表现为直接从当月满意度中扣除相应等级分值的满意度百分点。而有效投诉涉及的责任人处罚则依据《处罚细则》《员工手册》相关规定执行。

（二）重大投诉管理

为了能更好地处理对客服务中发生的重大宾客投诉，督促各部门做好接待服务工作，提升度假村整体服务品质和水准，度假村制定了重大投诉的认定与处理办法。

1. 重大投诉类型

- 度假村VIP客人的投诉；
- 重要客户的投诉，以营销部"重要客户（会议）接待单"为准；
- 度假村领导接受的宾客投诉；
- 被旅游质量管理部门受理的宾客投诉；
- 被新闻媒体曝光的宾客投诉；
- 造成较坏（较大）影响的宾客投诉。

2. 重大投诉的调查

重大投诉发生后，由质检培训部直接进行调查取证工作或根据度假村相关领导的指示和要求展开调查工作。

投诉涉及的部门，应在重大投诉发生后的半个工作日内，主动向质检培训部上报"投诉经过说明"。

质检培训部在投诉发生的两个工作日内，对投诉事情进行调查并形成书面调查报告，上报度假村领导，由度假村领导进行最终裁定。在调查工作中，相关部门及人员必须全力配合质检培训部的工作，如实说明情况、反映问题。

3. 重大投诉的处理

对于重大投诉，经调查确认投诉事实成立后，将做如下处理。

- 对于责任当事人及主要责任人将根据情节及所造成后果的严重程度给予"提醒""警告""辞退"处分，并扣罚当月全部绩效奖金。
- 对于非主要的责任人及直属领导（包括领班或主管）将根据情节及所造成后果的严重程度给予"过错""提醒""警告"处分，并扣罚当月绩效奖金30%～100%。
- 对于被投诉部门（或责任部门）的负责人将视情况扣罚当月绩效考核2～10分，或给予"过错""提醒""警告"处分。
- 重大宾客投诉将作为部门管理人员年度考核的内容。

4. 其他事项

对于妨碍投诉事件调查工作的正常进行，或提供、报送虚假情况者，将由质检培训部给予"提醒"或"警告"处分。情节严重者将另行严肃处理。

对于重大投诉事件的调查和处理，质检培训部直接对度假村领导负责，有权不向任何部门或个人解释调查和处理的相关问题及理由。

三、顾客满意度管理办法

为了充分发挥《顾客意见调查问卷》的作用，及时、客观、准确地反映宾客满意度并落实、改善宾客提出的意见，度假村特别制定了顾客满意度管理办法。

（一）《顾客意见调查问卷》管理

1.《顾客意见调查问卷》的发放

质检培训部负责《顾客意见调查问卷》的印刷、发放等管理。

2.《顾客意见调查问卷》的回收

每次度假村例会进行时，相关岗位、部门将本部调查的《顾客意见调查问卷》交于质检培训部，并在"《顾客意见调查问卷》回收汇总登记本"上逐一按项目登记。质检培训部当日对各部门所登记的份数进行核查，发现问题及时纠正。

3.《顾客意见调查问卷》的调查

参与调查的部门（岗位）：营销部、质检培训部、一线部门负责人（包括：餐饮部、房务部、温泉康乐部的经理、副经理、经理助理）。

调查份数：房务部和温泉康乐部各100份、餐饮部50份、计财部15份。

相关人员在调查中应做到"四清"，即：问清客人姓名及联系电话、了解清意见内容及产生原因、弄清意见发生的部门、写清当时处理的情况。

（二）顾客满意度统计

质检培训部负责将每次收回的各部门调查的问卷进行登记、汇总。在每月的5日，质检培训部应计算出由上月一线部门调查汇总产生的各部门满意度结果。

营销部每日将本部（岗位）所调查问卷进行统计，在每月的2日前将上月的汇总结果以书面和电子版两种形式报质检培训部。

1.顾客满意度统计内容

度假村将《顾客意见调查问卷》中的温泉服务、康乐服务、餐饮服务、前厅服务、客房服务、收银服务、保安服务、餐饮出品纳入宾客满意度统计中，统计结果将与相关部门顾客满意考核挂钩。

2.顾客满意度统计方法

顾客满意度=［（满意总票数×3）＋（较满意总票数×2）＋（一般总票数×1）－（不满意总票数×1）］÷（总票数×3）×100%。

（三）一线部门顾客满意度达标标准及管理办法

1.达标标准

一线部门顾客满意度达标标准

序号	部门	达标标准	优秀标准
1	房务部前厅	90	95
2	房务部客房	90	95
3	餐饮部楼面	90	95
4	餐饮部出品	80	85
5	温泉康乐部温泉	90	95
6	温泉康乐部康乐	90	95
7	计财部收银	90	95
8	安保部	90	95

2. 管理办法

（1）调查份数未达标

一线部门负责人当月调查问卷数量未达标或调查问卷不合格（如：员工代做、问题未反馈等）的部门，以5份为一个档，少交数量≤5份，扣1分；5份＜少交数量≤10份，扣2分，以此类推，将扣除部门负责人相应的绩效分。

行政人事部月初对各部上月的顾客投诉或暗访情况进行汇总，交由度假村领导审批，并按A、B、C、D四个等级做好评定，且每个等级对应在部门当月满意度得分中扣除3分/件、2分/件、1分/件和0.5分/件。

（2）顾客满意度未达标

部门当月顾客满意度将与部门的执行力考核挂钩。月度顾客满意度未达标的部门每下降1%，将扣部门当月执行力考核1分。

（3）顾客满意度达到"优秀"标准

顾客满意度达到"优秀"标准的，将在部门当月执行力考核中加1分，每超过1个百分点将再加1分。

第三篇　品牌经营

"碧水湾现象"解密

亲情碧水湾

　　碧水湾人将碧水湾品牌当作眼睛一样保护。

　　碧水湾的品牌经营战略包含三个方面的内容：服务与产品品牌的打造；品牌形象的维护；品牌社会价值提升。

　　在碧水湾人看来：品牌就是品质和口碑。好的品质带来好的口碑，好的口碑成就好的品牌。品牌不等于广告，依靠广告投入赚取的只是知名度而已。

　　碧水湾人认为：品牌是企业的生命，是产品之魂。产品是生产者提供的东西，品牌是消费者购买的东西。对顾客而言，品牌可以确认产品来源、责任归属、风险程度、质量约定与承诺的实现；对企业而言，品牌是获得顾客认同、满足顾客质量要求、赋予产品独特联想的手段，如果产品不能通过品牌而销售给消费者，就没有任何价值，因此，必须坚持"品牌经营，服务取胜"的发展战略。

　　事实上，碧水湾品牌已经成为俘获顾客芳心的武器，是碧水湾竞争的法宝。

第一章　碧水湾亲情服务品牌

碧水湾有清晰的品牌定位，即"亲情碧水湾"。坚持服务取胜，并把这个理念灌输给全体员工，使大家养成注重品质的意识，最终体现在服务中、产品设计中、标准建立中、日常管理中等方方面面。

时至今日，"碧水湾"这个品牌给顾客带来了"愉悦的体验"，让顾客产生了"高度的信任"以及对碧水湾产品和服务"绝对的放心"。

一、亲情碧水湾：碧水湾品牌定位

品牌定位是更高层次的营销思路与战略。同其他企业一样，碧水湾的品牌定位经历了一个过程，虽然碧水湾具备天时地利的自然条件，但不乏相似企业甚至硬件更优企业的竞争，"如何定位碧水湾"一直是摆在碧水湾决策者面前的重大问题之一。

碧水湾在充分考虑品牌主张、目标顾客群体特征、服务与产品本身特点、企业实际情况、竞争对手定位等要素的基础上，提出碧水湾的服务品牌为"亲情碧水湾"。

这一定位清晰准确表明了碧水湾产品与服务的精髓，符合温泉度假顾客的需求，实现了品牌差异化。

二、"亲情碧水湾"服务品牌的打造

打造"亲情碧水湾"服务品牌，碧水湾主要从以下几个方面入手。

（一）打造优秀文化

品牌的打造，离不开优秀的企业文化。"让文化做功，为品牌铸魂"，是碧水湾的品牌发展理念。碧水湾人认为，品牌是带有深刻而丰富的文化内涵的。一个成功的品牌背后一定有优秀文化的支撑。

相比于品牌本身，文化能够赋予品牌更加丰富的内涵，并通过各种强有效的内外部传播途径，形成内外部顾客对品牌精神上的高度认同，创造品牌信仰，最终形成强烈的品牌忠诚。

碧水湾人认为：品牌有了文化，就像人有了灵魂；文化有了品牌，则得到了更好的诠释与传承。品牌是市场竞争的强有力手段，但同时更是一种文化现象。优秀的品牌一定是具有良好文化底蕴的，顾客购买碧水湾的产品，不仅是选择了住宿等的基本功能和质量，也同时选择了碧水湾的文化品位。

在建设碧水湾品牌时，文化一直渗透和充盈其中，并发挥着不可替代的作用。创建碧水湾品牌的过程，就是一个将文化精制而充分展示的过程。在品牌塑造过程中，文化起着凝聚和催化的作用，使碧水湾更有内涵。碧水湾的文化内涵是提升碧水湾产品附加值和产品竞争力的源动力。品牌是文化的载体，文化是凝结在品牌上的企业精华，也是对渗透在品牌经营全过程中的理念、毅力、行为规范和团队风格的体现。

在温泉产品同质化程度越来越高，企业在产品、价格、渠道上越来越不能制造差异来获得竞争优势的时候，碧水湾的品牌文化正好提供了一种解决之道。从某种意义来讲，未来的企业竞争是品牌的竞争，更是品牌文化之间的竞争。这是一种高层次的竞争，任何一家成功企业都依靠其独特的品牌文化在市场上纵横。

碧水湾的企业文化建设推动了企业健康发展，赢得了更多利润，从而有效地实现了企业发展与企业文化建设的良性循环。这种良性循环是建立在碧水湾发展规模不断壮大、企业绩效稳步提升、执行团队高效专注的基础之上。

此外，明确的目标、员工的普遍认同、领导人的亲和力、知人善任、公平、公正、和谐等，都是碧水湾良好文化的基本元素。品牌所凝聚的精神文化，很大程度取决于企业最高领导者的人格魅力和文化素养，是企业最高领导者的精神体现，决定着品牌文化内容与方向。

（二）提供优质服务

企业文化是打造品牌的基础，但消费者最终认可的是产品的质量。碧水湾以充满正能量的企业文化为依托，着力打造亲情化服务这一具有鲜明特色的碧水湾服务品牌，获得了顾客的高度认可和广泛赞誉，并最终获得良好的口碑和市场美誉度。但口碑的形成绝非易事。只有产品和服务水平超过顾客的期望，才能赢得顾客的口碑。碧水湾正是因为一个个超越竞争对手或别出心裁的服务和举措，才会让顾客一边体验、快乐享受，一边绘声绘色地传播，并最终造就企业闪亮的品牌。

（三）打造礼貌专业的服务形象

碧水湾开展"三雅人"（举止优雅、谈吐文雅、气质高雅）训练，以最佳的职业形象、礼貌用语服务顾客。

碧水湾不仅服务用心、贴心，感动客人，而且，走进碧水湾，你会发现员工个个气质高雅，举止优雅，谈吐文雅，这是因为碧水湾一直在通过班前会、碧水湾大学堂等多种形式，开展"三雅人"的训练，使得他们与一般酒店的员工相比，又胜出一筹。碧水湾既注重服务品质，又注重服务的外在形象，多维度打造品牌形象。

碧水湾PA服务形象

（四）全员呵护品牌形象

碧水湾人从董事长到普通员工，像呵护自己的眼睛一样，呵护自己的品牌。在工作中，要求员工具有品牌意识，努力维护碧水湾品牌形象，凡是对碧水湾品牌有益的事就做，凡是有损碧水湾品牌的事坚决不做。

（五）维护品牌，坚持不懈

品牌的塑造要克服诸多困难，同时，必须要有足够的时间和耐心，因为文化的培育不是一朝一夕就可以完成的，需要时间的沉淀与积累。碧水湾从建立之初，就一直秉承"为顾客创造价值"这颗初心，从上至下，踏踏实实、兢兢业业，长期坚持不懈。

碧水湾品牌文化建设并不是一帆风顺、轻而易举的，而是一项长期的系统工程，难能可贵的是，碧水湾一直坚持初心不动摇，充分体现了碧水湾人看待困难与问题的态度、角度与坚持的毅力，全力以赴、保持积极心态、不向困难说"不"的决心。

"碧水湾现象"解密

第二章　打造度假产品品牌　　提升品牌社会价值

在打造亲情碧水湾品牌的同时，碧水湾准确把握休闲度假产业及度假村经营管理的发展趋势，与时俱进，不断创新度假产品，打造度假产品品牌形象。同时，通过各种途径，不断提升品牌的社会价值。

一、创新度假产品　　打造产品品牌

碧水湾产品品牌形象的打造，主要从两个方面进行：一是丰富和创新度假产品；二是提升产品品质。从顾客视角来看，这两个方面又可归纳为"有形"与"隐性"两部分。

（一）创新度假产品

为了提升顾客视觉体验，让顾客可以远离城市的喧嚣，独享这里的岭南独特园林风光，碧水湾对园区绿化景观进行了重新设计与改造，增加了绿植品类，丰富了观赏层次感。与此同时，不断创新度假产品，增加度假客人的体验感、尊贵感、快乐感和健康感。近年来，碧水湾创新并受到客人好评的产品包括以下内容。

1. 滨河区私家泡池

为了增加VIP及其他住店客人的尊贵感、体验感，碧水湾在紧邻流溪河的滨河区，以场地原有植被大树为基调，流溪河独享景观为核心，远山林景观为背景，新设计打造了"河畔温泉"，为客人提供免费专享的尊贵体验。

碧水湾为VIP及其他住店客人倾力打造的滨河区"河畔温泉"

2. 彩虹公园

为了适应度假村家庭亲子市场的需要，从2016年8月4日开始，碧水湾用

1年多的时间，打造了深受小朋友们喜爱的"彩虹公园"。该项目约4500m²，围绕对景观、绿化、儿童娱乐设施、声雕及3D立体画墙项目逐步进行改造升级，打造区域闭环型的儿童休闲娱乐场地。

3. 德啤广场

为营造更加独具特色的休闲、度假氛围，碧水湾对原小吃广场进行了全面改造，升级为德啤广场，并引进德国啤酒酿造设备，让顾客在世界东方也能享用地道的德国风味。纯正的德国风味啤酒，加上富有浪漫情调的装修风格，德啤广场自开业以来，成为度假客人的至爱。

4. "头等舱"肠道水疗马桶

碧水湾率先引入了全球领先的带有水疗功能和音响功能的"头等舱"

碧水湾打造了深受小朋友们喜爱的"彩虹公园"

由小吃广场改造的迭代主题产品：德啤广场

座便器，使客人不用去医院就可以辅助治疗一些常见的肠道疾病，增强了客人的体验感，受到度假客人的极大欢迎。

5. 引入空气消毒机，打造健康养生客房

健康养生是当代旅游度假市场的新的需求趋势，特别是经历了2020年开始的"新冠感染"大流行以后，人们对健康养生比以往任何时期都更加重视，对高端度假产品的需求井喷式爆发，碧水湾敏锐地观察到了这一市场需求趋势，在最短的时间内，打造了健康养生客房：安心住活氧房。

度假型酒店的核心经营理念是"健康"和"放松"。根据顶尖学术期刊《科学》的一篇综述指出，"气溶胶"形式可能才是引起呼吸道传染病的病原体的传播主流——通过悬浮在空气中的小液滴，病原体被人体吸入，引发疾病……针对气溶胶传播这一普遍存在却又极易被大众忽视的健康隐患，碧水湾果断引入高端健康产品空气消毒机，打造了健康养生客房：安心住活氧房。安心住活氧房的空气消毒机通过释放高纯度低浓度的活氧（又称臭氧）来主动查杀室内空气中的各类细菌病毒。空气消毒机还可以释放多达五千万负氧离子，可以助力度假客人安神助眠、解压放松，提升度假、休息的品质。该类型客房一经推出即大受住客欢迎。

（二）提升度假产品品质

在创新度假产品的同时，碧水湾还十分重视产品品质的提升。如：引进保食安食品净化机，彻底清除蔬菜农药残留，确保食品安全；新建杯具、拖鞋洗消间，严格执行"一客一消"，确保客用物品卫生洁净；会议室、餐厅包房等人员密集区配入臭氧空气净化器，降低空气中PM2.5水平、杀灭病菌，提升环境空气质量；自建洗衣房，配备专业洗涤人员，确保客用布草卫生质量；坚持选择优质有机蔬菜，采购、验收严格把关，确保原材料品质、安全；不使用食品添加剂（如味精），发挥食材特长烹调美味……

二、努力提升品牌社会价值

碧水湾还通过履行行业发展责任和社会责任，努力提升品牌社会价值，实现品牌价值延伸。

（一）积极履行行业责任

碧水湾的经营管理模式获得了行业的高度认可，收获了很多的荣誉，同行学习考察也纷至沓来，碧水湾一直秉承着"助力行业发展"的理念，无私地向同行分享心得，共同推进中国酒店行业、旅游行业及整个服务业的服务质量和管理水平，在满足人民日益增长的服务需求的同时，将基于中国文化的"中国服务"推向世界。

（二）努力分担社会责任

通过连续承办20多期"碧水湾现象"研讨会，碧水湾将自己的成功经验无私地分享给全社会以及旅游院校，不仅推动了行业的进步和发展，还培养了大批国内旅游院校骨干教师，为旅游院校的教学提供了丰富的素材，从而促进了旅游院校教学质量的提高，也成为"产学研"结合的典范和平台。

疫情期间，碧水湾在政府需要的时候积极响应承担社会责任，圆满完成了隔离酒店接待任务。

为了实现绿色、环保和可持续发展的理念，碧水湾投资建设了无公害垃圾处理中心，引进了专业的垃圾处理设备，变废为宝，创造了较大的环保效益和经济效益。

多年来，作为温泉酒店行业人才培养的"黄埔军校"，碧水湾已向社会输送了大量的专业人才，一个个碧水湾人在新的岗位发光发热，将碧水湾做法、碧水湾精神发扬到大江南北。

中国社会科学院旅游研究中心名誉主任张广瑞教授在考察碧水湾以后，激动地写下了《宽广的胸怀与高度的社会责任感》（见第三章《"碧水湾现象"的社会影响》）一文，对碧水湾的社会责任感给予高度赞赏。

第四篇　服务取胜

"碧水湾现象"解密

亲情服务已经成为碧水湾的核心竞争力

　　"亲情碧水湾"是碧水湾赢得社会认可的一张靓丽名片。靠服务取胜，打造"亲情碧水湾"的服务品牌，碧水湾一直在路上。

　　在碧水湾，服务取胜是战略，不是战术。

　　"酒店是典型的服务型企业，服务也是酒店产品的核心价值所在，我们在谈互联网、互联网＋、智能化信息的时候，出发点和落脚点一定是提高顾客的满意度，提升顾客的体验感，这一点非常重要。碧水湾是一家开业18年的老酒店，却能够赢得好的口碑和市场，靠的是什么？就是优质的服务。应该说，碧水湾是专心专注于服务，以服务取胜的实践者、坚守者也是受益者。"

——碧水湾原董事长：曾莉

第一章　碧水湾服务理念

碧水湾不把客人当"上帝"看待，而是当"亲人"对待，提出要为客人提供亲情化服务。

"视客人为亲人，为客人提供温馨、周到、体贴、关怀的亲情服务"是碧水湾的核心服务理念，也是碧水湾的核心竞争力。所有让客人体验到的感动和惊喜，都是源于碧水湾亲情服务理念支撑下的亲情化服务。

碧水湾人认为：让客人满意不是好的服务，让客人惊喜和感动的服务才是好的服务！好的服务是设计出来的，对客人服务要做到"物超所值"，要与客人的期望赛跑。

一、"服务取胜"是战略　不是战术

碧水湾的经营理念是：以顾客满意为中心，品牌经营，服务取胜。这个理念是在碧水湾开业的时候就定下来的，一直没有改变。

碧水湾在2002年刚刚开业的时候，像珠海海泉湾这样的大型豪华五星级温泉度假村就已经在建了，碧水湾清楚地知道，自己在硬件上不可能有优势，只有拼服务。所以，就一直坚持走这样一条道路。现在来看，恰恰是服务成就了碧水湾，碧水湾良好的服务口碑，使得碧水湾的顾客非常稳定，80%以上都是回头客和口碑客，这些顾客都是冲着碧水湾的服务来的。

为顾客提供优质服务是碧水湾全部经营管理活动的轴心，是碧水湾生存与发展的命脉。对顾客而言，是否获得优质服务是他们能否与酒店建立消费依赖的决定性因素。碧水湾认为服务取胜是一项战略，而不是战术。战略是全局性的计划和策略，创造优质服务，保持并不断丰富优质服务内涵，是碧水湾永恒的追求。

碧水湾之所以确定"服务取胜"战略，主要基于以下三个方面的原因。

（一）认知层面：服务是度假村的核心产品

从认知层面而言，服务是度假村之本，也是度假村的核心产品，度假村经营要"不忘初心，牢记使命"，全心全意为客人提供优质服务。

(二）市场层面：客人更重视服务体验

21世纪的今天是体验经济时代，顾客追求体验，服务是满足顾客体验的载体和手段，通过为客人提供优质的服务，可以满足客人个性化的服务体验。

（三）内部资源层面：可以扬长避短

碧水湾不具备设施设备方面的优势。在广东，碧水湾是一家中等偏下规模的国有四星级度假村。经过反复思考和酝酿，碧水湾高层认为，碧水湾度假村在硬件设施方面，不具备任何优势，甚至可以说，硬件不足是度假村的短板，只有靠软环境建设，坚持服务取胜的战略，才能使碧水湾脱颖而出，在激烈的市场竞争中，取得竞争优势。

二、顾客是亲人 不是"上帝"

碧水湾颠覆了国内酒店和服务行业长期坚持的"顾客是上帝""顾客是皇帝"的传统观念。取而代之的是"顾客是亲人"的服务新理念，如此，才有亲情化服务品牌，才有感动无数客人的"碧水湾现象"。

（一）顾客不是上帝

长期以来，国内酒店业，乃至整个服务业，都把顾客视作"上帝"，"顾客就是上帝"的口号满天飞，这看似一个西方的"先进"理念，实际上却是中国改革开放几十年以来一个最大的误解，因为西方服务业从来没有人认为"顾客就是上帝"。这一理念也许在改革开放初期，对于处于初级阶段的中国酒店业及服务业服务质量的提升起到了一定的作用，但当今社会、经济环境已经发生重大变化，服务业已经处于相对发达、成熟的时期，继续打着"顾客就是上帝"的旗帜经营服务业，显然已不合时宜。

碧水湾人认为，既不能把顾客当"上帝"，也不能把顾客当"皇帝"。把客人当上帝或皇帝服务，员工脸上洋溢不出发自内心的、真诚的微笑。

（二）顾客是亲人

碧水湾的企业文化和服务理念则不同，碧水湾要求员工把顾客当作自己的亲人、朋友和家人，这就简单很多：遇到了年纪大的，就当作自己的爷爷奶奶、叔叔阿姨，年轻的就当作远道而来的朋友。爷爷奶奶来了，你会怎么做呢？家里来了客人你会怎样待客呢？这样员工一下就找到感觉了。同时，碧水湾管理者也深刻认识到，进入体验经济时代，酒店已经不能停留在仅仅为客人提供客房、温泉、餐饮这样的产品，更应该是给到客人一种经历和体验。现代社会最缺失的已经不是物质上的满足，而是情感上的需求，不管是年长的还是年轻的，是男士还是女士，人人都需要被关怀，需要被尊重，需要被重视。

碧水湾的"顾客是亲人"服务理念本质上就是亲情化服务，通过亲人般的关系建立一种主客间深层次的服务方式，目的就是让主客间的关系更加稳固，继而实现顾客忠诚的目标。

事实上，很多顾客来到碧水湾，最大的感受是：不豪华，但感觉很温馨。这种温馨源于碧水湾员工积极阳光的工作态度和真诚的微笑，像家人一样的关心，让客人感觉很温暖。正是这种情感体验，为碧水湾赢得了口碑，铸就了"亲情碧水湾"品牌。

碧水湾"视顾客为亲人"的亲情化服务，就是坚持"以顾客为中心"的核心文化理念不动摇，是以满足顾客的个体需要、良好的整体感觉为目标，以专业、快捷、温馨、全方位、多元化等为特点的服务模式。"顾客是亲人"，是碧水湾人全新的服务理念。

案 例

比亲人还亲：泡完温泉，感到头痛以后……

本人于4月15日由深圳国旅带团入住贵温泉度假村，当天晚上泡完温泉感到头痛越来越厉害，就找中医推拿，得知是受风寒所致，便到小吃广场请餐厅厨房师傅给我煮碗姜汤喝，餐厅工作人员齐利敏了解情况后，非常热情地招待我，并马上安排厨房师傅给我去煮姜汤。当时厨房没有红糖，齐利敏小姐还特地到别的地方找来红糖，当她小心翼翼地将一碗热辣辣的姜汤端到我面前时，我感到非常温暖，像在家被家人照顾着一样，让我万分感动，喝完姜汤觉得舒服好多。

当我回到康乐休息厅时，陈静小姐得知我受风寒不舒服后，即使要下班了，也不忘交代晚班的同事，让厨房第二天早上再给我煲姜茶喝，并上网帮我查找相关风寒感冒的食疗材料。第二天早上，我来到酒店餐厅时，工作人员热心地招待我，并给我再端来一杯热姜茶，同时提醒我，离开酒店前再打包一碗带在路上喝，工作人员的贴心服务让我很感动！更让我想不到的是，我办完退房手续坐上车时，导游给我递过来一个袋子，打开一看才知道是陈静小姐给我写的温馨提示信、风寒感冒后食疗的相关资料、感冒药品和一瓶水，我当时就感到无比的幸福和感动。我去过很多五星级酒店，从来没有受

"碧水湾现象"解密

到过这么高的服务及待遇，这不像在外面度假，反而像在家里被家长关心和照顾着。我当时就在车上把我受到这么给力的服务和关照讲给大家听，所有人都有同感，表示下次自己还要带家人和朋友过来度假。

三、服务目标：让客人惊喜和感动

碧水湾的服务目标不是让客人满意，而是让客人惊喜和感动！

服务是个简单的概念，又是一个十分复杂的概念。碧水湾人对服务有着自己朴素的理解：服务就是为他人做事，做他人需求的事，即本着诚恳的态度，为别人着想，为别人提供方便或帮助。

在碧水湾人看来，仅有服务是不够的，客人需要的是优质服务。优质服务是在标准化、规范化基础上的个性化、超常化服务，是在满足顾客需求的能力与程度两方面的高水平体现。

碧水湾人认为，服务有四个层次：

- 情绪化服务：无法使客人满意。
- 标准化服务：让客人满意。
- 个性化服务：让客人惊喜。
- 超常化服务：让客人感动。

服务的"四个层次"及其特征

层次	服务方式	典型特征	服务结果
情绪化服务	我想怎样服务，就怎样服务	无章、无法、无规范	无法使客人满意
标准化服务	我只有这样做，才合乎标准	有板、有眼、有章法	让客人满意
个性化服务	怎样做才能让顾客高兴，我就怎样做	一对一、定制化	让客人惊喜
超常化服务	让顾客感受到这是一次难忘的经历	心灵交汇、以情换情	让客人感动

如果说使顾客基本满意是企业进入竞争市场的入场券，那么使顾客惊喜则是碧水湾生存下去的基本条件。因此，碧水湾对服务有很高的定位。

在标准化服务的基础上，为客人提供个性化和超常化服务，把顾客体验由满意提高到惊喜，直至感动，这是碧水湾服务的特色，也是所有碧水湾人和碧水湾服务所追求的目标。

因此，碧水湾的服务目标不是让客人满意，而是让客人惊喜和感动。这是更高层次、更高境界的服务追求。

案 例

2020年7月5日,碧水湾员工谢朝阳得知8515房陈先生一家连住三晚,且陈先生的女儿在7—8日参加高考,便为客人设计个性化服务,让客人在碧水湾留下美好而又难忘的回忆。

谢朝阳通过PS,在广州塔的照片上加上"碧水湾祝你金榜题名"的字样后,制成加油鼓劲的个性化图片打印出来装入相框;设计了"星光不负赶路人,高考加油!高考必胜!"的加油鼓励话语;制作了陈同学"以678分获得广州市高考理科状元"的喜讯与欢迎她凯旋的高清横幅图片,并将这些PS在了报纸上;制作了带有陈同学姓名的从碧水湾到清华大学的专属车票;准备了一只小马公仔,寓意马到成功。

考虑到陈同学可能会压力过大影响心情,谢朝阳便在网上找了一些安慰鼓励的话语,由碧水湾员工于春贺将这些话写在了贺卡上,并准备了一个"2020 好的运气通通鼠于你"的祝福红包。当晚陈先生一家人到房间看到这些准备后,陈先生的女儿非常感动,还手写了一段文字表达感谢、惊喜及感动。

了解到7—8日两天陈先生夫妇需要在06:30出发送女儿去考试,谢朝阳便将此信息反馈给贾总监,并在网上找了一些寓意考试得满分的早餐视频一起发给贾总监为客人安排。从7月5日开始,谢朝阳全程跟进,并亲自送别客人。陈先生一家表示非常感谢和惊喜,并表示在高考结束后一定会再回来碧水湾入住,因为住过很多的酒店,只有碧水湾有家的感觉!之后,陈太太将碧水湾为她们做的以及在碧水湾游玩的图片发到了朋友圈,并在携程网上发表了两篇约三百字的五分好评,并点名表扬了谢朝阳、于春贺及客房的同事。

四、对客服务要物超所值

对客服务,碧水湾追求的不是物有所值,而是物超所值。

案 例

2020年5月29日,碧水湾员工韩筱玲考虑到30—31日是周末,又恰逢六一儿童节,便查看次日到店的客人是否有特殊的需求,发现胡先生订房时表示其儿子过生日,韩筱玲便与预定组沟通亲自跟进胡先生的订单信息,根据其

"碧水湾现象"解密

个性化需求,提供了服务创新及个性化服务。

韩筱玲利用前台在圣诞节时制作圣诞袜剩余的无纺布,经过画画、裁剪、粘贴、缝制等工序,设计了一套动画片卡通人物为主题的系列儿童背包。

韩筱玲与预定组沟通并询问胡先生的到店时间后,以小管家的身份添加客人微信,体现对客人的重视,也便于更好地寻找用心做事突破口,做好全程跟进。

从胡先生处得知其儿子叫轩轩,是三岁生日,韩筱玲便预定了一个0.5磅的生日蛋糕,祝福语为"小轩轩,生日快乐",因为轩轩属鸡,便向客房郑主管申请了一个吉祥鸡公仔,并制作了以动画片《萌鸡小队》为主题的个性贺卡。

给客人排好房间后,韩筱玲请客房同事帮忙做生日蛋糕毛巾造型,用鲜花点缀,放在热气球的小床上,并亲自到房间悬挂了彩灯布置,使用不同颜色的卡纸剪成心形,写上"祝轩轩生日快乐"的字样。韩筱玲使用气球制作了一个深受儿童喜爱的气球造型,放在小床的栏杆上,赠送了一个卡通海绵宝宝的小背包,背包里放上糖果。

在空白相册上画上了简笔画后,韩筱玲在胡先生朋友圈挑选了30张轩轩从出生到三岁的照片打印出来,贴在画好的相册上,首页是轩轩的写真照,并用文字衬托,在照片右页写了一首"凯轩生日快乐"的藏头诗,后面的页码都有不同的文字注释,又挑选了一张自认为最帅气的照片,请营销部涂经理设计了个性卡通欢迎屏保。

胡先生进入房间后,马上发来微信表示很惊喜和感谢,并拍了好多轩轩的照片发过来表示孩子很喜欢,很开心。

五、服务"要与顾客的期望赛跑"

碧水湾要求的服务是一种动态的服务,不能一成不变。为此,要求员工"每天进步一点点",要"与顾客的期望赛跑"(实际上是要求员工提供的服务要超越顾客的期望)。正是这样的理念,才使员工有不断进步的动力,才能不断地感动客人,才能每年收到顾客4000多封手写感谢信,才能使很多客人感动得热泪盈眶!

案 例

"当我们打开房门，一下就被惊艳到了"

愉快的碧水湾之旅让我们亲身体验到酒店优质的服务，无论是酒店大堂到楼层，也无论是餐厅还是温泉，所到之处所有员工都积极热情地主动上前询问需要什么帮助，并给予指引。尤其当我们打开房门，一下就被惊艳到了，订房的时候我就顺嘴一说带孙女去碧水湾泡温泉过生日，没有想到管家精心布置了房间，让我们瞬间被幸福包围着。晚上还特地为小孙女送来了生日蛋糕，太有心了！更让我们惊喜的是，在酒店员工的指导下，小孙女在生日当天亲手栽下一棵风铃木幼苗，非常有意义，小孙女说明年过生日还要来碧水湾，看望她栽的小树！

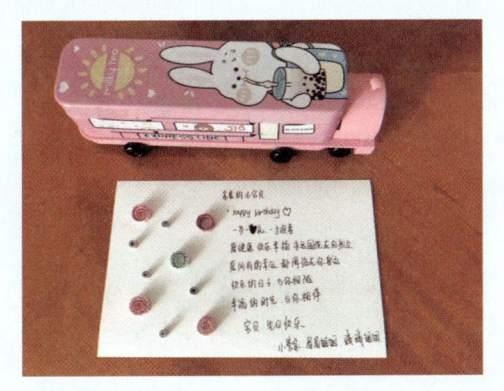

客人瞬间被幸福包围着

"明年过生日还要来碧水湾，看望我栽的小树！"

六、好的服务是设计出来的

碧水湾还有一个先进的服务理念，那就是：好的服务是设计出来的。

碧水湾一直在倡导员工用心服务，感动客人是碧水湾服务的目标。在碧水湾人看来，好的服务是设计出来的，用心策划的服务才会感动客人。事实上，在碧水湾，很多感动客人的服务，都是员工用心设计出来的。

"碧水湾现象"解密

案 例

当客人想在温泉的中心舞台向自己的女友求婚时……

5月20日，温泉康乐部温泉前台俞云潋了解到8602房的林先生想在温泉的中心舞台向自己的女友求婚，并希望碧水湾能够协助他达成这个愿望。在征得上级同意后，俞云潋便着手制订了详细的求婚计划，并告知了林先生。林先生非常满意俞云潋的策划，表示自己一定会配合好。

俞云潋首先到从化市区为客人购买了99朵玫瑰花，并把林先生的心里话进行了录音编辑。之后，俞云潋提前同林先生及张丹荔主管、节目主持人阿军、工程部DJ李广文等共同研讨、确定了整个求婚的流程及细节。

20:00前，按照事先的约定，林先生和女友进入了温泉区。温泉前台迅速将林先生女友的手牌号码告知了主持人阿军。表演开始后，为了不引起女友的怀疑，林先生借故离开，悄悄与张丹荔主管会合。然后，林先生将其准备的求婚戒指放入了精美的礼盒中，自己换上了碧水湾提前为其准备的一套米奇公仔服，在舞台的后台等候。很快，节目就到了专门临时增加的一个抽奖环节，穿着米奇公仔服的林先生则扮演抽奖大使上台抽奖，这份幸运自然降落在林先生女友的身上。当林先生女友被请上台后，就非常高兴地与米奇打招呼。当米奇将装着求婚钻戒的礼盒送到女友面前打开时，现场音响立即转换为播放林先生的表白录音。

看着眼前的钻戒，听着林先生的表白，女友双手捂着嘴巴，说不出话来。此时，林先生摘下米奇头套，拿出火红的玫瑰花束，单膝下跪，现场一下子沸腾了，欢呼声一片，女友答应了，和林先生拥抱在了一起。

第二天，俞云潋委托工程部弱电领班吴健洪，将林先生求婚的整个过程的视频与照片刻录成了光碟，赠送给林先生并送上祝福，林先生非常感动，当即与俞云潋合影留念。后来，林先生又发来短信，感谢此次的精心策划与周密安排，并表示有时间一定再来度假！

第二章　碧水湾亲情服务模式

在很多企业都以效益为中心时，碧水湾却提出要以顾客满意为中心，打造"亲情碧水湾"服务品牌。碧水湾10多年来一直坚持做的一件事，就是始终追求为顾客提供温馨、周到、体贴、关怀的亲情服务。

亲情服务已经成为碧水湾的核心竞争力。

一、亲情服务全景图

碧水湾亲情化服务体现在其服务的各个方面、各个环节和从预订到离店后的整个过程。

（一）客人抵店前的亲情服务

客人预订后，在抵店前，碧水湾亲情化服务就开始展示其魅力。服务团队会跟进客人，为客人提供关爱服务，通过微信等方式，搜集客人的各种信息，并依据这些信息为客人提供到店后的个性化服务，使客人惊讶、感动。

下面这种短信，已经是碧水湾服务的"标配"。

> 尊敬的莫女士：
> 　　您好！因追求优质服务让你我结缘，因打造知名品牌让我们相聚。十月的广州生机勃勃，繁花似锦，欢迎着您的到来！为方便您出行，特为您提供从化未来四天的天气情况，以供参考：10月17日到10月20日从化最高温度29摄氏度，最低温度20摄氏度，主要以多云天气为主，伴有小雨，建议出门带好雨具，早晚温差较大，建议携带长袖开衫、外套等衣物并携带好泳衣泳裤。我是负责接待您的接待专员于春贺，我的电话号码是139＊＊＊＊＊＊＊＊。祝您一路平安，我在美丽的碧水湾等候您的到来！

亲情服务从客人到店前开始

"碧水湾现象"解密

> 案　例

《三月回忆录》

听说业界老朋友、《21世纪瑞海姆国际旅游度假村经营模式》主编田玉堂总经理从北京来碧水湾考察，本书主编刘伟教授特地从广州赶来从化会见老友。

得知刘伟教授要来，碧水湾可爱的员工立即为其准备了一份特别的礼物：把刘伟教授三月份的足迹（去云南大理大学做酒店管理专业教学评估）做成影集，题名《三月回忆录》摆放在房间欢迎他，而这一切竟然是在刘伟教授在高速路上开车时，在不到一个小时的时间完成的！

如此用心、高效的服务，让刘伟教授无比惊讶、感动！

碧水湾员工给VIP的手写留言

碧水湾的"那年今月"　　《三月回忆录》

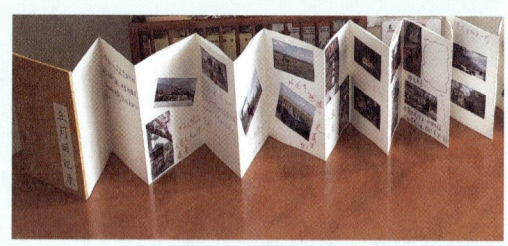

很多前来碧水湾学习考察的专家们以及参加"碧水湾现象"研讨会的学员、总经理和大学教授们还特别想体验一下碧水湾在机场车站的接机（站）服务，碧水湾热情、细心、礼貌、周到的接机服务，无不给这些酒店老总和大学老师们留下深刻的印象。

（二）客人抵店时的亲情服务

客人到店时，碧水湾员工会在门前热情欢迎，如果是VIP到店，接机人员会在机杨、车站和车上，

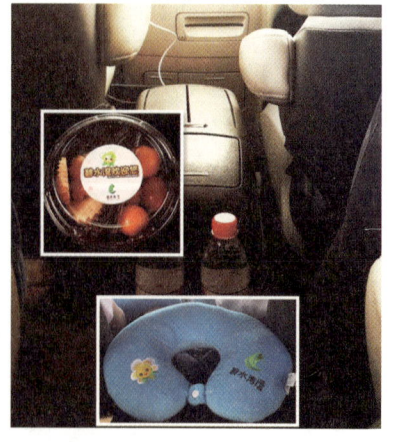

碧水湾在机场、车站的接机（站）服务

客人到店后，小管家们及时为客人送上热毛巾

客人在参加"碧水湾现象"研讨会时，细心的员工发现客人西服上的一个纽扣掉了，马上为客人缝补好，在会场送给客人

随时与酒店接待人员和管理人员联系，有关人员会提前在酒店大堂门前迎候。客人的车辆抵达后，门童立即用标准的姿势为客人打开车门，用标准的语言问候客人，行李员则立即为客人从车上取下行李，送行李进客房，而身着有鸡蛋花图案的碧水湾标志性制服的小管家们则会微笑着用托盘为客人端上热（冰）毛巾和各种冷（热）饮料（视春夏秋冬季节不同而定），供客人享用。

（三）住店期间的亲情服务

客人抵店后，碧水湾的亲情服务可谓无时不在，无处不在，客人在每一个部门每一个地方遇到的每一位员工都会为客人提供亲情服务。

（四）客人离店时的亲情服务

碧水湾十分重视客人离店时的送别服务，碧水湾人认为，从某种意义上讲，送客时的亲情服务比迎客时的亲情服务更为重要，因此，从总经理到服务员，无不高度重视。当接到某位重要客人或会议团队即将离店的信息时，正在餐厅用餐的总经理会放下手中的餐具，立即起身快步前往度假村大堂门口，为客人送行。

为客人送行时，如客人乘坐巴士，度假村门童会为客人搬来梯凳，小管家们还会为客人端来薄荷糖、饮料、柠檬等送给客人路上享用

如果客人乘坐大巴，度假村门童会为客人搬来梯凳，方便客人上车。同时，小管

"碧水湾现象"解密

家们还会为客人端来薄荷糖、饮料、柠檬等送给客人路上享用。

当VIP或重要团队客人离店时，度假村高管及相关部门管理人员和服务人员（行李员、门童、GRO等）会列队在大堂门口为客人送行。而当客车启动并离开大堂门口以后，除了总经理等高层管理人员继续留在原地为客人招手送行以外，其他管理人员和服务人员都会小跑到客车经过的路口，继续列队为客人招手致意，一直目送客车驶出度假村大门，离开视线。这已成为碧水湾度假村一道靓丽的风景，而这一场景无不给客人留下深刻的最后印象，使客人无比感动。

VIP或重要团队客人离店时，总经理及相关部门管理人员和服务人员为客人送行

（五）客人离店后的亲情服务

在碧水湾，客人离开度假村以后，员工还会通过微信等方式，与客人保持沟通，继续传递亲情关爱。正如本书作者暗访时所体验到的，碧水湾员工在半年以后给本书作者发来短信："刘先生，您好！我是那个在碧水湾实习过的实习生，请问一下，您的肩伤恢复得怎么样了，康复了吗？如果我没有记错的话，您已经有186天没有回度假村了，我们都很想念您。"在给所在酒店的高管们读这条来自遥远的广东的一家度假村普通员工的短信时，本书作者已止不住热泪盈眶。

二、亲情服务的基本要求

什么是服务？在碧水湾文化里，服务就是为客人做事，做客人需求和需要的事。

碧水湾的亲情服务是建立在规范化服务基础上的个性化、超常化服务，是一种基于中国文化的以顾客满意为中心，以员工满意为前提，视客人为亲人，待员工如家人，以感动客人为目标，以微笑、关爱、亲切、暖心等为特点的服务模式。

（一）亲情服务的基本要求

亲情服务是碧水湾的核心服务理念，亲情服务的基本要求有以下几个方面。

1. 微笑服务

亲情服务首先表现在员工的笑脸上，这是碧水湾亲情服务最基本的要求，是碧水湾亲情服务的起点。给客人留下美好的第一印象、让客人久久不能忘怀的正是碧水湾所有员工脸上洋溢的发自内心的真诚的微笑。

研究表明，与皱眉的人相比，微笑的人应该感觉更快乐，更能传递内心的正能量。微笑是服务业的基本美德，微笑是企业的一种文化，真诚热情的微笑传递给对方的是友好和受欢迎，带给客人愉悦感。碧水湾人的微笑是一种自然流露的微笑，就像与好友相伴，轻笑浅语间，轻易完成了工作，对客人充满不着痕迹的细心和体贴。

碧水湾员工脸上洋溢的微笑是碧水湾亲情服务的亮点，也是碧水湾服务的标志

碧水湾人对微笑的认识是：

- 微笑是世界上最便宜的化妆品，是通往全世界的"护照"。
- 如果酒店只有一流的设备，而没有一流服务员的微笑，就好比花园失去了春天的太阳。
- 领导要用微笑赢得群众，企业要用微笑赢得顾客。
- 微笑可以使家庭变得和睦；可以使同事变得亲近；可以使自己变得心胸宽广、身体健康；可以使自己变成一个乐观、开朗、受人爱戴、受欢迎的人；微笑还是成功的通行证……人人都希望看到别人的微笑。

碧水湾要求员工全员、全过程为客人提供微笑服务，热情微笑是碧水湾亲情服务的第一法宝。碧水湾员工遇见每一位客人都会展示的、发自内心的真诚的微笑，也成了碧水湾亲情服务最突出的特点和最大的亮点之一。

在碧水湾，如果员工遇到客人没有微笑，将被认为是违反企业文化的严重问题，会成为度假村培训的反面案例。

2. 用心做事

碧水湾亲情服务的第二个法宝是：用心做事。微笑服务只能给客人留下美好的印

"碧水湾现象"解密

象,只能使客人感到服务的温馨和热情,但还不能从内心感动客人,只有用心做事,才能触动客人的心灵,并最终感动客人,使客人成为忠诚客、回头客。

用心做事强调的是一种养成,是一种文化,这一文化的形成,要有机制推动,有一个勉强成为习惯,习惯成为自然的过程。

(1) 用心做事"三原则"

在推行用心做事服务文化形成的过程中,碧水湾要求员工把握好用心服务的"三原则":

- 贵在真诚。用心做事,贵在真诚,不能为了用心做事而去用心做事。
- 恰到好处。用心做事,胜在用心,力求恰到好处,过犹不及。
- 恪尽本职。用心做事,重在做好本职工作,不能本末倒置。

(2) 用心做事的"三个机会"

用心做事的三个机会是:

- 当客人有困难时;
- 当客人有个性化需求时;
- 当你准备向客人说"不"时。

当出现上述情况时,用心做事的机会就来了。

案 例

那一刻,全车人泪奔……

与家人和朋友一起度假两天,庆祝生日。从网上选择了好评如潮的碧水湾,并以838元价格预订一个房间,亲身体验后,果然是名不虚传的六星级服务水平,令人感动不已,赞叹不已!源源不断的惊喜和感动,从踏进酒店大堂的那一刻开始……大堂接待专员热情迎接,全程殷勤服务;客房服务员精心布置生日主题房间;总机接线生亲手制作玫瑰花束和贺卡;餐厅服务员免费送上长寿面以及精美的心形果盘;温泉区更衣室服务员主动端来解酒柠檬水以及爱心牛奶;温泉区表演舞台DJ现场祝贺并送上惊喜礼物;刚泡完温泉回来,四位员工一起送来生日蛋糕,在房间里为我唱歌祝福……

最令我感到惊讶和神奇的是,仿佛整间酒店的人都认识我,都知道我今天过生日,因为我所到酒店的每一处,遇到酒店的每一位服务员,她们都能一下子就叫出我的姓氏,并祝我生日快乐。她们为我创造的每一个惊喜环节体验的背后,都是多部门共同协作的结果,我想起大堂接待专员亲自陪同送我入电梯，而当我踏出电梯，一个笑容可掬的服务员已经捧着玫瑰花来在房间门外等候着……一切配合得是这么的默契、完美，就像电影里的情节！

我感叹不已，到底是一种怎样的力量，能够令她们为一个第一次光顾的普通客人的生日，用心做这么多的事情，难道仅仅是为了带给客人一份惊喜和感动？我认为非也，我深信重视客户体验已经成为碧水湾人服务的核心价值，更成为他们的企业文化，从上至下，已经把服务好一个客人，获得客户的满意和认可当成他们的最高荣耀和奖赏……最后不得不提的是，当我们结账离开酒店的那一刻，接待专员晓玉在大堂欢送我们，并送给我们最后一份礼物，我们在车上拆开礼物，是一个精美的相架，里面摆放着昨晚庆祝生日时的合照……那一刻，全车人泪奔……

3.四个突出

除了微笑服务和用心做事以外，碧水湾在其文化手册中，还明确要求员工在为客人提供亲情服务时，要做到四个突出。

（1）突出感情投入

亲情服务要求在对客服务过程中，必须突出感情的投入，让客人感到家的温暖。

（2）突出细微化服务

亲情服务要求大力倡导细微化服务。要突出"想客人之所想，急客人之所急"这一服务准则；要突出服务的深度和广度，也就是说，"客人想到了，我们替客人做到；客人没想到的，我们要替客人想到而且做到"；要善于"察颜观色"，揣摩客人心理，预测客人需求，在客人未提出要求之前，就能替客人做到，使客人在消费中得到一种精神上的享受。

（3）突出"超常服务"

亲情服务要求突出"超常服务"。为客人提供规范服务以外的额外服务，就容易打动客人的心，给客人留下美好印象。

（4）突出温馨的话语和恰如其分的"体语"

亲情服务要求特别温馨的话语和恰如其分的"体语"。要善于"见到什么类型的客人说什么话"，说出话来要使客人爱听、高兴。比如要根据不同场景改变问候方式，时而微笑、时而点头示意，会使人感到亲切、自然。

（二）亲情服务的七个着力点

除了以上三个方面的基本要求以外，为了确保员工为客人提供亲情服务，度假村还从以下六个方面对员工的工作提出要求。

"碧水湾现象"解密

1. 三个侧重

在"亲情服务"实现步骤方面,碧水湾要求员工把握三个侧重点。

（1）热情款待你的顾客

碧水湾要求员工对顾客显示出积极热情的态度,包括外表、形体语言表达、说话时的语气、电话技巧,让顾客看到精神饱满的碧水湾人积极为其提供服务。

（2）想在你的顾客之前

员工不仅要识别顾客需求,还要了解顾客对时间等的要求。预测顾客的需求,领先顾客一步。在善于倾听的同时,也要获得顾客反馈的信息。

（3）让顾客惊喜

把顾客体验由满意提高到惊喜,直至感动,是碧水湾一贯坚持并为企业发展带来竞争优势的战略。

2. 四个关键

为了让客人满意,了解客人的需求十分重要。

一般酒店都认为,客人对酒店的需求是安全、卫生、方便、舒适,仅此而已,所以,酒店经营管理的目标就是满足客人这些方面的需求。

然而,碧水湾却认为,除了安全、卫生、方便、舒适这四个基本需求外,客人还有更高层次的需求,就是受欢迎、受尊重、受重视、受关怀的情感需求,而这个情感的需求才是决定顾客会不会成为回头客的关键,所以,碧水湾针对对客服务的四个关键点,提出了相应的服务要求:

- 热情迎送,让客人感到受欢迎;
- 姓氏称呼,让客人感到受尊重;
- 个性化服务,让客人感到受重视;
- 用心服务,让客人感到受关怀。

这既是度假村对员工的工作指导,也是工作要求。

3. 四个"凡是"

碧水湾要求员工对客服务要做到四个"凡是",这是对服务的基本要求:

- 凡是客人看到的地方,必须是整洁、美观的;
- 凡是客人使用的物品,必须是方便、舒适的;
- 凡是客人用到的设施,必须是安全、正常的;
- 凡是客人见到的服务,必须是热情、有礼的。

尽管,大家都认为,安全、卫生、方便、舒适是顾客的基本需求,却往往不一定都能做到,碧水湾要求一定要做到,因为只要这四点做到了,顾客的满意度就基本保证了。

4.四个"之前"

为了实现优质服务,碧水湾制定了对客服务的四个"之前":

- 了解顾客需求要在顾客到来之前;
- 满足顾客需求要在顾客开口之前;
- 化解顾客抱怨要在顾客不悦之前;
- 处理顾客投诉要在顾客离店之前。

5.四项基本原则

（1）不与客人争辩

碧水湾人认为：与客人争辩，实际上赢了也是输。因为你赢了，客人就不高兴了，客人不高兴、不满意了，就不再光顾你的酒店，所以说，赢了也是输，所以没必要与客人争辩。

（2）不让客人吃亏

不让客人吃亏，强调的是不要与客人斤斤计较，有时候看起来好像是酒店吃亏了，但最终你得到的一定比失去的多，因为每个顾客心里其实都有一把尺子，他会不断地衡量，比较你这家酒店和其他酒店的不同。比较的结果，如果你这家酒店让他感觉很值，甚至超值，他就会介绍给很多朋友，自己也会带着朋友来。所以，有时候让客人多占点便宜，甚至惯着他，惯到他到别的酒店没便宜给他占，他就受不了，受不了就离不开你了，自然就成了你的忠诚顾客，所以最终你得到的利益更大。

案 例

客人价值10000元的充值卡丢失以后……

2012年，某会员客人又一次来到碧水湾度假。在前台办理入住时，客人表示在2011年办理了两张5000元的充值卡，且一直未使用，但不慎将两张卡丢失，客人不想10000元就这样打了水漂，希望度假村能想办法帮忙挽救。客人真诚而又恳切的眼神让前台同事重视起来。

房务部前台同事将此事迅速反馈给部门负责人，房务部负责人在和客人沟通时重申了按照办卡时的规定，充值卡遗失，原则上不予补办，但考虑到客人的特殊情况和良好的宾客关系，先给客人免押金办理入住，待客人退房前给予回复。客人入住回房了，但碧水湾人处理问题的步伐才刚开始。

随后，房务部负责人第一时间和计财部进行沟通，并将此事火速反馈给度假村总经理。一边是按章办事拒绝客人，一边是相信客人可能面临损失。

"碧水湾现象"解密

> 但"亲情碧水湾"是碧水湾一直打造的服务品牌,"不让客人吃亏"是对客服务的基本原则。经过度假村领导研究后,碧水湾选择相信客人,在查实两张卡号及余额的基础上,建立专门登记,客人有消费后签字确认,直至将10000元的预存费用用完。得知这一处理办法后,客人高兴地对房务部负责人竖起大拇指,连连称赞。

(3) 不提供"NO"服务

不少酒店都对员工提出不能对客人说"不",但很少能够做到,碧水湾问题管理机制中的"快速反馈"机制,为员工不提供"NO"服务,提供了制度保障(参见本书第五篇第二章中的《问题管理机制》)。

(4) 不让客人带着不满离开

现代网络太强大,好与不好,都传播得非常快,也非常广,所以一定不能让客人带着不满离开。

那么,怎样才能做到呢?一是发现客人不满,一定不能置之不理,要做到"快速反馈";另外一点,就是要在客人消费的最后一个环节(如收银在客人结账的时候,GRO在送客人离店的时候),注意了解客人的住店感受,有没有什么意见,如有意见,要立即解决。

6. 服务"四戒"

亲情服务的第六个着力点,就是提出服务"四戒"。

(1) 戒"冷面孔"

服务行业最怕的就是冷面孔(碧水湾人称之为"冷面杀手"),往往一个冷面杀手就会破坏所有客人的好心情、好印象,所以,冷面孔在碧水湾度假村是力戒的。如果员工在度假村遇到客人没有微笑,将被认为是"严重问题"。

(2) 戒"服务过度"

当别的企业在为"服务不足"(服务不周到、不热情)操碎心时,碧水湾管理层的担忧则是"服务过度"。

服务过度也是碧水湾度假村在对客服务过程中,经常会出现的一个问题。尤其实习生,由于年龄小,经验不足,往往会把握不住度,有时候就会打扰到客人,影响客人的体验感。针对这种情况,度假村特别提出了"恰到好处的服务:热情不过度,关心不打扰,贴心不贴身,规范不死板"。但要真正做到恰到好处的服务也不容易,碧水湾也一直在努力推进中。

(3) 戒"自以为是"

"自以为是"也是酒店员工,尤其年轻人容易犯的一个错误:以为客人喜欢吃苹果，以为客人会下午到，以为同事已经知道了，等等。这种自以为是的判断，也会影响到度假村的服务，所以也是要戒的。

（4）戒"忘记承诺"

在酒店对客服务过程中，经常会出现答应客人的事，忙起来一转身就忘了，这会使客人非常不高兴，为了解决这样的问题，碧水湾特别制定了"信息传递三原则"和"接受交办事项三原则"，

①信息传递三原则

- 能直接不间接；
- 能书面不口头；
- 能及时不拖延。

②接受交办事项三原则

- 首先确认接收的信息是准确的；
- 立即落实，不能马上落实的，一定要有提醒落实的措施；
- 需交办他人的，一定要按信息传递原则交接到位，并且在有效的时间内确认交办事项是否已得到落实。

7."六心"服务

除了以上六大着力点以外，碧水湾还要求员工为客人提供"六心"服务：

- 对到度假村的客人要热心；
- 对有困难的客人要关心；
- 对身体不适的客人要贴心；
- 对老人、小孩要细心；
- 对挑剔的客人要耐心；
- 对重要的客人要专心。

三、亲情服务的基本特征

（一）亲情服务的三个境界

在碧水湾人眼里，亲情服务有三个境界，会给客人不同的感受。

1. 让客人满意

标准化服务：让客人满意。

客人认为你应该做到的，你按规范、规定、标准做到了，客人的感受是"满意"。

2. 让客人惊喜

个性化服务：让客人惊喜。

"碧水湾现象"解密

顾客认为你可以不做，但你做到了，如为顾客过生日，了解并充分考虑顾客的偏好、忌讳等信息，满足了顾客超出服务范畴以外的其他需求，这被称为"惊喜"。比如，服务员在服务中注意到客人是左撇子，就主动将餐具摆放在客人的左手边，让客人惊喜。

案例

客人要泡"红酒浴"

> 4位携程客人经朋友推荐，专程来碧水湾泡红酒浴，但3月份起已经改为水果浴。得知客人的情况后，温泉康乐部温泉当值主管马上向经理反馈，最终满足了客人的需求，客人非常感谢，并在携程网上给予了赞扬。

3. 让客人感动

超常化服务：让客人感动。

连客人自己都没有想到，或认为这是与酒店毫无关系的事情，酒店不可能做到，而你做到了，你就能让顾客"感动"。

案例

清水煮鸡蛋的故事

> 3月15日晚，餐厅服务员在"天池"看台时，听到坐在主位的广州某公司的李总在和同事聊天时，说他在外工作很多年了，什么都吃过，但最喜欢吃的还是母亲做的清水煮蛋，会放点糖，感觉特别好吃，每次回家母亲都会特意给自己煮一碗。有同事问是不是荷包蛋，李总说不是，就是把鸡蛋去壳，放清水里煮，但不搅开，也是一个整的。服务员将信息记在心里，第二天上早班，就向主管进行了反馈。八点多的时候，李总来用餐，当服务员把煮好的鸡蛋糖水端给他，并告诉他："这是我们特意精心为您准备的，请您品尝一下。"李总十分惊喜，说这是他收到的最贵重的礼物，特别感动，终生难忘。

碧水湾人坚信，服务的最终目的，不是让顾客满意，而是让顾客惊喜和感动。所以，碧水湾"亲情化服务"的目标，就是感动客人。

（二）亲情服务的三大特征

什么是亲情服务？亲情服务具有以下特征。

1. 表现在情感上：视客人为亲人

碧水湾要求员工必须突出情感的投入，要"把顾客当朋友、当亲人，当成远道而来的贵宾"加以款待，为顾客提供温馨、周到、体贴、关怀的亲情服务，让客人感觉到"比在家还要温馨"。

2. 表现在态度上：不对客人说"不"

只要是顾客合理、合法的需求，碧水湾员工都不能轻易拒绝。碧水湾要求员工"不对顾客说'不'"。

3. 表现在利益上：不让客人吃亏

作为酒店的员工，要以酒店的利益为重，但在服务顾客时，如果不能做好顾客的代表，不能考虑顾客的利益，那就不能赢得顾客的信任，也就意味着会失去顾客，这是对酒店的不负责任。所以，碧水湾清楚地知道："帮助客人赢，我们才能赢！"

（三）亲情服务成功与否的三个标志

在碧水湾，判断亲情化服务是否成功，有三个标志。所有员工都会朝这三个方面努力。

- 是否给客人留下了美好而深刻的印象；
- 客人是否愿意再来；
- 客人是否愿意把酒店推荐给亲人和朋友。

（四）亲情服务的三种结果

碧水湾亲情服务的三种结果体现在三个阶段。

第一阶段：喜欢。以细微、个性和亲情的优质服务给顾客留下了美好的第一印象，顾客就会喜欢我们。

第二阶段：信任。诚心待客，对顾客提出的需求竭诚给予满足，对顾客交办的事情一诺千金，用心做好，让顾客放心，顾客就会信任我们。

第三阶段：依赖。处处为顾客着想，顾客的要求和困难总能得到很好的解决，顾客深受感动，就会依赖我们。

四、亲情服务的要点

（一）充分认识和理解顾客需求

1. 认识顾客的四个需求

碧水湾在长期的接待服务实践中，发现客人通常有四种心理需求，要求员工充分理解，并予以满足。

（1）受欢迎的需求

让顾客感到，你十分乐意见到他，并且，他的到来对你来说很重要。

（2）受重视的需求

让顾客感到，对于你来说，他始终是一位特殊的人物。自尊是人类的强烈需求，我们都喜欢受到别人重视，顾客也一样。为此，碧水湾员工所做的任何事情，都要本着重视顾客的原则。

（3）被理解的需求

与顾客的交流过程中，始终关注顾客发出的信息，而且能够在感情上分享或分担顾客的喜悦和忧愁。

（4）被感动的需求

顾客需要得到生理上和心理上的舒适，当顾客完全得到他期望的服务后，再享受超出他期望值的服务，就会被感动。

2. 做到对客服务的四个理解

（1）充分理解客人的需求

碧水湾人认为，客人有时提出的要求虽然超出酒店服务范围，但只要是正当的，就不能说客人过分，而应看到酒店服务还有不足之处，对此必须作为特殊服务予以满足。确实难以满足时，应当向客人表示歉意，取得客人谅解，使顾客满意，并成为可靠的回头客。

（2）充分理解客人的心态

如果客人带着某种情绪或者由于身体原因，在消费过程中出现过分的态度和要求，员工必须给予理解，以更优质的服务去打动客人、感化客人。只要顾客的"错"不会构成酒店的重大损失，就要把"对"字让给客人，"得理也让人"。

（3）充分理解客人的误会

由于每个客人的修养、气质、社会角色不同，有人对酒店的规定、规则提出种种非议或拒绝合作，必须向客人做出真诚的解释，力求使客人消除误会。

（4）充分理解客人的过失

遇到某些客人有意找茬或蛮不讲理，不要去争是非曲直，必须秉着"客人至上"

的原则给客人以宽容和面子。同客人发生任何争议和争吵，酒店和员工绝不会是胜利者，其结果必然是客人流失，酒店失去市场。

案 例

客人一脚踢碎大厅玻璃门以后……

> 12月底的某一天，广州某公司年会在度假村举行。晚上，公司组织与会人员在康体楼卡拉OK唱歌娱乐。其间，大家都很高兴，喝了不少酒，有几位客人明显喝多了。到了零点，活动结束，客人陆续离开卡拉OK包房，回房间休息。其中一位客人从电梯出来走到大厅门口时，不用手开门，而是一脚踹了上去。结果，大厅玻璃门脱落，掉下来摔碎了。
>
> 很快，现场的服务人员将这件事情报告给了当值的值班经理。值班经理做出的决定是让客人先回房间休息，第二天再处理这件事情。
>
> 次日一早，这位先生就主动找到了酒店工作人员，对前一天晚上踹门的行为表示了歉意，并表示愿意承担赔偿费用。

碧水湾人认为，首先，案例中的这位客人，显然是喝多了，无论如何，用脚踹门的行为也是不对的，但是，不能因为客人做错了就得理不饶人。其次，虽然客人做错了，但是，碧水湾人也清楚这位先生并非是故意的，他不可能在从电梯出来的时候就已经想好了要把门踹坏，只能说客人喝多了，是一时过失罢了。最后，和喝醉酒的客人是说不明白道理的，如果在第一时间和客人去说理、去纠缠，沟通责任和赔偿问题的话，估计会越说越麻烦，越说越不能达成共识。所以，值班经理在第一时间充分理解了客人的过失，选择了站在客人的角度去考虑问题，先让客人回去休息，待清醒后再去沟通、处理，无疑是一种比较妥当的处理方式。

（二）追求亲情服务的两个目标

为了更好地实现亲情服务，碧水湾确定了员工亲情服务的两个目标。

1. 追寻顾客的需求

随着竞争的加剧，顾客意见已成为一种稀有财产，顾客的意见和建议是对我们最大的帮助，顾客不再对我们有意见和建议了，就意味着不再关心和选择我们了，顾客的感受就是碧水湾人服务的方向。倾听顾客意见，采纳顾客建议，才会找到正确的工作方向。

"碧水湾现象"解密

顾客需求可以是表现出来的外在需求，如过生日的顾客、带小孩的顾客、生病的顾客等的需求，也可以是未表现出来的潜在需求，如顾客的饮食习惯、禁忌、喜好、身体状况等。对于这些需求，员工要在整个对客服务过程中，注意捕捉。

2. 追求顾客的赞誉

碧水湾人相信，只有当他们都在为追求顾客的赞誉而努力时，他们才有打动顾客的欲望和动力，他们才能竭尽全力去服务好他们的顾客。"好的服务才是最好的营销"，顾客的赞誉就是最好的口碑，也是不用花钱的、最好的广告。

顾客的赞誉就是最好的口碑，也是不用花钱的、最好的广告

（三）服务在客人开口之前

碧水湾人认为：客人提出要求后再去服务客人，这样的服务是被动的，只有服务在客人开口之前，才能给客人带来意外的惊喜，这样的服务才算得上是优质服务。

要做到服务在客人开口之前，就要求服务人员要用心、细心、关注细节。酒店管理者则要善于总结提炼，碧水湾有《300个见到服务》《应知应会200问》《300个怎么办》等。在《300个见到服务》中，会明确告知员工，见到客人带了电脑，就配上鼠标垫等等。这些长期坚持做下来，就形成了习惯，大家都习惯了，文化就形成了。

（四）让客人感到尊贵和有面子

在使客人感觉到亲情的同时，还要让客人感觉到自己好像VIP，感觉到尊贵和有面子，这种尊贵和有面子的感觉甚至在自己家里和单位都体会不到。

（五）运用亲情服务的五种手段

碧水湾在长期的亲情服务过程中，总结出了做好亲情化细节服务的五种手段，即：看、听、问、想、做。

- 在"看"中，揣摩顾客没有开口的实际需求。
- 在"听"中，捕捉顾客未曾提供的服务信息。
- 在"问"中，挖掘顾客没有表明的潜在机会。
- 在"想"中，策划顾客尚未体验的服务环节。

"想"有三个角度。第一个角度，站在顾客的角度去想，想顾客需要什么，尽可能做到想顾客之所想、想顾客之所需。第二个角度，站在亲人的角度去想，想能为顾客做什么，这时，碧水湾将客人当亲人，非无所不能，但一定会竭尽所能。第三个角度，站在主人的角度去想，想我们应该怎么做，同时也要考虑对度假村负责，不能不择手段、不惜成本、不计后果行事。

- 在"做"中，创造顾客惊喜感动的传奇故事。

见到客人要乘电梯，主动为客人开电梯，并站在电梯口，目送客人进电梯，对客人点头鞠躬，直至电梯门完全关闭，是碧水湾的标准服务，也是碧水湾的服务亮点

附：完成亲情服务的步骤

碧水湾亲情服务"四步曲"（也是亲情服务各环节对员工的具体要求）

步骤	内容	要求	注释
第一步	向客人展示积极认真的态度	● 热情主动为每一位顾客服务。 ● 即使沟通不顺畅，也要保持积极热情的态度。 ● 遇到难打交道的顾客也不要产生消极情绪。 ● 坚信做好工作的每一件事都很重要。 ● 见到顾客的困难和需求，从心里为顾客着想。 ● 当顾客满意并称赞时，向顾客表示非常感谢。	● 与客人交往的过程，就像演员在舞台上表演一样，需要全力以赴、全神贯注，创造良好的第一印象是最基本的要求。你的形象越好，你的态度就显得越积极。 ● 此外，信息的传递有一半以上可以用形体语言来表达，昂首挺胸步伐稳健、手臂摆动自然、面部肌肉放松、微笑大方自然得体、交谈时注视对方眼睛等都是积极态度的体现。 ● 再次，就是说话的语气，说话时的语气和方式往往比内容更重要，与顾客交谈时要注意保持语调的轻松和愉快。 ● 最后，控制好接待的时间，过长接触会使服务提供者沮丧、无精打采，这些都会降低提供优质服务的能力。

"碧水湾现象"解密

续表

步骤	内容	要求	注释
第二步	识别顾客需求	● 为了有效识别顾客需求，碧水湾要求员工站在顾客角度，从顾客角度看问题。 ● 通常来讲，顾客的需求有受欢迎、及时服务、享受舒适、有序服务、被理解、被帮助和被协助、被重视、被称赞、被识别或被记住、受尊重等十个方面。	● 碧水湾将顾客需求划分为基本需求和情感需求。基本需求包括安全、卫生、方便、舒适；情感需求包括受欢迎、受关注、受尊重、受关怀。 ● 碧水湾亲情服务的核心就是情感，情感常常比语言本身更重要，碧水湾注意寻求隐藏在语言下面的情感，这才是真实有效的信息。
第三步	满足顾客需求	● 永远不能对客人说"NO"。 ● 在职权范围内能办的事情，立即向顾客承诺，并在顾客预期的时间内兑现。 ● 超出职权范围的问题，按照"119原则"火速逐级请示解决。 ● 对顾客的需求必须给予答复。解决需求和困难才是目的。在经过努力确实无法满足顾客的需求时，要给顾客一个让他感到我们已经尽心尽力的答复。 ● 要做好延伸服务。当顾客的需求超出我们的服务能力或顾客在度假村外遇到困难时，我们也应为客人解决需求和困难，使顾客满意。 ● 遇到身体情况特殊（老弱病残）的顾客或急需帮助的顾客，不必请示即可全力投入援助，从第一位面对顾客的员工开始，接力式为顾客服务到底。	● 因为顾客满意是我们服务的目标，无论顾客需求多么难办，首先要以能"办成"的态度去办。 ● 逐级请示只是过程。 ● 顾客需求永远是一个随时移动的目标，顾客今天对你的期望永远比昨天高，因为同类酒店间的竞争为顾客提供了选择最好的机遇。当酒店达到这个目标时，顾客又有了新的变化。除非我们不断追求卓越，否则顾客会离你而去。
第四步	让顾客成为你的回头客	● 始终喜欢顾客，即使顾客不喜欢你。 ● 即使你不高兴，也要面带微笑。 ● 调整心态，平静地接受坏消息或令人不愉快的安排。 ● 关心顾客。 ● 详细解释提供服务的特点和将为顾客带来的利益。 ● 当你感到顾客需要帮助时（即使这种帮助完全超出你的服务范畴），就向顾客提供帮助或提供有帮助的信息指导。 ● 想办法弄清客人需求，并给予满足（即使这种需求是你解决不了的）。 ● 欢迎顾客对如何改善工作提出建议。 ● 和蔼地接受并耐心处理顾客的任何抱怨和问题。 ● 提供超出顾客预期的服务，给顾客一个惊喜。	碧水湾人坚信： ● 顾客带着抱怨来到酒店不是你的错，如果顾客带着抱怨离开酒店就是你的错。 ● 当顾客抱怨时，你应认识到这是一次天赐良机，因为这是顾客给了你一次提供优质服务的机会，这样的顾客最容易成为你的回头客。

第三章　亲情服务的保障体系

亲情服务不是强制出来的。"管"可以让员工完成某一项工作，但不能约束他是否以顾客喜欢的方式完成这项工作。举例来说，微笑服务是碧水湾对员工的要求，但员工给予顾客的微笑到底是发自内心的，还是形式化的，这个就不是"管"出来的。

亲情服务需要创造友爱的人文环境，需要高素质的员工队伍，需要给予员工充分的授权。简单地说，亲情服务需要一套保障机制。

一、培育优秀的企业文化

优秀的企业文化是一种充满正能量的企业文化。每一个组织，每一家企业，都希望在组织内部有正能量文化，但这种充满正能量的优秀企业文化的培育却非常困难，碧水湾是怎么做到的呢？

（一）树立正确的理念

树立正确的理念能够帮助形成正能量的企业文化。在碧水湾，这些理念包括为顾客创造价值、为员工创造前途、为企业创造利益、为社会创造繁荣的企业宗旨，"让学习成为一种生活方式""把工作当成乐趣、把敬业当成习惯""为碧水湾奉献今天、为自己储蓄明天"的价值观，等等。

（二）管理者以身作则，做优秀企业文化的传播领袖

优秀企业文化是从量变到质变的积累，员工能否成为正能量的建设者，有赖于管理者的引导。作为组织的管理者，必须时刻关注自己的言行，才能让自身成为正能量的源头。碧水湾管理团队坚信，自己是问题的解决者，而不只是发现者，更不是问题的制造者。管理者若是心胸狭窄，追逐私利，团队中烦躁、抱怨、推诿、指责之声将会不绝于耳；而管理者若是位"建设者"，理解、无私、互助、帮扶就会促成组织内部良好的氛围。对于碧水湾的管理者而言，必须明确自己的定位，自己的核心职责，不仅做正能量文化的倡导者，而且是正能量文化的践行者。

（三）建立员工之间融洽的人际关系

首先要从基础做起，要求员工不仅见到客人要主动问候，员工见面也要彼此主动打招呼问好，有困难要主动帮助，凡事多替他人着想。还要教育员工有包容之心，通晓变通的重要性，学会与自己不喜欢的人精诚合作，适应团队节奏，协调好自己与环境的关系，自我审视，学会换位思考。当碧水湾每一位成员都能适应团队生活，组织中的正能量也就会增强，并迅速传递，产生共鸣，进而放大。

（四）塑造公正、快乐的工作氛围

培育正能量的、优秀的企业文化，还要为员工创造公正、快乐的工作氛围，让优秀的员工不吃亏。对于一个国家来说，拥有民主、法制的社会环境，平等的就业、就医、教育机会等，这是国家的公平正义。对于碧水湾来说，公正则主要体现在为员工建立一个多劳多得、奖勤罚懒的环境。实施"大锅饭"是对企业公平的最大破坏。碧水湾建立了清晰的竞争激励标准，调动了员工的积极性和主动性，从而产生了积极向上的正能量。

此外，碧水湾还尽力为员工创建快乐的工作氛围，快乐本身就是一种正能量。"只有员工心情舒畅，才能更好地服务于顾客"，是碧水湾一直坚持的信念。

（五）运用管理的艺术，以鼓励和认可为主

美国心理学家罗森塔尔的研究显示，如果常受到信任、鼓励等暗示，人们会由此获得向上的动力，尽量使自己达到对方预期目标。碧水湾要求管理者充分信任下属的能力，多鼓励、多支持下属工作。管理者经常鼓励员工，"我相信你一定能办好"，"困难是有的，但我相信你肯定有办法解决"。即使员工没有办法解决，但他也会付出比平时多20%的努力。如果员工失败了，碧水湾管理团队也不会急于责怪员工，而是搞清楚为什么失败，是客观的原因还是主观原因。

碧水湾优秀企业的文化塑造，说起来容易，实践起来却不是一件轻而易举的事情。归根结底，激发正能量的关键，在于管理者采取有效方法使员工产生安全感、依赖感、公平感、成就感、愉悦感，从而变得活跃，愿意主动释放出潜藏在内心的正能量。

二、建立亲情服务的保障机制

要为客人提供亲情服务，需要度假村从员工素质、管理授权、管理制度等方面，建立起亲情服务的保障机制。

(一) 打造高素质的服务和管理团队

除了"五、四"文化,碧水湾还制定了两个"十条",一个是"优秀员工十条",一个是"优秀管理者十条",目的是以此为标准,打造高素质的服务和管理团队,确保亲情化服务能够落地。

这两个"十条"看起来都很简单,但却是度假村反反复复、经过多次推敲制定的,每一次修改都是针对度假村工作中容易出现的一些问题进行的。

两个"十条"中的要求很严格,也很朴实,能够落地,看似简单,但在其他企业却不容易做到,一个很重要的原因,就是碧水湾有很好的积极向上的企业文化,同时,也是以碧水湾对员工的关爱为前提。

1.优秀员工十条

(1) 认同碧水湾企业文化,遵守公司各项规章制度。
(2) 不需要领导催促和提醒,自觉认真地做好本职工作。
(3) 在任何情况下对客服务都能保持微笑,彬彬有礼。
(4) 善于察言观色,能敏锐地发现顾客的潜在需求,服务在客人开口之前。
(5) 善于沟通,能记住客人的姓氏、忌讳和喜好,让客人感到尊贵和有面子。
(6) 保持积极心态,不说消极和负面的话,永远充满正能量。
(7) 有强烈的安全防范意识,发现不安全因素立即报告。
(8) 视企业为家,主动发现企业存在的问题和不足,并提出改进建议。
(9) 注重个人仪容仪表,气质高雅,举止优雅,谈吐文雅。
(10) 有感恩之心,孝顺父母,关心同事,是个正直、友爱、快乐、上进的碧水湾人。

2.优秀管理者十条

除了对员工有要求以外,对管理者也提出了标准,要求每一位管理者在工作中严格对照执行。

(1) 凡事目标明确,做事总有计划,不达目标决不罢休。
(2) 相信办法总比困难多,不说"没办法""不可能"。
(3) 以身作则,凡是要求别人做到的,自己首先做到。
(4) 今日事,今日毕,做事不拖拉,不需别人催促和提醒。
(5) 勤于走动,敏于检查,工作能沉底,并善于发现问题。
(6) 出现任何问题先检讨自己,不找借口,不轻易指责别人。
(7) 坚持学习,保持创新的思维和行动。
(8) 保持积极的心态,微笑服务,快乐工作。
(9) 注重个人仪容仪表,气质高雅,举止优雅,谈吐文雅。

（10）重视对下属的关心、培养，能帮助下属实现自己的目标。

（二）确保人事管理制度公平、公正

公平是每位员工对企业的基本要求之一。公平可以使员工踏实工作，相信付出与回报对等，相信自身价值在企业能得到公正评价。为此，碧水湾在薪酬制度、绩效考核、选拔机会等方面努力做到公平、公正。

1. 薪酬制度的公平

碧水湾的薪酬制度设计，充分体现"按劳分配为主、效率优先、兼顾公平"的分配原则，让员工真正体会到自己的付出和回报是对等的。

2. 绩效考核的公平

首先，碧水湾制定了科学合理的绩效考核办法与标准，根据员工不同工作岗位进行差别考核，既保证考核标准的统一性，又考虑到考核对象的差异性。

其次，对员工的实际工作进行定性考核和定量测定，做到真实具体。

再次，建立由部门领导、管理人员和员工代表组成的考核小组，对每位员工进行客观公正的评判打分，并进行公开。

最后，建立绩效考核监督机制，保证考核工作公平、公正、公开。

积分制是碧水湾绩效考核的重大突破，成为确保绩效考核公平性的有效工具。

3. 选拔机会的公平

为了使各种人才脱颖而出，碧水湾在员工选拔使用上既看文凭，又看水平；既考虑专业，又考虑专长；既看现有能力，又看潜在能力。将员工放在同一起跑线上，竭尽全力为他们提供公平的竞争舞台，创造公平的竞争环境。

当然，公平还体现在碧水湾管理的其他方面，如奖惩制度的公平、培训制度的公平等。企业在各方面公平、公正的努力与实践，极大地提高了员工满意度，激发了他们内心深处的潜能，因而能够不遗余力地为客人提供亲情化服务。

（三）给予员工充分的授权

作为服务企业，基层员工掌握着更多与顾客接触的关键质量点，一线员工能否及时满足顾客期望与需求，对于实现顾客满意与忠诚至关重要。而高效优质服务的提供，需要对员工进行授权，需要权力与制度支持。

碧水湾工作场景中的关键词不再是命令和权力，而是成长、发挥创意、与时代同步。为此，碧水湾给予一线员工较大的授权，比如，员工可以自主决定给客人赠送水果、膏药、艾草等，无须请示。事实上，在碧水湾，这些举措都已经上升为工作标准。

为此，碧水湾要求度假村管理层要做到两个"必须做"：

● 为了确保目标顾客的满意与忠诚，做必须做的工作；

● 为了确保员工工作权限并得到必要的支持，使其能够向目标顾客传递高价值，做必须做的工作。

（四）出台用心做事管理制度

1. 制定用心做事培训制度

碧水湾的服务品牌是亲情服务，亲情服务强调用心做事。为了鼓励、引导员工以亲情服务感动客人，及时发现并满足客人的需求，通过全体员工用心做事，全情投入赢得每一位顾客，碧水湾制定了"用心做事培训管理制度"。

附：碧水湾用心做事培训管理制度

扫描二维码，了解碧水湾用心做事培训管理制度。

2. 设置用心做事奖

建立用心做事机制的目的在于促进员工发自内心地工作，做客人需要的服务，做企业需要的工作。

（1）用心做事机制的奖项设置

为了鼓励员工用心做事，碧水湾设置了度假村级和部门级用心做事奖。

用心做事机制奖项设置

序号	奖项级别	奖项等级	对应奖金（元/件）
1	度假村级	一等	80
2	度假村级	二等	60
3	度假村级	三等	40
4	部门级	一等	30
5	部门级	二等	20
6	部门级	三等	10
7	部门级	四等	5
8	部门级	五等	3

（2）用心做事评奖的流程

员工填写案例内容 → 见证人签字 → 部门负责人初评 → 质检终评 → 制表报批 → 发放奖金

(3) 用心做事评奖范围

①为客人（员工、一线）提供超常规的服务，满足其个性化需求的事例；

②在为客人（员工、一线）服务过程中，发现其困难并想方设法帮助解决的事例；

③及时化解客人（或员工）的抱怨，最终达成客人（或员工）满意的事例；

④用心观察客人的喜好或预测到客人的需求，做了客人想说又不好意思说或没有想到的事情的事例；

⑤员工通过用心观察思考，对岗位上存在的问题提出合理化建议，经证明能起到提高工作效率、服务质量，降低成本，完善管理作用的事例；

⑥客人（或员工、一线）有需求或困难，又超出自己权限或不能离岗满足需求时，经快速反馈使需求或困难得到解决的事例；

⑦当度假村出现不安全因素，经快速反馈使问题得到解决的事例；

⑧在日常服务和管理中将存在的问题进行改动和完善，使得工作更加顺畅的事例。

附1：《用心做事事例登记表》

用心做事事例登记表

部门：	班组：	当事人：	见证人：	日期：	年 月 日
部门评奖：	等级：一等□ 二等□ 三等□ 四等□ 五等□ 量化□ 审批人：					
度假村评奖：	等级：一等□ 二等□ 三等□ 四等□ 五等□ 量化□ 审批人：					

附2：用心做事奖评选标准

(1) 部门级用心做事奖评选标准

一等奖评选标准：

● 没有借鉴他人经验，通过自己的创新为客人（员工、一线）提供优质服务的；

● 牺牲个人时间，不记个人得失，将服务扩展到责任、岗位、度假村以外（村外须事先得到部门经理同意），为客人提供超常服务的；

● 凡是听到、看到顾客抱怨、不满意的，通过一系列的个性化、超常化服务，取得很好的实际效果；

● 从客人不经意的动作、神情等，发现客人潜在的个性需求，通过一系列的服务满足了客人的个性需求，产生了很好的效果；

● 发现其他同事的错误或失误（非本岗位的岗位职责），避免重大损失的（比如：跑单、少收客人的消费等不低于1000元）；

- 通过一番努力将原本不打算在度假村内消费的客人留在度假村消费（非本岗位的岗位职责），消费金额较大，不低于2000元；
- 主动完善工作、创新方式方法取得很好的效果；
- 为度假村节省经费、减少开支或成本、节能降耗，金额不低于2000元；
- 捡到现金或贵重物品，金额不低于5000元；
- 发现度假村内的严重安全隐患，积极反馈并及时处理。

二等奖评选标准：
- 通过积极主动地协调部门或他人，并在服务全过程中不断跟进，及时满足客人（员工、一线）急需或潜在需求，并得到客人（员工、一线）口头表扬或度假村认可的；
- 在借鉴他人经验的基础上，通过自己的努力有所创新并满足客人（员工、一线）需求，为客人（员工、一线）提供优质服务的；
- 通过倾听客人的谈话，发现客人潜在需求，通过一系列的个性化、超常化服务，取得良好的实际效果；
- 从客人不经意的动作、神情等，发现客人潜在的个性需求，通过一系列的服务满足了客人的个性需求，产生了良好的效果；
- 发现其他同事的错误或失误（非本岗位的岗位职责），避免重大损失的（比如：跑单、少收客人的消费等不低于500元）；
- 通过一番努力将原本不打算在度假村内消费的客人留在度假村消费（非本岗位的岗位职责），消费金额较大，不低于1000元；
- 为度假村节省经费、减少开支或成本、节能降耗，金额不低于1000元；
- 捡到现金或贵重物品，金额不低于3000元；
- 发现度假村内的较大的安全隐患，使其得到了很好的处理。

三等奖评选标准：
- 通过积极主动地协调部门或他人，及时满足客人（员工、一线）所需，让客人（员工、一线）满意，并得到客人（员工、一线）表扬或部门认可的；
- 善于学习他人经验，并通过用心服务满足客人（员工、一线）需求，为客人（员工、一线）提供优质服务的；
- 通过及时发现、反馈或采取措施为化解客人（员工、一线）抱怨提供帮助的；
- 员工提出的合理化建议对度假村管理、服务质量、增收节支等方面有所帮助，并得到部门认可的；
- 发现其他同事的错误或失误（非本岗位的岗位职责），避免重大损失的（比如：跑单、少收客人的消费等）；
- 通过一番努力将原本不打算在度假村内消费的客人留在度假村消费（非本岗位

的岗位职责），消费金额较大，不低于300元；
- 为度假村节省经费、减少开支或成本、节能降耗，金额不低于500元；
- 捡到现金或贵重物品，金额不低于2000元；
- 发现度假村内的某些安全隐患，使其得到了很好的处理。

四等奖评选标准和五等奖评选标准：

四等奖和五等奖将根据事例的意义、影响、产生的效果等并结合有关个性化服务当中的内容酌情给予评定。

（2）度假村级用心做事评定与实施

被评为部门一等奖的用心做事事例可参评度假村级用心做事，并由行政人事部组织各部事例评定代表对事例进行公开评定，并最终评定出度假村级奖项。

度假村级用心做事奖采用民主表决的评选方式。参评人员是各部门中层管理人员（中层管理人员若因事不能参加，需提前半小时知会质检部，并需另外指派一名主管级管理人员参加；部门参评人员迟到或者未到，扣部门负责人执行力1分）。

度假村一等、度假村二等、度假村三等，三个奖项依次由各部代表举手表决，超过半数同意即通过。若三个度假村级奖项投票赞成率均低于50%，则部门级奖项由质检部确定。

若部门对民主表决结果不认可，可现场向主持人提请上诉，质检部将会将案例上呈分管行政人事部的度假村领导来最终裁定，度假村领导裁定的结果即为最终结果。

评选为度假村级用心做事的案例，将由质检部编辑、排版、润色，整理成"通报表扬"发至各部学习，并在员工食堂处张贴公示。

自"通报表扬"案例下发之日起，各部门/班组应在一周内组织员工学习；如未落实，将给予部门/班组责任人执行力扣1分处罚。

（五）全面推行积分制

碧水湾人坚信：奖励正确的行为，能获得更多正确的行为。碧水湾的各项规章制度都在维护正能量文化，特别是其在行业率先推出的"积分制"，在优秀企业文化的形成方面发挥了十分重要的作用。碧水湾用奖分去培养员工的好习惯，用扣分来约束员工的不良行为，构建健康向上的企业氛围。

第五篇　科学管理

"碧水湾现象"解密

BISHUIWAN

班前会介绍

坚持开好班前会可以增强团队凝聚力，提升工作质量和效率。碧水湾温泉康乐部的每日班前会可以用以下八个一来概括：

- **一报** 各班组报早班出勤人数。
- **一乐** 每天由一名同事自愿来逗大家一乐。题材不限、即兴发挥、活跃氛围。
- **一舞** 手语舞练习，舒展身体、活跃氛围、文化渗透。
- **一查** 检查仪容仪表。依规范标准、查仪容仪表。
- **一练** 站姿、手势指引、小心台阶提醒、鞠躬。
- **一学** 学正反案例、用心做事。
- **一讲** 讲评昨日工作。剖析问题、全员教育、避免重犯。
- **一传** 传达度假村会议精神、工作指令、布置工作目标。

碧水湾温泉

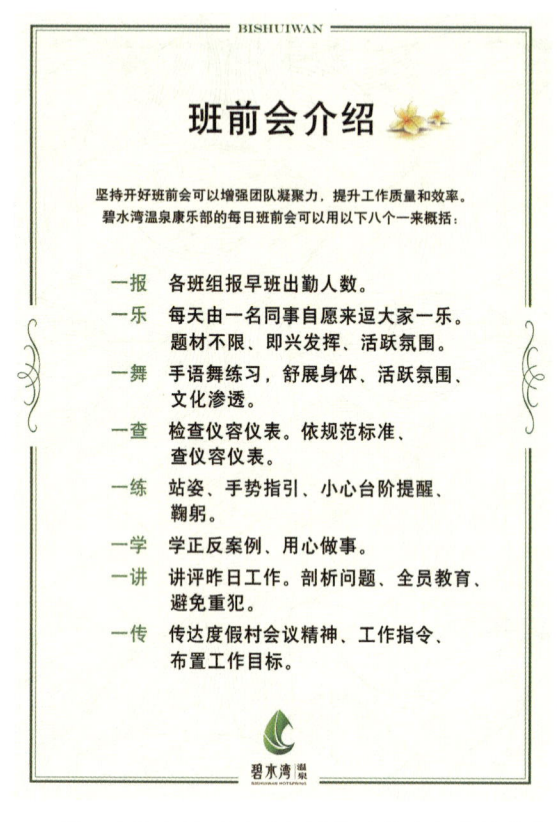

每日班前会及正反面案例学习是碧水湾科学管理的重要组成部分

　　企业文化是碧水湾成功的关键，但仅靠企业文化是不够的。碧水湾清醒地认识到，度假村的成功，必须在打造充满正能量的企业文化的基础上，实施科学管理。为此，碧水湾在管理上不断创新，先后推出了"八大管理机制"和在行业引起广泛关注且行之有效的"积分制"等科学管理方法，制定了相应的管理方针、管理原则，以及包括检查制度、体验制度等在内的各项管理制度。

第一章　碧水湾科学管理理念

碧水湾科学管理的主要内容是：管理制度化、工作标准化、服务规范化、操作程序化、检查经常化。

碧水湾要求所有工作都有工作标准，所有服务都有服务标准、规范，所有操作都有操作流程。为此，经过多年的实践总结，碧水湾编制了多部手册，包括《管理手册》《文化手册》《员工手册》《操作手册》《安全手册》《服务手册》《应知应会》《案例汇编》《亲情化服务300条》等。以《300个怎么办》和《亲情化服务300条》为例，明确告诉员工遇到什么情况，需要做什么，要达到什么标准。其中很多内容实际上是将原来的个性化服务上升到度假村的统一规范，是将个性化服务规范化，实现服务的标准化、规范化。

篇幅所限，本书不详细介绍碧水湾的服务标准、规范和操作流程，而重点介绍碧水湾科学管理理念、管理思想、管理方针与管理原则。

一、基本管理理念

（一）管理靠制度

在碧水湾，出现任何问题，首先要看有没有制度，有制度马上按"四不放过"原则处理，没有制度马上建立制度，一律不处罚；大家觉得制度不合理，这次先按"四不放过"原则处理，下一次再按修订后的制度执行，一切都按照制度办。

实际上，一个真正优秀的企业与一般企业的差别就在于是否尊重制度。如果一个企业，谁都尊重制度，谁都不能凌驾于制度之上，那这个企业绝对非常棒。如果制定了制度，今天有这个原因不能执行，明天有那个特殊情况要求例外，过了一段时间，有的制度又忘了，慢慢的制度就丢到抽屉里没用了。事实上，只要你作为领导不执行，下面肯定执行不下去，最终就没有用了。因此，"凡是要求别人做到的，自己首先做到"，领导要带头执行制度。

（二）执行靠检查

碧水湾人认为：管理的一半是检查，没有检查一切都可能是"零"。企业文化好，员工自觉性高，不代表不需要检查。信任是道德层面，检查是制度层面，信任不能取代监督，道德也不能取代制度。

碧水湾十分重视检查工作，包括对检查者的检查，认为执行主要靠检查，"员工只做你检查的，而不是你要求的"。

在碧水湾人看来，检查的意义主要表现在以下几个方面。

1. 检查可以强化执行力

执行，是指贯彻落实管理者的战略意图、指示，完成预定目标的过程。

执行是把企业战略、规划转化成为效益、成果的关键。对管理者的战略意图、指示执行的力度和能力，称之为执行力。换句话说，执行力是把计划变成行动、把行动变成结果的过程。这个结果一定是预期的目标，如果没有达到，那就不叫执行力。而要了解目标和要求是否达到，就必须进行检查。

碧水湾人认为：执行力需要检查机制来推动。

2. 检查是对员工进行考评的基础

没有检查，就无法科学地识别和评估员工工作表现的优劣，最后的评估要么一视同仁，要么领导随意主观评定，这两种评估结果都是不公平的。因为平等不等于公平，主观臆断更不等于公平。因此，只有通过检查员工的工作过程和工作结果，才能为公平合理地评估工作绩效提供有力依据。

3. 检查是对表现好的员工的鼓励

员工努力工作，争取优异的表现，动力主要来自两个方面：一方面是自己兴趣所在或为了实现自我价值；另一方面是为了得到他人的尊重、认可或奖励。没有检查，就无法有效识别和评估员工的优秀表现，也就无法有针对性地进行肯定和奖励。如果一个员工长期努力工作，却总是得不到认可和奖励，他就不会有成就感，工作热情必然会慢慢消退，优异表现慢慢消失，最后，一个优秀员工也就慢慢变成了普通员工，甚至变成落后员工。

4. 检查是对表现不好的员工的鞭策

没有检查，对工作表现不好的员工就是一种默许和纵容。懒惰的或表现不佳的员工最怕的就是检查，就像学习成绩差的学生怕考试一样。如果企业没有检查，懒惰的或表现不好的员工也就无所顾忌，因为他们的不佳表现不会受到任何处罚和指责，因此他们可以浑水摸鱼、滥竽充数，继续不思进取，不求有功，不认真工作。企业懒气和邪气得不到遏制，企业自然就没有了执行力。

(三) 运行靠机制

"机制"一词最早源于希腊文,原指机器的构造和工作原理。

企业机制是指在企业营运活动中,内在管理要素(人、财、物、信息、技术等)有机组合过程中发挥作用的过程和方式,是一种自发的、自控的、自觉的过程和方式。

碧水湾人认为:再好的制度,再多的检查,没有机制保障是不可持续的。因为不管对什么人,如果只有压力,没有动力,都是长久不了的,必须要靠机制。

二、管理思想与管理定律

在多年的管理实践中,碧水湾人在借鉴他人成功的管理思想和经验的基础上,总结提炼出了他们自己独特的管理思想和管理定律,这些管理思想是他们管理经验的总结,朴素,却十分有效,有很多闪光点,很有启发性,值得每一位酒店人深思。

(一) 管理思想

1. 关于上下级关系

碧水湾创造性地提出了度假村内部上下关系准则,提高了管理的效率和效果。

- 上级为下级服务,下级对上级负责;
- 上级关心下级,下级服从上级;
- 上级考核下级,下级评议上级;
- 上级可越级检查,下级可越级投诉;
- 上级不允许越级指挥,下级不允许越级请示。

2. 关于执行力

碧水湾提出提高执行力的三个原则:

- 服从第一,理由第二;
- 速度第一,完美第二;
- 结果第一,过程第二。

3. 关于服务与产品

- 好的产品是研究出来的。
- 优质服务是设计出来的。
- 准确地了解掌握顾客的个性化需求信息是优质服务的基础。
- 好的服务才是最好的营销。

4. 关于人力资源管理

- 没有不好的团队，只有不好的领导。
- 优质服务是优秀员工做出来的，优秀员工是优秀管理者培养出来的。
- 企业管理最重要的就是用对人、做对事、走对路，用错人是管理中最大的失误。
- 企业要特别重视对管理者的管理，对检查者的检查，对培训者的培训。
- 管理从尊重和沟通开始，从管好自己开始。
- 管理者对下属严有余，爱不足，下属会离心离德；爱有余，严不足，下属会纪律涣散，没有战斗力。
- 管理的本质是对人的行为的激励。奖励正确的行为，会获得更多正确的行为。
- 民不患贫，患不公。
- 技能是练出来的，办法是想出来的，潜力是逼出来的，成功是干出来的。

5. 关于战略管理

- 企业成功5%靠目标、战略，95%取决于执行力。
- 有计划不忙，有规则不乱，有预算不穷。
- 有满意的员工才能有满意的顾客。
- 学习创新的速度决定企业发展的速度。

（二）管理定律

碧水湾人在多年的管理实践中，总结出以下管理定律。

1. 布置工作定律

- 布置了工作不落实等于零。
- 落实了没有检查等于零。
- 查出问题不整改等于零。

2. 现场管理定律

碧水湾特别认同日本著名管理专家稻盛和夫对现场管理的认识，认为管理者到现场与不到现场，发现的问题差别很大。"现场有真经，现场有神灵，一切问题在现场"。管理者不到现场就是"聋子、瞎子"，就是拍脑袋、瞎指挥。

3. 问题管理定律

- 管理者最大的问题是看不到问题。
- 看不到问题一是标准出了问题（标准太低），二是责任心问题。
- 有问题不可怕，最可怕的是不把问题当成问题。

4.信息传递定律

根据信息化管理，口头传递，每传递一次的保真率的平均概率只有0.7，若经过四个人的传递，其保真度只剩0.24。所以，条件许可时，尽量用文字传递信息，这是非常重要的管理原则。

5.服务质量定律

100－1＝0

100＋1＝200（多一盎司定律）

6.员工忠诚定律

一个企业成功，必须善待员工，以心换心，员工才会对企业忠诚。

7.勉强定律

勉强成为习惯，习惯成为自然，自然变成性格，性格决定命运。

8.坚持定律

人在达成目标的过程中，80%的时间和努力，只能取得20%的成果，80%的成果是在后20%的时间和坚持当中获得的。成功往往出现在我们快要坚持不下去的时候。

三、管理方针与管理原则

碧水湾的管理方针和管理原则，也很好地体现了碧水湾的企业文化。

（一）碧水湾管理方针

为了实现企业管理目标和发展愿景，碧水湾制定了明确的"严、高、细、实"的管理方针，指导管理实践。

严：严以律己、严格管理、严爱结合。

高：高标准、高效率、高质量。

细：细心、细致、细节。

实：诚实、务实、落实。

（二）碧水湾管理原则

为了提高管理的效率和效果，碧水湾制定了管理的原则，全体管理人员必须遵守。这些原则确保了度假村用人正确、沟通有效、执行力强、危机管理到位。

1.布置工作、下达指令三原则

- 布置工作、下达指令要及时，事项、时限要明确具体；
- 布置或下达后要有督导、检查手段；

- 凡是不能执行的任务不下达。

2. 确保执行力三原则

- 服从第一，不讲理由；
- 速度第一，不讲条件；
- 结果第一，不讲困难。

3. 接收交办事项三原则

- 首先要确认接收的信息是准确的；
- 立即落实，不能立即落实的，要有提醒落实的措施；
- 需交办他人的，一定要按信息传递原则交接到位，并且在有效的时间内确认交办事项是否已经得到落实。

4. 会议管理七原则

- 凡是开会必有主题；
- 凡是开会必有准备；
- 凡是开会必守纪律；
- 凡是开会必求高效；
- 凡是开会必有记录；
- 凡是开会必有结果；
- 凡是开会必有追踪。

第二章 碧水湾"八大管理机制"

碧水湾人认为,管理靠制度,执行靠检查,运行靠机制。

碧水湾的管理机制主要包括以下几种。

- 工作汇报机制:工作日志、工作月报、工作例会、月度经营分析会。
- 人才选拔机制:储备人才选拔、竞聘及述职、专才渠道的开辟(亲情服务策划师)。
- 考核激励机制:用心做事、争得荣誉、绩效考核、积分管理(及时性)、执行力考核、满意度考核、KPI考核机制。
- 问题管理机制:快速反馈、投诉处理、"四不放过"。
- 督导检查机制:日常检查、专项检查、综合检查、暗访检查。
- 关爱员工机制:关心员工举措、六必表扬、七必沟通。
- 学习培训机制:入职培训、部门日常培训、度假村公共培训、外训。
- 沟通管理机制:总经理信箱,员工座谈会,离职沟通,27个维度的员工满意度调查。

一、工作汇报机制

工作汇报机制是碧水湾督导掌握各级管理人员工作状态、工作完成情况及执行力的重要手段。同时,定期的工作汇报机制也有利于上下级、各部门之间交换意见、沟通思想、达成共识,促进工作协同配合,提高工作效率、工作质量。

(一)工作汇报的形式

1. 工作日志

要求主管级及以上管理人员每天在OA上填写,向上级汇报当日主要完成的工作、发现的问题及明日的工作计划。部门主管的日志由部门负责人审批,部门经理、总监的日志由分管副总审批。

附：工作日志表单

工作日志表

填写人		填写日期	
今日主要完成工作			
今日发现问题			
明日工作计划			

2. 工作月报

要求主管级及以上管理人员每月填写，汇报当月主要完成工作、发现问题、工作创新、员工关爱、七必沟通等必做工作完成情况。部门主管月报由部门负责人审批，部门经理、总监月报由分管副总审批并抄报总经理。

附：工作月报表单

_____年_____月中层工作汇报表

部门：　　　　　填报人：　　　　　日期：　　　年　　　月　　　日

项目	具体内容	备注
完成主要工作（简明扼要）		
未完成工作		

序号	主动检查发现问题（不低于13条）	整改措施	是否有效
1			
2			
3			
4			
5			
6			
7			
8			
9			
10			
11			
12			
13			

续表

序号	工作创新举措	是否有效	
1			
序号	本月学习情况	是否有效	
1			
2			
七必沟通完成情况			
关爱员工情况			
下月主要工作计划（突出重点）			
序号	优秀管理者十条	自评分	上级评分
1	凡事目标明确，做事总有计划，不达目标决不罢休。		
2	相信办法总比困难多，不说"没办法""不可能"。		
3	以身作则，凡是要求别人做到的，自己首先做到。		
4	今日事，今日毕，做事不拖拉，不需别人催促和提醒。		
5	勤于走动，敏于检查，工作能沉底并善于发现问题。		
6	出现任何问题先检讨自己，不找借口，不轻易指责别人。		
7	坚持学习，保持创新的思维和行动。		
8	保持积极的心态，微笑服务，快乐工作。		
9	注重个人仪容仪表，举止优雅，谈吐得体（不讲粗口）。		
10	重视对下属的关心、培养，能帮助下属实现自己的目标。		
合计			
分管领导批示			
执行力加扣分			
总经理批示			

3. 工作例会

每周二、周四的下午16：30召开，度假村领导主持，各部门经理、总监参会，各部门负责人逐一汇报工作，汇报完成后度假村领导集中点评。

（1）部门汇报四点要求

汇报主要客情客诉，汇报设施设备问题，汇报需要其他部门配合落实事项，汇报需要度假村领导解决的问题。

（2）领导点评四点要求

主持会议的领导先点评，其他领导补充点评，总经理总结点评，不重复点评。

（3）工作例会"四要"原则

汇报内容要简明扼要，反馈问题要带解决办法，解决争端要先剖析自身问题，例会精神要认真传达。

4.月度经营分析会

每月10号前召开上一月经营分析会，总结分析上一月经营业绩情况、预算完成率、市场开拓与客户维护情况、人力供给与关爱员工落实情况、工程建设与节能降耗情况等。

经营分析会三点要求：

- 会前业务相关各部门充分沟通，核清摸准各项数据；
- 经营方面以财务汇报为主，部门补充汇报为辅；
- 多用数据佐证观点，以定量分析为主，定性汇报为辅。

（二）工作汇报的监督与考核

好的机制能否持续运行，离不开监督和考核，如下表所示。

工作汇报监督与考核办法

机制	监督责任人	考核办法
工作日志	上级、人力资源部	1.上级用积分考核个人（完成加分、未完成扣分）。2.人力资源部考核部门工作日志提交率。
工作月报	总办主任	考核提交及时性、应填写内容填写情况。
工作例会	总办主任	考核会议纪律、工作例会"四要"原则（参见上文）落实情况。
月度经营分析会	总办主任	考核提交及时性、汇报质量。

（三）工作汇报内容的归档

工作日志在OA系统中自动归档，每年导出备份到硬盘；工作月报、工作例会纪要、月度经营分析会材料由总办归档，保存2年。

二、人才选拔机制

对于劳动密集型的酒店来讲，管理的本质最终都会回到对人的管理，而人才选拔是其中至关重要的一环。

度假村每年面向全员（基层员工）开展一年一度的储备人才选拔，为有能力、有意向走向管理层的员工打通公平公正的晋升平台。选拔分为三轮层级考核，全部通关成功可进入管理梯队，待考核期通过后正式成为管理人员。

碧水湾20年的品牌铸就之路，离不开强有力的人才支撑，通过长时间的实践，他们已经把人才选拔体系化，摸索出"储备人才选拔机制""内部竞聘上岗机制""特殊人才技能津贴机制"三项卓有成效的人才遴选制度。

（一）储备人才选拔机制

储备人才，即：从服务员、实习生中选拔产生作为领班级管理人员的候补队伍，享受储备津贴并承担一部分管理职能。

1.选拔周期

每年1~2次，视具体情况而定。

2.报名条件

（1）入职满6个月的服务员、实习生；

（2）半年内积分小分不低于20分（满分30分）；

（3）半年内无"警告"处分；

（4）最近半年月绩效平均分不低于90分。

3.选拔流程

报名 ➡ 首试：企业文化及应知应会考试 ➡ 二试：数学及逻辑推理能力考试 ➡ 三试：户外拓展表现考核 ➡ 公布入选名单

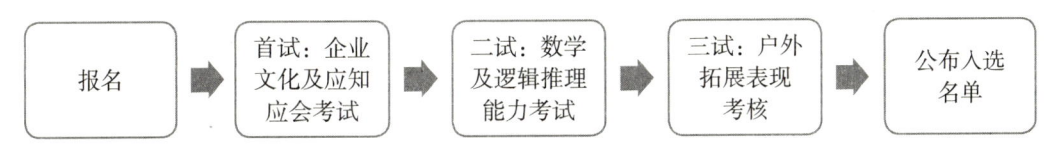

（1）首试采取淘汰制，企业文化及应知应会考试成绩低于80分淘汰；

（2）首试成绩×60%＋二试成绩×40%为最终笔试成绩，笔试成绩低于80分淘汰；

（3）笔试通过者进入第三轮户外拓展表现考核，主要了解员工执行力、协作能力、领导力、沟通能力、灵活处置问题的能力，由拓展教练和碧水湾考评组共同打分；

（4）最终根据岗位需要，根据总成绩排名择优录取。

4.碧水湾考评组人员组成

组长：度假村分管人事工作的副总经理。

副组长：行政人事部经理、副经理。

5.储备人才培养

储备人才是领班级管理人员的后备力量，在领班岗位空缺时需要随时补上，因此对储备人才培养的方向即对照领班的要求开展。

培养方式：商学院在线APP课程推送、带班历练、交叉检查历练。

培训内容：胜任力、沟通能力、积分制、TTT培训（培训师培训）、工作督导与检查等。

6.储备人才职责

（1）协助领班主管承担部分带班管理任务；

（2）工作中严于律己，高质量、高效率完成分内工作，给其他员工树立榜样。

7.储备人才晋升

当领班岗位空缺时，储备人才获得晋升领班的机会，但需要通过"资格审查"和"竞聘演讲"两道程序，多人竞聘一岗，则根据考评成绩择优选拔。

资格审查：主要看最近半年的积分小分、绩效得分、有无受处分。

竞聘演讲：储备人才针对空缺领班岗位阐述个人履职愿景并接受人力资源部、部门领导及度假村领导提问，最终根据其表现打分。

（二）内部竞聘上岗机制

碧水湾干部选拔的原则是：内部选拔为主，外部招聘为辅。内部选拔的主要形式为竞聘上岗，即多人竞争同一岗位，企业根据表现择优录用。

基本流程为：

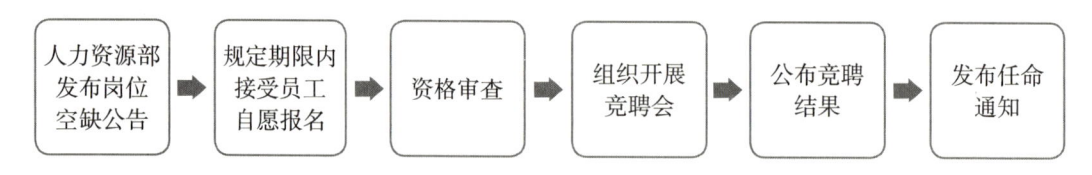

人力资源部发布岗位空缺公告 → 规定期限内接受员工自愿报名 → 资格审查 → 组织开展竞聘会 → 公布竞聘结果 → 发布任命通知

（三）特殊人才技能津贴机制

特殊人才技能津贴是作为职务留人机制的补充而存在，解决企业因管理岗位不足而导致的人才流失问题。

1.亲情服务策划津贴

亲情服务是碧水湾的服务品牌，碧水湾人认为，"好的服务是设计出来的"。碧水湾十分重视亲情服务的设计和策划工作，为此专门设置了"亲情服务策划师"职称，并给予亲情服务策划津贴。

亲情服务策划师指在亲情服务创意设计、亲情服务场景打造、亲情服务流程编排等方面具有突出能力和特别贡献的一个群体，通过《亲情服务策划师管理办法》选拔产生，承担亲情服务方案策划、亲情服务标准建立、亲情服务案例分享等职责，根据策划师等级，每月享受50~200元不等津贴。

2. VIP服务员津贴

VIP服务员即资深服务员，指服务技能高超、业务素质过硬，能够应对各种大场面、高标准服务接待工作的一批员工。认定程序：部门推荐—行政人事部考核—享受津贴。

三、考核激励机制

"以人为本，科学管理"需要数据支持，数据来自对各项指标的考核，通过考核产生的各种数据为薪资、职务变动提供依据。而激励机制的实施旨在激发员工自驱力，促进其工作效率、工作质量的提升。考核与激励既是分开的两个内容，在实际工作运用中，又互为有机的整体。

（一）设置相关奖项

除了设置用心做事奖以外，碧水湾还作为激励机制，设置了以下奖项。

1. 争得荣誉奖

所谓"争得荣誉"即员工通过良好的工作表现获得了顾客的赞誉，为企业赢得了口碑，为自己争得了荣誉。

（1）争得荣誉的形式

获得顾客的纸质书面表扬、微信群/朋友圈表扬、携程美团等OTA渠道点评表扬、当面口头表扬等。包括但不限于以下情况：

- 表扬信、感谢信；
- 客人在媒体上发布的点评、感想、心得；
- 度假村领导或职能部门接到的表扬/感谢电话、短信、邮件；
- 度假村领导接到的口头表扬或感谢；
- 员工代表度假村参加地方或行业内的各类比赛、活动而获得了荣誉或奖项；
- 员工创造了好人好事而得到外界好评。

（2）争得荣誉的判定

提交可以说明获得顾客赞誉的材料如纸质表扬信、截图等，口头表扬需要上级见证。

（3）争得荣誉奖项设置

每次获得表扬即可获得积分奖励，当月累计获得10次及以上表扬，即可获评"月度提名奖达人"称号，并在月度用心做事大学堂上获颁荣誉证书。每年还会评出"年度提名奖达人"2名，给予现金奖励。

争得荣誉奖分为度假村级和部门级两个级别，奖项分别设三个等级和五个等级。

争得荣誉奖奖项设置

序号	奖项级别	奖项等级	对应奖金（元/件）
1	度假村级	一等	90
2	度假村级	二等	70
3	度假村级	三等	50
4	部门级	一等	30
5	部门级	二等	20
6	部门级	三等	10
7	部门级	四等	5
8	部门级	五等	3

（4）奖项申报

● 员工在收到顾客的表扬信或感谢信后，应在第一时间上交至部门文员处。

● 部门文员应在每周二18:00前交给行政人事部质检员。

● 质检员在收到各部上交的表扬信/感谢信后，报质检培训部经理进行评定。

（5）等级评定依据

● 表扬信/感谢信篇幅长短；

● 表扬信/感谢信主要表扬或感谢的对象；

● 表扬信/感谢信中是否有具体的事例内容，或事例的类型（指规范化服务、个性化服务、超常化服务等）；

● 客人的感动程度，即对客人产生的效果；

● 表扬信来源，侧重重要领导、VIP、重要的同行客人、行业专家等；

● 表扬信/感谢信的影响力或影响范围，侧重客人通过媒体（如网络、报纸）。

2. 快速反馈奖

见本书第五篇第二章中的《问题管理机制》。

（二）绩效考核机制

绩效考核由每日绩效考核、月度绩效考核、半年/年度绩效考评三个部分组成，其中前两项与每月工资组成中的绩效奖金关联,半年/年度绩效考评影响员工薪资变动。

1.每日绩效考核

由当日带班领班或主管考核员工的出勤、工作完成率、工作质量、工作纪律、服务态度、仪容仪表、团结协作,共计7个方面,满分为100分。管理人员根据员工实际表现加分或扣分并注明理由。

附:员工每日绩效考评表

员工每日绩效考评表

部门:_____ 班组:_____ 岗位:_____ 姓名:_____ 年 月

日期	星期	上班时间	下班时间	完成任务分	完成质量分	出勤分	仪容仪表分	工作纪律分	服务态度分	团结协作分	加(扣分)理由或工作点评	合计分	本人签字	考评员签字
1														
2														
3														
4														
5														
6														
7														
8														
9														
10														
11														
12														
13														
14														
15														
16														
17														
18														
19														
20														
21														
22														
23														
24														
25														
26														
27														

续表

部门：___ 班组：___ 岗位：___ 姓名：___ 年 月														
日期	星期	上班时间	下班时间	完成任务分	完成质量分	出勤分	仪容仪表分	工作纪律分	服务态度分	团结协作分	加（扣分）理由或工作点评	合计分	本人签字	考评员签字
28														
29														
30														
31														

本月出勤___天，应休___天，实休___天，休（病、事、工伤、年）假共___天，考评日平均分___分。

本人签字：___ 考评员签字：___ 部门经理审签：___ 人事部审签：

2. 月度绩效考核

月度绩效考核主要考核团队指标，例如满意度、用心做事分值、会员开发/客史收集完成率等，除满意度考核全员外，其他指标一般只考核主管级及以上管理人员，达成指标获得绩效加分，未达成给予扣分。

3. 半年/年度绩效考评

考评的主要目的是为员工薪酬调整做依据，计分项目包括积分、月度绩效平均分、受处分情况、考勤及综合评议。

其中积分、月绩效平均分、综合评议决定最终得分；受处分情况、考勤影响最终得分。

综合评议每半年开展一次，具体安排在每年的6月、12月，评议内容包括综合素质（品德修养、外在气质、沟通能力、学习能力）、工作态度（纪律性、积极性、责任感、协作性）、工作绩效（工作质量、工作效率）。评议形式包括自我考评、员工互评、下属评议、直接上级评议、部门经理评议五个部分。

附：半年/年度综合评议表

半年/年度综合评议表

评议类别	包含项目	自我考评	员工互评	下属评议	直接上级评议	部门经理评议
综合素质	品德修养					
	外在气质					
	沟通能力					
	学习能力					

续表

评议类别	包含项目	自我考评	员工互评	下属评议	直接上级评议	部门经理评议
工作态度	纪律性					
	积极性					
	责任感					
	协作性					
工作绩效	工作质量					
	工作效率					
综合评价						

（1）总成绩各构成比重

本次成绩＝考评得分×70%＋积分×30%，其中考评得分计算公式如下：

员工考评得分＝员工互评×25%＋直接上级评议×35%＋经理评议×40%＋（月绩效平均分－100）±综合加、减分项目。

领班考评得分＝下属评议×30%＋主管评议×30%＋经理评议×40%＋（月绩效平均分－100）±综合加、减分项目。

主管考评得分＝下属评议×30%＋主管、经理评议×40%＋领导评议×30%＋（月绩效平均分－100）±综合加、减分项目。

积分计分规则如下。

积分计分规则

月积分小组排名	分值
前10%	100
10%—20%	90
20%—30%	80
30%—40%	70
40%—50%	60
50%—60%	50
60%—70%	40
70%—80%	30
80%—90%	20
90%—100%	10

（2）定级

最终成绩对照下表确定考核成绩等级。

考核成绩等级

等级	优秀			良好			有待提高			差
细分等级	A+	A	A-	B+	B	B-	C+	C	C-	D
对应分数	A+≥96	93≤A<96	90≤A-<93	85≤B+<90	80≤B<85	75≤B-<80	70≤C+<75	65≤C<70	60≤C-<65	D<60

说明：

①考评成绩为"B"及以上且工资档级未达"A"档者，岗位或工资变动满一年及以上的员工工资可晋升一档；

②考评成绩为"C"的员工，工资不晋级；

③考评成绩为"D"的员工，将根据度假村优胜劣汰机制进行转岗、降级或淘汰。

（三）积分制管理机制

具体内容见本书第六篇第三章《积分制管理》。

（四）执行力考核机制

执行力，通常是指员工贯彻管理者战略意图、方针政策和工作计划的操作能力和实践能力，执行力强弱程度直接关系到企业经营目标能否顺利实现。

1.执行力考核对象

此考核面对度假村各部门进行，考核结果直接与主管级（含主管）以上管理人员的个人绩效挂钩。

2.执行力考核项目

- 日常例行工作；
- 部门月度计划工作；
- 度假村领导布置或交办的工作；
- 制度、规定要求开展的工作；
- 职能部门布置或要求完成的工作；
- 村务会、例会及其他会议布置的工作；
- 政府、职能单位布置或要求整改的工作。

3.执行力考核办法

（1）执行力考核以月为单位，每个部门每月执行力考核的基础分为100分。

（2）对于考核项目中所涉及的具体工作（任务），将由工作（任务）的布置者或下达者在布置或下达时明确该项工作（任务）的重要程度，即将不同的工作（任务）分为以下四个等级：A级（非常重要）、B级（重要）、C级（较重要）、D级（一般）。

（3）对于未完成工作、未按时完成工作或完成质量不符合要求的部门，将由行政人事部根据该项工作的重要程度，按如下标准在部门当月执行力考核分中进行扣除：A级3分/项，B级2分/项、C级1分/项、D级0.5分/项。

（4）如工作在执行或落实的过程当中因客观原因需要延迟完成日期或取消、终止，由该项工作的承担部门提前24小时以书面形式上报工作任务延期/取消申请单，经任务的下达者签批后方可，否则将视为未完成，给予相应的执行力扣分。

（5）对于布置的工作，由相关部门填写工作任务单至该项工作的承担部门，该项工作完成后并经相关部门签字确认，由该项工作的承担部门将工作任务单交至总办文员处。每月的工作任务单次月1日12：00前仍未上交的，将视为该项工作未完成，给予相应的执行力扣分。

（6）执行力加扣分等同于绩效加扣分，即1执行力分＝1绩效分，与个人工资结构中绩效部分对应。

（7）考核项目中所列的考核内容由总办在每月5日前完成执行力考核表的制作，并报领导审批后下发至相关部门。

4.用心做事"达标值""优秀值"与执行力考核

碧水湾从制度上确保员工及各个部门用心做事，为客人提供亲情服务，为此，打破部门界线，将度假村各部门根据工作岗位和性质、特点的不同，划分为不同的班组，并为各班组确定不同的用心做事"达标"和"优秀"分值，同时根据达标情况，确定奖罚标准。

（1）各班组分值标准[①]

- 一线班组（房务部前厅、房务部PA、餐饮部楼面、温泉康乐部、营销部、计财部收银）用心做事人均达标值为3分，优秀值为4.5分。
- 房务部客房用心做事人均达标值为4.5分，优秀值为6分。
- 安保部警卫班组用心做事人均达标值为2分，优秀值为3分。
- 二线班组（计财后台、采供部、工程部、行政人事部、安保部员工宿舍、安保部员工食堂、安保部洗衣房、餐饮部洗碗工）用心做事人均达标值为1.5分，优秀值为2.5分。

---

① 考虑到不同部门及班级"用心做事"的机会和难易程度不同，其达标值和优秀值也不同。比如，同为一线部门，但客房部和其他一线班组的人均达标值和优秀值不同；同为二线部门，安保部与其他二线部门的达标值也不同。

（2）奖罚标准

● 凡达到/超过用心做事人均优秀值的班组/部门，度假村将给予班组/部门执行力加2分（仅限直属主管及主管以上人员）；凡未达到用心做事人均达标值的班组/部门，度假村将给予所属班组/部门执行力扣2分（仅限直属主管及主管以上人员）。

● 每月8日前将上月数据汇总交到人事部制作工资，给予执行力加扣分。

（五）满意度考核机制

满意度考核包括顾客满意度考核、二线满意度考核、员工满意度考核三个部分。

1. 顾客满意度考核

考核顾客对酒店环境、产品、服务的满意度，考核对象为全员。

（1）考核周期

按月考核。

（2）考核形式

问卷调查为主，网络差评、顾客投诉为辅。

（3）计分规则

①问卷得分

每月向一线部门发放纸质《顾客意见调查问卷》，由领班级及以上员工发起调查，题目涵盖环境、产品、设施、服务等，均为单选。

问卷调查所得满意度＝[满意总票数×3＋较满意总票数×2＋一般总票数×1＋不满意总票数×（-1）]÷（总票数×3）×100%。

②网评差评、顾客投诉

根据投诉内容划定等级，分为A、B、C、D四等，分别从问卷所得满意度中扣3%、2%、1%、0.5%计为最终满意度得分。

（4）考核指标设定

考核指标

序号	部门	达标标准	优秀标准
1	前厅部	90	95
2	客房部	90	95
3	餐饮部楼面	90	95
4	餐饮部中厨	80	85
5	温泉康乐部	90	95
6	计财部收银	90	95
7	安保部警卫	90	95

2. 二线满意度考核

考核全体员工对后勤保障等二线部门服务、效率、工作质量的满意度，考核对象为后勤保障部门全员。

考核周期：按月考核。

考核形式：问卷调查为主，员工投诉为辅。

计分规则：每月由质检部向全体员工发放电子问卷，调查范围包括服务态度、工作效率、工作纪律、工作质量，均为单选题。

问卷调查所得满意度＝[满意总票数×3＋较满意总票数×2＋一般总票数×1＋不满意总票数×（-1）]÷（总票数×3）×100%。

员工投诉也划分为ABCD四等，分别从问卷所得满意度中扣3%、2%、1%、0.5%计为最终满意度得分。

考核指标设定：优秀值为82分，达标值为78分。

3. 员工满意度考核

考核员工对部门管理、员工关系管理、企业归属感和认同感、工作环境四个方面的满意程度，考核结果与部门经理、总监绩效挂钩。

考核周期：每半年考核一次。

考核形式：问卷调查。

计分规则：题目为单项选择方式，选择项分为非常认同、认同、中立、不认同、强烈反对五项。对应分值如下。

员工满意度考核选项与对应分值

选项	非常认同	认同	中立	不认同	强烈反对
对应分值	5	4	3	2	1

员工满意度得分＝选项票数×对应分值÷（总票数×5）

考核指标设定：各部门员工满意度以年中、年终两次成绩的平均值为最终结果，得分≥优秀值得10分，达标值≤得分＜优秀值得6分，得分＜达标值不得分。

各部门分值如下。

各部门员工满意度分值

序号	部门	达标值	优秀值
1	营销部	79	84
2	前厅部	82	87
3	客房部	73	78
4	温泉康乐部	78	83

续表

序号	部门	达标值	优秀值
5	餐饮部	77	82
6	计财部	85	90
7	工程部	79	84
8	安保部	82	87
9	采供部	88	94
10	行政人事部	82	87

（六）KPI考核机制

为更加准确、客观地评价度假村中层干部工作绩效，进一步激励中层干部达成工作目标，同时为度假村在干部薪酬调整、选拔任用时提供依据，特制定本办法。

行政人事部负责KPI考核的组织与实施，计财部协助提供相关数据。

1. KPI考核组成部分及权重

第一部分：中层干部KPI考核表（权重80%）。

第二部分：中层干部月度积分（权重20%）。按照月度积分排名计分，设定第一名为100分，最后一名为0分，按照等差原则依次递减。

2. 调整系数

根据KPI完成难易程度、承担职责以及对企业贡献率差异，设置不同的调整系数用来平衡最终的成绩。

房务部、温泉康乐部、餐饮部，负责人调整系数为1.04，副职为1.02。

行政人事部、计财部、安保部、工程部，负责人调整系数为1.02，副职为1.0。

营销部负责人调整系数为1.04，宣传策划负责人调整系数为1.02，美工负责人调整系数为1.0。

3. KPI最终成绩

最终成绩＝[KPI表得分×权重（80%）＋积分得分×权重（20%）]×调整系数。

例如，采供部负责人张三8月KPI表得分90，积分小组排名第一，其最终成绩计算为：（90×80%＋100×20%）×1.02＝93.84

（七）及时奖励机制

碧水湾坚信，奖励正确的行为一定会带来更多正确的行为。碧水湾要求管理人员对员工的奖励一定要及时，并在制度上加以保障，从而确保奖励能够真正起到激励作用。

对于员工本人而言，及时激励能够更好地满足其心理需求，从而调动员工的工作动力，强化其正确行为，并使这种行为成为一种习惯。对于其他员工而言，则是一种榜样，成为大家学习的对象。

碧水湾的及时奖励机制包括每日口头表扬、每周奖励兑现、每月公开表彰。碧水湾认识到及时奖励是非常重要的，特别对待90后员工，一定要改变管理方法，要以表扬为主、批评为辅，公开表扬、私下批评，真诚沟通、帮助成长为指引，效果才可能会更好。

碧水湾每月都有"碧水湾用心做事大学堂"活动，大学堂上，谁收到了几封顾客表扬信，谁受到了几次顾客表扬，都会公开表扬，超过了一定次数的还会给予奖励。碧水湾要求各部门，如果员工做了好的事情，部门经理一定要尽快知道，尽快表扬。

四、问题管理机制

"管理者必须进行问题管理，而不是危机管理。"

——海尔集团CEO张瑞敏

问题管理是管理工作的切入点和抓手。问题管理机制的建立和实施，是碧水湾管理模式的亮点之一。

碧水湾有一套完整的问题管理机制，包括"四不放过"、四个"快速反馈"等。

问题管理是以问题为切入点，并以解决问题为导向的一种管理模式，它与科学管理、人本管理、目标管理并称四大管理模式。

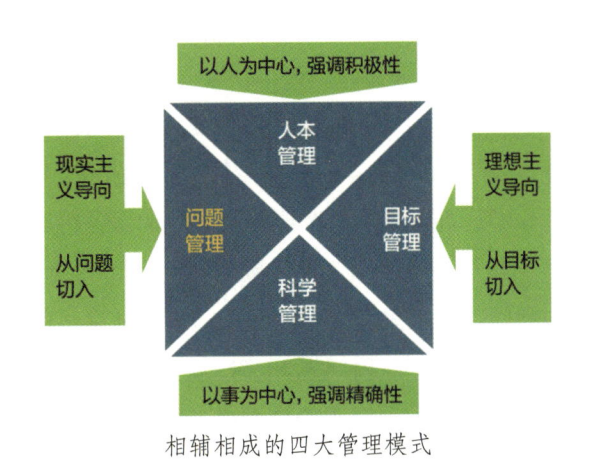

相辅相成的四大管理模式

"问题管理"的核心思想是：注重识别假冒问题，界定关键问题，正确解决问题。并且要深入挖掘问题，适当表达问题，高效解决问题。

问题管理机制实施的意义在于：

- 拓展全体员工思维深度，激活员工主体地位。
- 把原本由管理人员执行的管理变成全员参与的制度化管理，将管理延伸到对客服务一线。

"碧水湾现象"解密

- 问题管理倡导危机意识，即员工不仅要完成自己岗位职责，而且要对自身岗位提出问题，甚至对整个酒店经营管理与服务提出问题。
- 将发现问题变成酒店管理工作中的经常性活动与制度。
- 将管理工作建立在问题解决核心上，而不是原来仅依靠组织体系传达。
- 问题管理强化了所有管理者和员工的权责意识，培养了责任心。
- 问题管理促使员工不断发现问题、超越自我，为企业带来活力。

（一）碧水湾问题管理的五大环节

事实上，问题管理一直存在于酒店管理实践中，碧水湾的问题管理机制是对问题管理理论的实践与有益探索。

碧水湾问题管理可归纳为五个核心环节。

1. 寻找和发现问题

问题管理的首要环节就是寻找和发现问题，并把所有问题罗列出来。碧水湾将发现和寻找问题，作为硬性指标列入管理人员考核指标体系。

为了更好地发现问题，碧水湾会对问题进行甄别、整理和归类，问题按照其性质不同分为三类。

顽固性问题：指一直存在于企业各个方面，早有发现并已采取措施，但重复出现频率高，最终也没有彻底解决的问题。如产品服务质量不稳定、组织机构设置不合理、一些员工积极性不够高等。

诱发性问题：此问题的发生是在开展某项工作过程中，由于外部客观因素改变而导致发生的问题，一般都具备明显诱发性因素。如随着顾客人口特征群体的变化，80后、90后甚至00后顾客群体所导致的服务内容、标准及流程的改变。

偶发性问题：这类问题的发生不可预见，而是突然发生又对企业影响和危害极大的问题。如重大安全事故、关键设备异常故障、自然灾害等。

在寻找和发现问题环节，要点是"全"，要把各类代表性问题全部罗列出来。这一步要注重发现问题的全面性，除了发现显性问题以外，碧水湾还采取鼓励法，引导管理人员发现、寻找管理中的隐性问题，并作为硬性指标列入管理人员考核指标体系，管理人员如果没有发现足够多问题，就会在积分制管理中被扣分。

碧水湾每位中层管理人员每个月都要做工作汇报，其中一项就是对发现主要问题的总结，如果没有发现足够多问题，就会在碧水湾所实施的积分制管理中被扣分。碧水湾人认为，这样要求的本质就是鼓励员工多发现问题，问题就是资源，挖掘问题不仅是挖掘隐患，而且是挖掘潜力。很多"突发事件"并不是"突发的"，而是由小问题积累而成的。

2.分析和界定问题

分析和界定问题,就是判断哪些是关键问题、显著问题、被忽视问题、难以解决问题、特殊问题等。这里所说的特殊问题是指解决代价大或者副作用大的问题。客观存在问题没有真假之分,但人们提出或描述问题、认识或理解问题则有真假之分。如果对问题界定错误,会导致解决方案误入歧途。重新界定问题,再寻找解决之道,可以起到对症下药的作用。

分析和界定问题时,要注意发现真问题,避免界定假问题。如果真问题与假问题同时呈现出来,在识别出假问题之后,真问题自然就水落石出。但有时假问题并不是与真问题一起呈现出来的,这种情况下,在识别出假问题之后,还要进一步挖掘和界定真问题。

比如,有些管理人员认为,80后、90后员工自我中心主义、不敬业、不安心工作,甚至有的管理人员发出了"80后、90后一代不如一代"的感叹。事实上,不管哪一代员工,都有积极上进的,也有不思进取的;既有认真负责的,也有粗心大意的;既有忠心耿耿的,也有"身在曹营心在汉"的。代际差异并不比同一代人内部差异明显大。因此,"80后、90后一代不如一代"是假问题,而"如何在企业条件允许的范围内更好地满足80后、90后员工的期望和需求,激发或培育他们的创造力、凝聚力和战斗力"则应是企业关注的真问题。

3.制定和选择解决方案

各层级管理人员对问题进行分析和界定以后,要对问题进行分类、整理、汇编,按轻、重、缓、急分别采取有效措施,有针对性地解决问题。

(1)对于小问题,采用最直接、有效方法就地解决

此类问题要求当即当日解决,问题不过夜。如在碧水湾,对于涉及顾客对客房设备设施的投诉,此问题属于"小而急"问题,本着解决问题简单、有效原则,要求工程部立即到位处理,如果不涉及配件更换或配件不到位等情况,要求立即解决。

(2)其他问题,要尽快解决

员工自身解决不了的问题,及时汇报领班、经理,由管理人员协调解决。对于部门解决不了的问题,汇报企业高层管理人员,直至总经理,统筹各种资源协调解决。此类问题要求尽快解决,并将问题解决方案及时反馈给问题提出者。

4.实施方案

实施方案就是决策的执行。

5.问题跟踪和反馈

问题管理不能一劳永逸,任何解决方案都会带来新的问题。正如图尔特·克雷纳的《管理百年》中所述:"管理只有永恒的问题,没有终结的答案。"解决问题的方

"碧水湾现象"解密

案会带来新的问题，此外，解决方案不一定有效，即使有效也不一定得到不折不扣的执行，所以解决方案实施中或实施后跟踪和反馈至关重要，这也是问题管理流程五个核心环节之一。

每种类型的问题都可能给企业带来威胁或机遇，危及企业运营，碧水湾建立了一套及时发现问题、全面分析问题、快速解决问题的工作机制，尽量把问题处理在萌芽阶段，维护好企业肌体健康，进而降低企业经营风险。

（二）碧水湾的问题管理制度

1. "四不放过"

管理就是一个发现问题、解决问题的过程，要不断地发现问题，不断地解决问题。那么怎么来解决问题呢？碧水湾认为"四不放过"非常有用。

- 问题没有得到解决不放过。
- 查不出问题发生的原因不放过。
- 拿不出防止问题再次发生的措施不放过。
- 责任人没有受到处理不放过。

这里每一条都很有用，如果问题没有得到解决，就不了了之，问题就很可能继续扩散，发酵，带来更多的问题；如果没有找到原因就不能找到对策，那问题就有可能再次发生；如果责任人不做处理或责任不清后面就很难处理。

2. 四个"快速反馈"

碧水湾要求：出现以下四种情况时，员工必须快速反馈。

（1）凡是客人开口要求（合法），或员工为满足顾客需求，向其他员工提出的要求，尽了最大努力仍无法解决的。

（2）凡是客人抱怨或投诉，尽了最大努力仍无法解决的。

碧水湾认为，抱怨的顾客最容易成为回头客，关键在于及时处理，给抱怨的顾客一个超出他期望的满足，顾客就会成为回头客。为此，度假村要求：一旦发生了顾客抱怨，就是"火警"，按"119原则"，火速反馈，管理人员快速到位，并立即采取措施，加以处理，平息客人不满。尽了最大努力仍无法解决时，应该立即反馈，请求上一级管理人员协助解决，原则是绝不让顾客带着抱怨离开。

对于客人投诉，任何人不得置之不理，如果员工认为多一事不如少一事，置客人意见于不顾，既不处理，又不报告，将被列入反面案例（在碧水湾，反面案例是要组织大家一起学习的，对员工来讲，会是个很大的压力）。

（3）凡是对客服务中遇到自己无权或无能力解决的事情。

从某种意义上讲，这是对可能因一线员工授权不足（或超越授权）而影响对客服务质量问题的一个弥补机制，在很大程度上，可以防止客人不满。

（4）凡是对客使用的设备设施出现问题，有关部门必须尽最大努力尽快解决，尽了最大努力仍无法解决的。

这一条主要是针对二线部门提出的要求，特别是工程部、采购部，如果设备出现故障，必须尽到最大努力，尽快解决，如果解决不了，必须马上反馈，一直到总经理。如果连你的分管领导都不知道，你肯定不算尽了最大努力。

五、督导检查机制

就像碧水湾员工每天都会提醒自己："今天我微笑了吗？"碧水湾每位管理者时时刻刻都会提醒自己："今天我检查了吗？"

碧水湾管理层认为，制度是一个标准而不是结果，仅凭制度创造不出效益。制度必须被员工普遍认知，并按照制度要求规范其行为，换句话说，制度的执行效果是创造效益的关键。但制度的执行并不是一个自发的过程，它需要遵循质量管理的PDCA循环，持之以恒，循环上升。

碧水湾在管理实践中，十分重视检查工作。认为再好的制度，如果没有检查都没有用，只有强化检查，才能保证制度很好地落地。

碧水湾要求：检查工作要形成网络（网络化），推行表格化管理（表格化），建立质检网络体系（体系化）。同时要求管理者检查发现问题量化，对检查者进行检查，直接上级和隔级上级责任连带。

（一）碧水湾人对检查工作的认知

1. 管理的一半是检查

再好的制度，如果没有检查，都没有用。如果没有检查，什么都会变样，要么一层一层地变，要么随着时间的推移会变。所以，只有强化检查，才能保证制度的落地。

2. 哪里没有检查，哪里就有问题

碧水湾认为哪里没有检查，哪里就有问题。要想工作不出错，只有检查、检查、再检查。

好的养成是从细节、小事、简单的事情上一点一点积累起来的。简单的事情要重复做，并且保证做对、做好，就只有通过一次又一次地重复检查，才能强化正确的行为，使它成为一种好的习惯。而认真检查，不放过一点问题，本身就是一种好习惯。所以，为了好的养成，为了把简单重复的事情做对、做好，就需要检查、检查、再

检查。

碧水湾有综合大检查、录音检查和录像检查，要求各部门经理每月必须要运用好录音录像手段进行抽查，这在碧水湾已经取得了很好的效果，有效地避免了管理者在和不在不一样的问题。

3. 上级检查的标准就是下级必须做到的标准

"想要员工重视什么，你就检查什么。"碧水湾领导团队认为，"感觉"没有问题，本身就是最大问题，是检查者自身出了问题。除了责任心之外，还有就是对问题的识别能力。

什么是问题？碧水湾人给出了一个公式：问题＝差距＝理想状态－实际情况。

从这个公式可以看出，理想状态就是企业要求达到的标准，而这个标准又是动态的，因为只有不断提高，才能不断进步。所以，一旦今天的标准提高了，昨天不是问题的情况，在今天就有可能成为问题了。

4. 对检查者有检查，才是有效的检查

检查，首先要对高层进行，要由上而下。碧水湾对高层管理者有检查制度，在制度约束下，主动做好工作，领导带好头了，员工自然会做好工作。

5. 检查不是目的

检查是手段，不是目的。质检的意义在于确保服务和产品品质，促进服务质量和管理水平的不断提高。

（二）碧水湾的质检体系

酒店质检工作的重点是质检体系的建设和对检查者的检查，这是保障酒店质检行之有效的关键。

酒店质检工作的盲点和难点则在于：

- 酒店区域大、事项多，质检人员配置有限。
- 质检员存在资历不够、酒店各板块内容不完全掌握的情况，发现多是一些表面、非关键性问题。
- 检查存在"灯下黑"的现象，导致很多问题长期存在。
- 主观式检查受检查人员检查能力影响，检查标准、检查质量、检查效率不稳定。
- 质检与培训脱节，因员工业务不熟产生的问题重复出现。

碧水湾的质检体系及其保障机制有效地破解了这些难题。早在2003年，碧水湾就成立了质检部。碧水湾的质检体系主要包括三大块：调查体系、检查体系和评价体系。

调查体系：针对顾客的，以提高顾客满意度为中心。

检查体系：以日常巡检员的巡查为基础，以相关部门之间的综合大检查为辅，以发现问题、针对重复出现的问题专项检查为重点。

评价体系：主要包括服务质量的评价和工作质量评价。前者是通过顾客满意度、网评等等反映，后者则是通过检查反映出来。

碧水湾质检体系的推进并非一帆风顺。质检部刚成立时，为了做ISO质检体系认证，企业需要规范日常检查。当时很多部门并不配合，有的经理甚至面对质检单拍案而起，也有的员工面对质检单哭了……但是管理层坚持认为：质检工作即便有偏差，但质检发现的问题一定要整改。人非圣贤，质检发现的问题可能片面，但质检检查的事情一定要得到落实和执行。最初的三个月内，有些部门和个人不接受，不认同，半年后基本上可以接受，但是被动接受，不是主动接受。后来一两年下来，大家都很愿意将质检部发现的问题作为部门重要整改的专题。现在每个月都会把质检发现的问题做一个认真的整理、总结、整改。

（三）碧水湾检查工作的特点

碧水湾各种检查制度之多，检查程序之严，检查标准之高，在中国旅游行业中是很少见的。其主要特点有以下几个方面。

1. 跟踪检查和阶段检查相结合

跟踪检查是指伴随着计划的贯彻执行，紧跟着对实施情况进行检查，以便及时发现偏差，随时解决；而阶段检查则是指决策实施告一段落时，对这一阶段的结果进行检查，总结经验教训。在碧水湾，这两种检查结合使用，只抓阶段检查，没有跟踪检查，计划执行过程就容易放任自流，失去控制；反之，只抓跟踪检查，没有阶段检查，就不能看到完整面貌，也就无法进行系统分析。

2. 自上而下检查同自下而上反馈相结合

碧水湾质检体系从建立、推进到现在的全过程、全方位覆盖，是高层领导团队带头坚持检查的结果。

决策目标、计划方案是由管理者决定的。对于它的目的、意义，以至各个环节、措施，管理者最清楚。执行计划的活动，则是在基层进行，对于执行计划在什么地方发生故障，以及产生故障的原因，基层组织和广大员工了解得最深刻。碧水湾的检查总结工作，在强调由上而下领导的同时，也一样注重由下而上的反馈。它调动了上下两方面的积极性，确保了沟通从上到下的信息输出渠道和从下到上的信息反馈渠道的畅顺，实现了信息的双向交流，也提升了领导者集思广益的深度和广度。

3. 全方位检查

碧水湾实施全方位立体化检查，包括：综合检查、专项检查、交叉检查、"无形检查"、暗访检查、顾客意见调查。

除了常规的综合检查、专项检查、交叉检查之外，质检部每两个月要组织一次暗访检查。此外，每个主管以上管理人员每天还要做顾客意见调查。碧水湾还有一项"无形检查"，即每月管理者定期抽查监控视频，如前所述，这是一项有效确保员工行为一致性的措施。

4. 检查工作表格化

检查工作表格化，可以使检查者的检查内容、频次、标准，一目了然，更加规范，便于执行。

检查工作表格化不是指检查要有表格或者须用表格记录，而是通过表格的形式把检查项目、检查对照标准、责任人、整改时限等明确下来，打破检查工作的专业性限制，可以实现跨部门、跨班组交叉检查。例如可以让一个不懂前台业务的工程人员去检查前台的工作，可以让一个不懂工程设备的营销人员去检查工程设备的运维情况，等等。

下面两张表多用于交叉检查，属于客观对照式检查表。

餐厅安全检查表

检查日期：	年 月 日	检查区域：	
检查人员：	/ 部	检查类型：	交叉检查
检查明细			
检查项目	对照标准	是	否	责任人	整改时限
灭火器状态	是否在有效期内				
	灭火器压力表的外面是否有变形、损伤等缺陷				
	压力表的指针是否指在绿区（绿区为设计工作压力值）				
	灭火器喷嘴是否有变形、开裂、损伤等缺陷				
	厨房灭火器必须装箱或挂墙处理				
灭火器使用	步骤1：右手握住压把手，左手轻托灭火器底部取下				
	步骤2：拔掉铅封及消防栓，左手握住喷管，右手提住压把				
	步骤3：在距离火焰2米的地方，右手压住压把，左手握住喷头左右摆动，使干粉覆盖整个燃烧区域				

续表

检查日期：	年　月　日	检查区域：	
检查人员：	／　部	检查类型：	交叉检查
检查明细			

检查项目	对照标准	是	否	责任人	整改时限
消防通道	员工是否清楚餐厅消防通道的位置				
	餐厅消防通道是否保持通畅，不能堆放任何物品				
	餐厅消防门要保持通畅、关闭状态，不能上锁（餐厅消防门始终处于只能从里面打开从外面无法开启）				
	餐厅是否制作"紧急疏散路线图"并张贴（餐房、员工休息室等区域明显处）				
	餐厅安全指示灯是否正常使用（当餐厅发生停电及关闭电源状态时均保持明亮）				
餐厅环境	如果外围正在进行装修或工程时，要确保其安全性（如天花板有无坠落物、有无易燃物品等摆放在我们餐厅附近）				
	外围招牌的状况是否正常（有无短路或火花闪烁状况）				
	厨房所有设备都运行正常，无异常状况，且维护良好				
	餐厅电线没有裸露在外面的现象，电线远离热源、火源				
	办公室的配电箱有明显警告提示（有电，危险！）；禁止用湿毛巾擦拭配电箱				

办公室六常检查表

检查日期：	年　月　日	检查区域：	
检查人员：	／　部	检查类型：	交叉检查
检查明细			

检查项目	对照标准	是	否	责任人	整改时限
办公桌、椅、台柜	办公桌无私人物品				
	办公桌、台柜文件、资料用具摆放整齐				
	笔筒、茶杯放置整齐				
	放置物品有标识且与存放的内容一致				
	下班时，桌面清理整齐干净，椅子归位				

"碧水湾现象"解密

续表

检查日期：	年　月　日	检查区域：		
检查人员：	/　部	检查类型：	交叉检查	
检查明细					

检查项目	对照标准	是	否	责任人	整改时限
地面、墙壁、窗台	地面、角落清扫干净，无积尘、纸屑				
	垃圾桶定置安放				
	墙壁玻璃窗、窗帘、窗台干净无尘				
	悬挂物品整齐、端正				
文件	分类存放、标识清楚				
	不要的旧文件、资料应及时处理				
	能随时取出必要的文件				
	文件夹有标示且与放置内容一致				
电脑等设备	电脑、电扇、开关盒等无异常、积尘				
	电线、线槽紧固，电闸有线路标示				
	电线摆放整齐、无乱接线现象				
	办公设备上无堆放物品				
	电话机按规定摆放整齐，标识本机号码				
标识	标签、标识牌与被标示物品、区域一致				
	标识清楚完整、无破损				
	公告栏板内容粘贴整齐、牢固				
文化栏	看板无破损、脏污或内容过期				
	看板资料填写完整、整齐				
	有明确管理责任人				
物品摆放	私人物品按规定存放整齐				
	屋角、楼梯间等无杂物				

5. 检查管理量化考核

对于管理者检查发现的问题进行量化，防止敷衍了事。

碧水湾从领班到主管到经理，各个层面发现问题是有指标的，每个月如果发现有效问题少于14项就是不达标，而且每一项问题都要注明什么时间发现，解决了什么问题，要由上级评判这些问题是否有效。14条都有效，就可以拿到全额奖金，否则就要扣。这样几十个基层管理者一个月下来就可以发现很多问题，这些问题就会按照"四不放过"和"快速反馈"原则进行处理。

6. 对检查者进行检查
不仅要检查一线员工的工作，度假村还要对检查者进行检查，看他是否履行了职责。

7. 直接上级和隔级上级责任连带
碧水湾的上级连带处罚，是一个关键点。对检查工作和检查的结果，其直接上级和隔级上级要负连带责任。

8. 全方位：每事必查
侧重企业横向点、线、面的全面检查。个人、岗位、部门、跨部门等是全方位检查的重点。

9. 全过程：每日必查、每周必查、每月必查
碧水湾有一套完善的检查制度，检查制度里有各种检查要求，每日必查、每周必查、每月必查。每个管理人员都有自己的检查周期和范围要求，这些检查结果都是要纳入考核的。

10. 放大细节
碧水湾管理人员检查，态度认真，敢于暴露问题。

要做好检查工作，最重要的是态度。认真负责的态度来自对检查必要性、重要性的认识。认识深刻、敢于和自己较真，就能放大细节，看到问题。所以，把细节放大是发现问题的关键，而关键的关键是要有敢于暴露问题的勇气。克服心里差距，去掉私心杂念，丢掉好人主义，才能产生负责任的有效的检查。

11. 防范导向
碧水湾的质检体系设计是防范导向的，不是事后的检查与补救，而是对整个产品与服务设计、生产提供全过程的质量控制与监督。相比于"亡羊补牢"的事后补救，碧水湾的质检体系更侧重于"防患于未然"的质量管理与监控体系设计与实施。

（四）碧水湾检查工作的目的
1. 公平公正考核员工绩效
检查与考核是企业管理中的一对孪生兄弟，没有检查，就无法科学地识别和评估员工工作表现的好坏。只检查不考核，检查就缺乏力度，也就失去检查的意义；只

考核不检查，考核就失去依据。强有力的检查与考核，才是推进企业执行力的锐利武器。

2. 帮助员工成长

检查员工的工作，主要是检查对流程、规范、标准等的执行和落实情况，看下属是否准确迅速、积极主动、卓有成效地完成了布置的各项任务，这是检查工作的主要目的和内容。检查工作不是一件单一的、孤立的事情，它也是搜集信息、考察培养下属、推进工作、提高自身素质的重要渠道。员工在被检查中知道自己的不足、需要努力的方向，潜移默化地自身在态度、能力与知识方面就会获得成长。

3. 强化企业文化与行为模式

企业制度的实施和制度设计一样，是企业制度体系建设的重要内容。碧水湾管理团队深刻认识到将制度只落在纸面的危害。制度得不到落实，存在问题也得不到解决，长此以往，会让制度执行者养成不讲实效、注重表面文章的工作作风。更大的危害是在整个企业形成有令不行、有禁不止的风气，会大大毒化企业文化。而企业文化一旦被毒化，想再净化就非常困难。

4. 提高服务质量

这是碧水湾检查工作的终极目的，即通过检查，发现问题，改进工作，不断促进服务质量的提高，打造碧水湾亲情化服务品牌。

（五）碧水湾检查工作的要求

1. 事先有准备

碧水湾要求管理者在检查前要对所要检查的工作，在总体上有一个清晰了解，以便更有针对性地进行检查。否则，检查过程中，就容易出现不专业、有所不知现象。同时，对检查的重点在哪里、哪个是关键环节、何处是薄弱环节，也要掌握，不然就收效甚微。对于一些规模较大的、复杂的检查项目，事先要有一个较详尽的计划，人力如何配备、时间如何安排、达到什么要求、采取哪些方法步骤，都会事先讨论明确，然后按照要求进行分工，各负其责。

2. 检查有标准

检查工作没有标准会让人感到无所遵循。检查要以既定目标、标准和计划为尺度，衡量工作进展情况及绩效，分析其与原定目标的差距，找出得失成败的原因，拟定纠正的措施。

3. 善于表扬，敢于批评

碧水湾提倡管理者在检查工作时，要对下级的工作做出评价，或表扬或批评，目的是更好地调动下属的积极性，激励员工做好工作。为此，碧水湾强调，首先要坚持原则，敢于讲话；是非要清楚，功过要分明；正确的坚决支持，错误的坚决纠正，好的要表扬，坏的要批评，不能含糊敷衍，模棱两可。

其次，要掌握分寸，不能过头。表扬要实事求是，留有余地；批评要真诚中肯，恰如其分，严而不厉，同时不抹杀员工做出的努力和成绩。只有这样，才能使其口服心服，便于今后改进工作。

4. 防止走马观花

碧水湾总结了一些检查工作的大忌，包括：

- 不从实际出发看问题，而是戴着有色眼镜看问题。
- 先入为主，自以为是，不能全面、客观地看问题。
- 只知其一、不知其二，只见树木、不见森林。
- 走马观花，蜻蜓点水。
- 知其然不知其所以然。

碧水湾要求管理者在检查过程中，不能带框子、抱成见，而要一切尊重客观事实，具体问题具体分析；好话坏话都要听，缺点成绩都要看；要扎扎实实，了解真情况、获取真知识、总结真经验，不要作风飘浮，浅尝辄止，说套话，打官腔，走过场；等等。

（六）全方位、立体式质检网络

酒店质检工作的目的在于保障酒店各项产品、服务的品质，从检查项目、检查手段、检查周期再到问题通报整改等，都须环环相扣，从而切实发挥质检效力。

1. 检查体系

为了确保产品和服务品质，碧水湾建立了完整的检查体系，包括：部门自查、职能部门检查、体验式检查、交叉检查、神秘客人暗访等。

以体验制度为例，明确规定管理者需要多长时间必须去泡一次温泉，多长时间必须住一次客房，那管理者就必须要去体验，要写出问题来，如果没去做，就要扣分，谁都不愿意被扣分，这不只是钱的问题，所以，有了制度就有压力了。管理人员经常要提醒自己赶紧去泡温泉、去住客房，这就是一种约束。还有大检查制度，总经理必须每个季度做一次全面的综合大检查，包括后台。副总每个月一次，经理每周一次。检查过后，就要通过照片来开分析会。这些形成制度后就有人监督了，没做就要扣分，而且在月总结会上还要公布。

2. 检查项目

检查项目涵盖酒店服务、卫生、设施设备、安全、员工纪律、部门管理等诸多方面。

3.检查手段

通过听取录音、查看监控、深度体验、暗访、网评、电话回访、问卷调查等手段发现问题。

4.检查周期

根据不同的检查项目，确定不同的实施周期。具体为日检、周检、月检及季检。

（七）碧水湾专项检查

质检专项检查旨在查找度假村各区域、各部门、各岗位所存在的各种不符合相关标准及要求的问题和现象，以督促相关部门进行整改、完善，从而不断完善、提高度假村的整体标准和水平。

专项检查由行政人事部负责组织，检查人员由行政人事部质检人员、度假村质检组或由行政人事部指定的其他人员组成。检查范围包括度假村范围内所涉及的安全、卫生、服务、工作质量，以及员工的当班状态和仪容仪表等所有方面。

1.检查方法

- 实地检查；
- 观察询问。

2.检查内容

- 一线部门负责人高峰在岗情况检查；
- VIP客人到店前的准备工作的检查（包括查房、查餐厅、温泉接待等），并跟进检查；
- 对度假村相关的制度归口管理的执行情况进行检查；
- 对相关知识员工知晓情况进行考试，如，对新价格调整，直通车时间及价格；
- 应知应会掌握情况检查（前台岗位相关价格的掌握）；
- 夜班员工在岗情况；
- 各部门交接本等各类记录的检查；
- 岗位业务知识检查；
- 营销部接送团情况（重要团队和消费额度比较大的客户）；
- 营销部预订单发送各部门情况及内容完整情况，包括各部门对营销部下的预订单是否掌握相关内容，是否做好准备工作；
- 计划卫生情况检查；
- 客房部宾客遗留物品管理情况的检查；
- 一线部门员工工作量；
- 员工服务操作规范的执行情况；

- 考勤制度执行情况；
- 各部门报表及单据的核对情况；
- VIP客档建立及客人信息的知晓情况；
- 各部门档案管理情况；
- 各部门固定资产账实的检查；
- 餐具的领用、报损情况的检查；
- 对各部门仓库管理情况的检查；
- 节能降耗落实情况的检查；
- 其他。

3. 检查流程

（1）行政人事部依据拟订的年度（或半年）专项检查计划（或按照度假村领导有关临时性的布置要求）具体确定检查的日期、内容。

（2）每次检查时，行政人事部应提前知会相关受检部门。

（3）检查过程中，受检部门应安排专人陪同进行。

（4）检查完毕后，检查人员对检查情况进行汇总、整理，然后及时知会相关部门并呈报度假村领导。

（5）各部门对于检查中发现、指出的问题应予以充分重视，并立即采取相应的处理措施进行处理。

（6）相关部门应及时将处理结果报行政人事部。

4. 检查结果奖惩办法

对于各项检查的结果情况不同，行政人事部将采取提醒、通报、处罚、表扬、奖励等不同的处理措施，具体区分为：

提醒——检查情况总体较好，但在某些方面存在个别问题。

通报——总体检查情况不好，在较多方面存在多个问题。

处罚——总体检查情况很差，存在众多问题（在部门当月的执行力考核中扣除0.5~3分）。

表扬——总体检查情况较好，基本不存在问题。

奖励——检查情况良好，不存在任何问题并有值得表扬（或学习、借鉴）之处（在当月执行力考核中加1~3分）。

5. 职能部门的配合

对于部分涉及专业性比较强、涉及面比较广的方面进行检查时，相关职能部门（如计财部、保安部）应对行政人事部予以积极的支持和配合，不得无故推诿、回避，否则，扣除部门当月执行力考核分1~2分。

6. 检查纪律要求

- 检查过程中，检查人员应注意尽量避免影响检查区域、岗位（特别是一线营业区域）的正常工作和营业秩序。
- 不得有意刁难任何部门或员工。
- 注意自身形象和言行，禁用粗暴、命令和不礼貌用语。
- 公正、客观地对待检查中发现的问题和现象。
- 遵守相关区域的特殊规定和要求。
- 敢于指出问题，不讲私情，不包庇、隐瞒各类问题。
- 对于妨碍专项检查工作顺利开展者，行政人事部将依据相关规定或报请度假村领导给予适当处理。

（八）交叉检查的质检联动体系

交叉检查的质检联动体系是碧水湾质检体系的亮点，也是碧水湾管理模式的一大特点。

质检工作不仅是质检部和质检员的工作，同时也是各部门、每个管理人员的工作。构建交叉检查、部门联动的质检模式，可以解决质检员配置有限、酒店区域大、检查项目多、检查存在盲区等诸多问题。因此，除了酒店例行的日常部门自检任务外，酒店还特别设置了跨部门之间的交叉检查任务，通过交叉检查补足酒店常规质检存在的短板，更大程度地发挥管理人员检查的效力。

1."交叉检查"的特点

碧水湾部门联动的交叉检查具有以下特点。

（1）通过表格式检查来操作，变"主观判断式"检查为"客观对照式"检查，让非专业的人也可以做专业的检查。

（2）统一了检查的标准、降低了跨部门检查的难度。

（3）部门之间交叉检查，但不互检，避免互相"挑刺"、对立。

（4）简单易行（每个检查项目耗时设定在20分钟以内，管理人员利用空闲时间、休息时间即可完成）。

2. 交叉检查的作用

（1）解决部门内部检查"灯下黑"的盲点问题，起到了对部门自查的补台作用。

（2）增进了部门之间的了解和互动。

（3）锻炼了管理人员的沟通能力、协调能力。

3. 交叉检查的实施

（1）质检部负责酒店检查标准的制定、检查表格的设置。

（2）交叉检查任务由质检部下发至部门，后由部门将任务细分至个人。

（3）交叉检查发现的问题由检查人员直接反馈至有关部门，沟通解决，并将检查表交至质检部。

（4）质检部考核部门交叉检查完成率、问题整改率。

（九）碧水湾综合大检查

综合大检查是度假村不断提升对客人服务质量的重要手段之一，旨在通过高标准、经常化的综合大检查，发现问题，寻找不足，及时改进，持续提高度假村整体对客服务水平。

综合大检查通常由质检培训部牵头，其他部门同事配合，对各区域服务、卫生、安全等10项工作，每月开展1~2次全面检查。

综合大检查时，检查小组会携带手机、强光手电、白手套、温度测量器等工具提高工作效能。这些工具的用途如下。

手机：对检查中发现的不符合项，检查人员应立即拍照，用于制作幻灯片。

强光手电：检查柜下等阴暗处及棚顶等处的蛛网、尘土、水迹、污迹。

白手套：检查玻璃杯时要使用手套防止指纹留于杯壁，同时通过戴白手套检查可发现部门的卫生清洁情况。

温度测量器：检查温泉水温、客房及各营业场所温度情况。

1.参检人员及要求

综合大检查分为一般检查和重大检查两种。一般检查由质检员进行；重大检查则由度假村领导、质检员、质检组成员进行。

综合大检查对参检人员的要求如下。

（1）检查过程中，参检人员应注意尽量避免影响检查区域、岗位（特别是一线营业区域）的正常工作和营业秩序。

（2）不得有意刁难任何部门或员工。

（3）注意自身形象和言行，禁用粗暴、命令和不礼貌用语。

（4）公正、客观地对待检查中发现的问题和现象。

（5）遵守相关区域的特殊规定和要求。

（6）对发现的问题应及时指出，不讲私情，不包庇、隐瞒各类问题。

2.检查项目

综合检查的检查范围包括：卫生清洁、设备维护、物品摆放、服务规范、操作标准、业务技能、应知应会、工作纪律、仪容仪表、安全防范、节能降耗等各个方面。

综合大检查检查项目

检查项目	检查内容
安全方面	各部门对安全制度的落实执行情况，安全记录填写情况，员工安全知识掌握情况，安全隐患检查落实跟踪情况。
卫生方面	各工作区域卫生清洁情况，食品卫生情况，设施设备服务用具的清洁情况。
服务方面	员工服务技能、服务知识掌握情况，服务语言的使用情况，服务技巧的运用情况，服务态度的优劣情况。
设备物品方面	使用与保养情况，完好情况，正常运转情况，物品摆放情况。
工作纪律方面	员工遵章守纪情况。
绿化方面	植物花卉的修剪维护情况。
节能降耗方面	各部门节能制度执行情况，员工节能意识。
操作规范方面	员工按操作规范操作情况，工作效率。
文件记录方面	按要求归档情况，检索查找效率，整齐情况。
物资保管方面	按要求建账情况，摆放情况，单据保管情况，收发记录情况。

3. 检查流程

（1）准备阶段

①检查的组织

质检培训部具体负责组织落实综合大检查工作，确定每次检查的日期及集合地点，并提前两天通知各部门。

②分组

重大检查：质检培训部根据参检人员情况提前分组，并准备好相关检查工具及表格。每次检查一般可分为两个组，每组由3~4人组成，设组长1名。

一般检查：质检员2人统一行动或分开检查均可。

（2）检查实施

布置工作任务：每次检查时，参检人员需按指定时间到指定地点集合并签到。集合完毕后，由质检培训部人员宣布具体分组，并布置工作任务。

发放检查工具与表格：由质检培训部将检查工具与表格发放于组长，组长对检查的工具负责，并根据情况将物品发放给组员。

分组检查：布置完毕后，各组组长即带领本组人员按照分工开始检查。检查人员须逐一按表格项目认真检查填写。

（3）总结讨论

组内总结：检查完毕后，小组进行内部总结，归纳出本次检查发现的重点问题。

评议组员：组长根据组员在检查中的表现给予积分奖惩。

最后，交还检查工具、表格。

（4）检查通报

制作幻灯片：质检培训部负责对各检查小组发现的问题及亮点进行汇总、分析，并根据检查情况制作检查幻灯片。

检查情况通报：检查图片统一制作成PPT，在文员群发布。

责任划分：各项问题注明责任部门及整改要求。

明确复查时间：复查时间确定在一周内进行。

（5）复查

部门整改：各部门须在规定的复查之日前将属于本部门的问题整改完毕。

落实复查：质检培训部在规定复查之日内对各部门出现的问题进行复查。

检查结果项目划分：质检培训部根据检查及复查结果，明确划分各部门问题的类别。具体问题类别划分为以下几种。

- 已整改项：指对检查中指出的需整改项采取了相应的措施、方法，从而改正、改进、完善问题，使问题得以解决的项目。
- 待整改项：指部门需整改项因其非本部原因无法在要求时间内完成整改的项目。
- 未整改项：指所属部门因自身原因未按计划要求整改的项目，以及部门所属须其他部门配合才能完成的需整改项（如制作、工程等方面的问题），未在复查前下单到维修制作部门，而造成需整改项延误改进的项目。
- 重复出现项：指检查中发现的需整改项已在以往的该部门该岗位综合大检查中出现的相同或类似项目。

复查跟踪：对工程、制作和采供等须其他部门配合完成的需整改项，由质检培训部与负责部门沟通，确定完成期限，并跟踪落实。

（6）检查考核

编写报告：综合检查完成后质检培训部应出具《质检简报》。

考核执行：质检培训部根据检查及复查所发现的未整改项、重复出现项的次数，对所属部门进行绩效扣分，并将扣分结果在月度部门执行力考核中体现。

4.被检部门绩效考核

（1）处罚

处罚类型：直接处罚项、重复出现项、未整改项。

处罚等级：A、B、C、D，分别对应2绩效分、1.5绩效分、1绩效分、0.5绩效分。

处罚责任主体：主管级以上管理人员。

质检培训部有权对屡次发现或例会多次强调而未杜绝的问题进行加倍处罚。

（2）奖励

对于检查过程中发现的亮点，检查人员应如实记录，在通报PPT及《质检简报》中给予提及，并给予当事人0.5~2绩效分的奖励。

附：碧水湾质检体系持续运行的保障机制

任何体系的长久运行和可持续发展均需科学的机制作为保障，任务、激励、考核在质检体系发挥效力过程中也发挥了重要作用。

（一）明确检查任务

除了交叉检查任务外，各级管理人员根据其职责和要求，也承担着对应的检查任务。

1.度假村领导的检查任务

总经理：每季度应对各区域进行一次综合检查。

班子其他领导：每月根据分管工作和职能对各区域进行一次综合检查。

2.中层干部的检查任务

各部门中层干部每周须自行对本部门所属区域进行一次全面的综合检查，并需要使用统一的检查记录表将发现的问题做好登记，周二18:00前将上周检查记录表交行政人事部质检处核查。

3.职能部门的检查任务

行政人事部：每月须对度假村进行一次综合检查，并开展不少于四次的专项检查。

安保部：每月须对度假村进行一次全面的安全检查，并需将发现的问题以书面形式报行政人事部（质检）。

工程部：每季度须对度假村设施设备的使用和维护保养情况进行一次检查，并需将发现的问题以书面形式报行政人事部（质检）。

计财部：每月须对各部门二级仓库进行一次检查，每季度须对度假村固定资产进行一次核查盘点，并需将发现的问题以书面形式报行政人事部（质检）。

4.体验式检查任务

度假村领导：每季度须入住主楼客房或温泉所属客房一次，进行体验检查；分管一线的副总经理每月须入住主楼或温泉所属客房一次，进行体验检查。在每年3—11月期间，每月须至少浸泡一次温泉，进行体验检查。

中层干部：如值班当天，主楼客房入住在180间以内，则当晚须入住一间客房进行体验检查，并需将入住感受及发现的问题记录于值班记录本中；值班的次日早上，须到荔香园餐厅用自助餐，将发现的问题现场知会餐饮管理人员并记录于值班记录本中。在每年3—11月期间，每月须至少浸泡一次温泉，进行体验，并需将发现的问题通过OA系统发给温泉康乐部负责人，以便进行整改。

（二）明确考核体系

1.积分考核

积分制管理通过将员工的工作表现量化为具体的分值，建立积分加减标准，管理人员视员工实际工作表现，对照标准，执行积分加减，员工所获积分在小组内排名，排名结果应用于奖金分配、薪酬调整、职务晋升、福利发放等诸多事项（见第六篇第三章《积分制管理》）。

积分制管理在质检网络体系中的应用，具体体现如下。

（1）考核个人

- 检查效率考核：未按时完成检查任务给予积分扣分。
- 检查质量考核：检查发现有效问题条数超出指标给予积分奖励，不足给予积分扣分。

（2）考核部门

- 部门检查任务完成率考核：超出指标给予部门经理积分奖励，低于给予积分扣分。
- 部门问题整改效率、质量考核：按时、按要求落实整改给予积分奖励，敷衍应付给予积分扣分。

2.执行力考核

依据《碧水湾执行力考核管理办法》，考核部门在检查工作上的配合、统筹、落实情况。

（1）考核检查工作执行情况

对于未按要求完成规定检查任务者，给予扣1绩效分/次处罚，经提醒后第二次仍未落实者，加倍处罚，最高可处罚10绩效分/次。

（2）考核对于其他部门同事交叉检查的配合情况

- 每次交叉检查任务完成后，检查者会对被检部门的配合情况进行评价（问卷形式），月度综合评分在3分以下的部门，主管级及以上管理人员执行力扣2分。
- 与检查者产生直接冲突者，按照严重违纪参照《度假村处罚条例》进行处分。

（3）考核部门对整体检查工作的统筹、落实情况

- 部门检查标准应及时更新或向质检部提出修订意见。
- 检查任务分配、实施周期应合理规划，既满足检查督导需要，又不要对正常经营、管理工作产生干扰。

（三）质检结果处理、分析与运用

为了确保质检工作落到实处，使质检工作卓有成效，碧水湾十分重视对质检结果的分析和运用，努力使质检结果与度假村人力资源管理挂钩，实现了质检工作与人力资源管理的紧密结合。

1.发现问题的处理

度假村领导检查发现的问题及中层干部体验式检查发现的问题，由行政人事部跟进处理并监督整改。

各职能部门检查发现的问题，由各职能部门提出初步处理意见，报行政人事部进行处理，问题的整改仍由各职能部门自行跟进。

对于上述检查发现问题中的直接处罚项、重复出现项、未整改项，根据问题严重程度给予责任人0.5～2分/项的绩效分扣罚。

（1）问题通报

通报内容：包括问题描述、责任人、整改时限。

通报对象：部门检查发现问题的通报对象为部门全员；职能部门检查、交叉检查、暗访发现问题通报对象为责任部门或全员。

（2）问题整改

通报的问题需在截止日前反馈，逐条备注"已整改""整改中""未整改"。

2.质检结果分析

通过对质检结果进行统计、汇总、分析，形成各式报表，反映某一类问题出现的频次、某区域出现问题的数量等，进而分析得出"高频问题""需重点关注区域"等结论。进一步分析找出问题的症结所在，比如哪些是由于员工业务不熟产生的问题，哪些属于服务意识问题，哪些是工作态度问题，以便采取下一步管理措施。

3.质检结果运用

（1）质检结果与培训相结合

质检除了通过发现问题起到督导、保障的作用外，还可以为培训的精准实施提供参考。质检中发现的问题以及对这些问题的分析结果，将反馈给部门或培训部，当事部门以及培训部将据此开展针对性的强化培训。

（2）质检结果与考核晋升相结合

碧水湾还将质检情况与管理人员的考核晋升相结合。检查的水平能够反映出管理者的岗位胜任力，可以成为对管理者责任心和管理素质评价的重要依据之一。

六、员工关爱机制

酒店的核心产品是服务，服务的无形性、异质性、生产和消费同时性、不可储存性决定了服务的运营和管理均存在较大的难度。服务由一个个最小单位的员工产生，员工的综合素质、业务技能、形象气质、工作情绪均是影响服务质量好坏的关键因素，而"工作情绪"与员工满意度密切相关，员工满意度建设的落脚点则在于关爱员工各项举措的落实。

员工关爱举措与顾客满意度的逻辑关系是：

员工关爱举措 ➡ 员工满意度 ➡ 员工工作情绪 ➡ 顾客满意度

（一）关爱员工的基本理念

既要关心员工工作，也要关心员工生活，还要关注员工心理，帮助员工成长。

（二）员工关爱措施

1. 关心员工生活

（1）食宿保障

碧水湾提供一日三餐工作餐，自助形式，菜式兼具南北风味，注重营养搭配。住宿条件舒适，提供24小时冲淋热水、24小时WIFI、高清电视、冷暖空调，平均每间入住3.2人。不断提升员工食宿条件，是碧水湾每年都要关注的重点工作。

（2）常态化福利

包括生日福利、每月泡温泉、结婚生子庆贺礼等。

（3）困难帮扶

凡度假村员工生病住院或因工受伤，所在部门必须马上通知行政人事部及分管领导，并由行政人事部牵头组织前往探望，让病痛中的员工可以感受到度假村关怀。工伤保险报销一应事宜，也由人事部门协助落实，保障员工权益。

（4）节日慰问

端午、中秋、春节，度假村面向员工发放节日礼品，并组织领导到一线现场慰问员工。

（5）组织文体活动

文体活动一方面能强健员工体魄、寓教于乐，另一方面可以增进员工情谊、增强团队凝聚力。碧水湾每年组织大小活动10余个，如员工趣味运动会、朗读者比赛、读书分享会、养生知识竞赛、K歌大赛、服务技能大比拼等。

2. "七必沟通、六必表扬"：关注员工心理

员工跟顾客一样，也有被重视、被尊重、被关怀的需求。所以碧水湾强调管理要从尊重和沟通开始，沟通的目的是化解员工的负面情绪，表扬的目的是认可员工的良好表现，激励员工。为此，碧水湾提出"七必沟通、六必表扬"，即：员工受到委屈、遇到困难、心情不悦、工作退步、违纪受处罚、薪酬变动、内部产生矛盾时，管理人员要与员工沟通；而当员工工作取得进步、受到顾客表扬、受到领导表扬、争得荣誉、提出合理化建议、加班加点工作时，要对员工进行及时表扬。

3. 建设商学院在线学习平台：帮助员工成长

从需求层次论上讲，每个人都有实现个人自我价值的需要，而这一切的前提是业务技能必须扎实，且能不断更新提升，每一位员工心中都埋藏着对成功渴望的种子，企业有义务也有责任帮助有上进心的员工提升和发展。因此，碧水湾在2021年正式推出商学院在线学习平台，为员工提供丰富专业的课程。员工可以通过手机，随时、随地观看自己需要的内容，解决工作上的疑惑，接触自己未知领域的知识，增长见识，拓宽视野。

除此而外，碧水湾还通过开展各项活动、竞赛，为员工创造自我价值实现的舞台，满足员工不断成长的需要。

七、沟通管理机制

碧水湾的沟通管理机制主要表现在两个方面：一是针对员工的人力资源管理方面；二是针对顾客服务的沟通。

（一）针对顾客服务信息的沟通机制

为了确保顾客服务信息能够得到及时的传递与利用，碧水湾制定了顾客信息传递的三点要求，即顾客信息传递三原则。

1. 发现顾客的个性化信息要传递

指自己不能满足或只能部分满足，但是其他部门可以满足的个性化需求。如：

- 前台办理入住时发现客人生日，传递给餐厅及客房。
- 前台办理入住时发现客人结婚纪念日，传递给餐厅及客房。
- 销售员发现团队里有残障人士，传递给前厅及客房。

2. 顾客的开口需求不能满足要传递

指自己不能满足，但自己又无权对客说"不"的诉求。如：

- 顾客向餐厅同事提出要点菜单之外的菜品，楼面同事将信息传递给厨部主管或总厨。
- 顾客向房务中心同事提出要看国外体育频道，房务中心同事将信息传递给IT部主管或经理。

3.顾客的投诉不能解决要传递

指在"不让顾客带着不满离开"的原则指导下，员工对于自己处理不了的投诉要传递给上级或相关部门。例如：顾客向客房同事投诉空调不制冷问题要求全额退款，客房同事无法与客人达成共识，于是反馈给客房部经理介入。

对于以上信息的传递，碧水湾要求做到以下几点。

时效性：要第一时间传递，能及时不拖延原则。

准确性：关键信息表达清楚，不使下一道工序产生歧义，能用文字表达的不用口头形式。

碧水湾一线员工主要岗位都配备有对讲机，随时捕捉、传递客人服务信息。正常情况下，信息可通过微信文字传递，紧急情况下，要通过对讲机或电话传递。

（二）针对人力资源管理的员工沟通机制

"兼听则明，偏信则暗。"广泛了解员工心声，认真听取员工意见，有利于管理者全面发现经营管理中的各种问题，并及时做出调整。

1.沟通的方式或渠道

（1）总经理邮箱

员工入职后即可获知总经理电子邮箱，无论是工作上还是生活中遇到的各种问题亦或是对部门工作、企业发展上的任何意见和建议都可以通过发送电子邮件的方式与总经理直接沟通。

（2）员工座谈会

实习生入职满一个月开展"实习生满月活动"，其间设置座谈环节，由度假村领导主持了解员工意见。

每年12月，总经理主持三场员工代表座谈会，分别为领班主管一场、老员工一场、实习生一场。

座谈会意见均安排行政人事部同事现场记录。

（3）离职面谈

- 基层员工提交离职申请当天，部门经理与其面谈，其后一周内人事部经理约其面谈。
- 领班、主管提出离职，除部门经理面谈外，分管副总也会安排面谈。

- 经理、总监离职由总经理亲自面谈。

（4）27个维度的员工满意度调查

通过问卷形式向全员发放，员工按部门区分，匿名填写，全面了解员工对企业、对部门、对同事关系氛围的意见。

2.员工意见的跟进处理

（1）整理核实

由行政人事部负责整理，将问题梳理清楚，而后向各部门经理或其他相关人员二次核实，将问题摸清、弄透，实事求是。

（2）专题研究对策

核实清楚的问题，行政人事部先发对应部门拟初步处理意见，而后报度假村领导进行专题研究，制定对策，再由行政人事部下发各部门执行。

（3）结果告知

员工提出的问题，无论是否解决，都要回复当事人，不合理或者一时无法解决的，应当向员工说明理由。

八、学习培训机制

企业发展离不开源源不断的人才支撑，人才培育在碧水湾被提升到企业战略的高度，成为全体管理者的一致共识，是一项需要长期关注、不断迭代升级的重要工作。

（一）培训体系的打造

体系化运作才能形成完美闭环，发挥培训效果，减少过程偏差，实现企业培训实施的目的。培训体系包括：培训制度、培训课程、培训讲师。

1.培训制度

围绕"4w"（when；who；what；where）原则制定，即明确培训时间、培训对象、培训内容/形式、培训地点。

（1）培训时间

- 新员工入职一周内要开展培训，条件允许要通过线下集中培训形式，条件不允许则通过线上形式。
- 员工职务晋升后，开展相应管理胜任力培训。
- 某些工作员工差错率较高的，要开展针对性、阶段性强化培训。
- 每月部门要开展文化学习、服务技能训练等常态化培训。
- 每年公司要组织拓展或外出考察类培训。

（2）培训对象

- 从入职时间上分为新员工、老员工。
- 从业务技能娴熟度上分为普通员工、资深员工。
- 依据职务、部门性质进行划分。

（3）培训内容

企业文化培训：碧水湾强调文化先行以及持续不断的文化渗透，引导员工有一个良好的养成。文化培训有文化解读，正反案例学习，用心做事大学堂，《夜来读书声》《榜样力量》栏目等形式。

技能类培训：包括服务技能、专业领域技能等培训，有现场讲解演练、服务技能大赛等形式。

餐饮部员工用米画展示参加宴会的客人所在单位的LOGO，让客人十分惊喜

管理胜任力类培训：包括沟通技巧、领导力、处置应变力、组织协调能力、TTT培训能力等培训课程，主要通过讲师讲授、观看视频课程、阅读书籍的形式。

（4）培训形式

碧水湾的培训形式多种多样，最具代表性的是每日案例学习和碧水湾用心做事大学堂。

度假村全员固定每周学习度假村级"三正三反"案例及部门级"三正三反"案例，利用中高层例会、每日班前班后会，自上至下全员学习，以正面案例为榜样，以反面案例为鞭策，结合企业文化及自身工作，深入浅出，让学习成为每天的生活方式。

在碧水湾，学习已成为一种生活方式，员工愿意不断提升自己。每个部门的员工每天班前学习四个案例（包含部门级"一正一反"案例；度假村级"一正一反"案例），每周要学习部门级"三正三反"案例和度假村级"三正三反"案例，让员工知道好的是什么、不好的是什么。学习案例都是酒店上一周实际发生的。

2. 培训讲师

（1）讲师梯队

培训经理为度假村培训工作的统筹者、管理者，除了承担一部分公共培训任务外，还负责监督各部门培训计划的落实。

第一梯队讲师：部门经理、总监为部门第一梯队讲师，负责部门文化培训、案例培训，是企业文化的传播者，部门文化的铸造师。

"碧水湾现象"解密

碧水湾温泉康乐部每日班前会培训

第二梯队讲师：部门领班主管为部门第二梯队讲师，负责制度流程讲解、工作操作技能传授。

第三梯队讲师：经考核选定的"师傅"为部门第三梯队讲师，负责在工作中手把手教授员工业务技能，纠正员工错误，是培训新员工的中坚力量。

专项技能讲师：例如米画老师、亲情服务策划师等，该梯队由一部分具有特殊技能的员工组成，在培训部的组织下负责讲授其所擅长领域的课程。

（2）讲师津贴及奖励

部分讲师享有津贴及积分奖励，例如"师傅"在其徒弟通过出徒考核后可以享受100元的师傅津贴以及100积分奖励。亲情服务策划师根据其等级，每月享受不等的津贴及积分。

有绘画才能的餐饮部员工为参加"碧水湾现象"研讨会的代表们展示米画技能

（二）培训效果保障机制

1. 反复练习，将所学内容变成一种习惯

学习是一个长期的过程，而将学习到的知识应用到实际的过程更为漫长。企业培训的目的是让员工将学到的知识应用到工作中，并为企业带来价值。碧水湾在员工结束培训课程后，会以不同形式对所学内容进行训练，如通过对客服务实战等方式长期、分阶段进行，使员工对所学知识不断巩固，最终让员工养成一种习惯。

2. 保持人力资源部门与受训部门之间的有效沟通

很多企业认为培训效果评估是人力资源部门的事情，实际上并非如此。受训部门同样是评估过程中重要的一环，正是很多企业忽略了受训部门在培训效果评估中的作用，才使得培训效果评估无法落实。培训结束后，碧水湾受训部门主管承担着对受训员工培训效果监督的工作，并将之反馈到行政人事部；行政人事部同时也与受训部门各级人员保持有效沟通，随时了解其想法和期望。

3.做好培训效果评估

做好培训效果评估，并将培训效果评估与绩效考核相结合，也是培训激励机制的重要组成部分。

为了科学有效地评估培训效果，碧水湾会在四个层面进行评价。

- 员工反馈：参与培训人员对此次培训做出评价。
- 考试：通过各种途径考核员工对培训内容的掌握情况。
- 员工行为评估：员工参加培训后行为表现是否有明显改善与提升。
- 衡量度假村绩效变化。

为了做好培训效果的评估工作，还要针对不同部门选择不同评估模式，如：针对行政部门的目标评估；针对销售人员的绩效评估和收益评估；针对客服部门的测试比较评估；等等。

4.培训考核与激励

（1）培训的考核

培训期结束一周内由培训负责人组织考核，考核分书面考核和应用考核两部分。

脱岗培训以书面考核为主，在岗培训以应用考核为主。书面考核考题由度假村及员工所在部门提供并印刷，应用考核则由部门通过实操考核、观察测试等手段考查受训员工在实际工作中对培训知识和技能的应用及业绩行为的改善情况。

考核试卷及成绩单由培训部门负责保管并存档（成绩单须做电脑存档），保管期限为一年。同时，在考核结束后一周内将考评成绩及试卷在质检培训部备案。

（2）培训的奖惩

入职培训是培训的基础，也是确保度假村服务品质的重要环节。针对入职培训，碧水湾特别制定了以下奖惩措施。

①奖励

- 质检培训部每月对各部门入职培训开展情况进行检查，并以月度培训分析报告的形式上报度假村领导，同时对表现突出的部门进行奖励。
- 对在度假村入职培训考核中表现突出（成绩在95分以上）的员工，将在本人当月绩效考核中加2分，并通报部门。
- 在部门入职培训考核中表现突出的员工，由所在部门对其进行奖励。

②处罚

度假村入职培训：

- 对于未按要求履行相关手续而不参加入职培训的员工，扣当月绩效分5分，如因部门责任造成员工未参加培训，部门相应管理者也应承担责任。
- 对于缺席1/4课时（含）以上者，须重新进行该堂课培训，方可参加考试。

● 对于考核成绩不合格（60分为合格）者，将延期转正，第二次补考不合格者扣当月绩效分10分，第三次补考不合格者作劝退处理。

部门入职培训：

● 对未按要求开展员工入职培训的部门，将在部门当月执行力考核中扣1分/人。

● 对部门考核成绩不合格者将延期转正。

5. 部门培训考核评分制度

为了确保培训工作的落实，同时确保培训效果，度假村特别制定了部门培训考核评分制度。

附：部门培训考核评分制度

部门培训考核评分制度

碧水湾温泉度假村		部门：行政人事部	
名称：部门培训考核评分制度		版本：A/1	
编号：		共1页	
考核项目	总分值	考核细则	扣分标准
培训实施（55分）	5分	部门无月度培训计划（以月末部门将下月培训计划送达到人力资源部为准）。	5分/月
	10分	部门组织培训未达规定次数： 对客服务部门（前厅部、餐饮部、客房部、温泉部、康乐部、计财部、保安部、营销部）每月四次； 非对客服务部门（人力资源部、工程部、总办、采供、质检部）每月两次。	5分/月
	15分	《部门培训日记》未按项目填写。	按规定分数/次/项
	15分	培训无讲义（以报人力资源部备案为准）	5分/次
	10分	部门技能培训未达到规定次数，对客服务部门（同上）每月两次 非对客部门（同上）每月一次。	2分/次
培训效果（45分）	20分	培训员工技能无考核（每季度至少一次），无成绩单（报人力资源部备案为准）。 培训员工技能无考核（每季度至少一次），无试题或试卷（报人力资源部备案为准）。	5分/次
	10分	在抽查时员工不能回答所提问题者。	2分/次/人
		在抽查时员工只能少部分回答所提问题者。	1分/次/人
	10分	在度假村对部门培训内容进行的考核中未及格者。	3分
	5分	部门培训员工无记录者。	2分

（三）碧水湾线上培训体系

传统培训方式存在四大痛点：

- 新员工入职培训不能及时开展。
- 线下集中培训单次时间过长，员工有抵触情绪。
- 学习内容、考核成绩难记录，学习成绩难运用。
- 因材施教、因人而异难操作。

碧水湾2022年与国内知名教育品牌"先之教育"强强联手推出"碧水湾商学院在线学习平台"，该系统具备四大优势：

- 一人一账号，登录手机APP入职当天即可学习。
- 可以利用碎片化时间随时随地学习。
- 学习过程记录学习时长、考核成绩、学分。
- 培训部可以针对不同的人群推送不同的课程内容，精细化培训成为现实。

该系统投入近半年，碧水湾实施综合得分就在1000多家使用该软件的同行中脱颖而出，位居榜首。目前已进入第二阶段，正在着手打造碧水湾自己的精品系列课程，随着课程体系的逐步完善，碧水湾在打造百年品牌道路上将增加又一强有力的机制支撑，同时对行业数字化培训转型升级也将起到很好的示范作用。

第六篇 创新发展

"碧水湾现象"解密

积分制管理是碧水湾创新发展的重大举措，使碧水湾管理如虎添翼

在碧水湾，"持续改进"是其经营理念。"持续改进"实质上就是其创新发展战略，就是不断创新，不断完善，追求完美的过程。

碧水湾对于创新给予高度定位和高度重视。碧水湾一个响亮的口号是：比昨天更好，比期望更高！

超越顾客期望非常重要，也是碧水湾人一直追求的目标。碧水湾要求干部和员工"每天都要有一点点进步，每天都要追求超出顾客期望"，这样一点点累积起来，慢慢就会有一个大的进步。

碧水湾提出的6条创新路径是：

- 学习创新；
- 打破陈规；
- 逆向思维；
- 差异化战略；
- 洞悉事物发展趋势；
- 关注人性化的需求。

碧水湾的创新体现在其产品、服务、管理，以及理念、方法等方方面面，特别是其积分制的研发和应用，是其基于人性和需求理论的对管理的最大的创新，是其人力资源管理的成功实践，也是对管理学理论和实践的重大贡献。

第一章　碧水湾的创新战略

创新，是碧水湾一直坚持的经营管理思想，也是碧水湾管理模式的重要特点之一。碧水湾人从未停止创新的脚步，创新是企业发展的动力，是碧水湾的竞争优势，是其长期立于不败之地，在服务方面从未被超越的秘诀。在创新中寻求突破、进步和发展，是碧水湾现在和未来长期努力的方向。

碧水湾的创新战略主要体现在服务创新、产品创新和管理创新三个方面。

碧水湾通过各种方式鼓励员工创新，包括产品创新、服务创新和管理创新

一、碧水湾的创新理念与创新目标

2015年，是碧水湾发展的一个关键节点，这一年，碧水湾提出了传承与创新并举的发展观。传承的是文化，但在产品、服务、管理方面不能故步自封，必须不断创新突破。

（一）碧水湾的创新理念

1. 创新是企业发展的动力源泉

企业发展必须依靠创新，创新是推动企业发展的动力源泉。

2. 创新是竞争的需要

市场竞争越来越激烈，企业经营就如逆水行舟，不进则退，不创新就会被激烈的市场竞争所淘汰。只有不断创新，才能生存。碧水湾的服务也会经常被同行模仿，但从未被超越，原因在于碧水湾不断创新的经营理念。

3. 好的创意源于勤于思考和平时的积累

碧水湾人认为，不应是为了创新而创新，创新要不忘初心，要围绕提升顾客体验

"碧水湾现象"解密

感,提升管理效能来进行。而好创意的背后是勤于思考和平时的积累。只有平时积累,才会有厚积薄发的创意。积累不一定立刻见效,但一定是灵感的源泉。

案 例

宝宝宴参观房的服务创意

2019年11月14日,餐饮部接到某培训班的接待通知,因以前主题包房参观均以寿宴为主题,易经理为让前来参观的同行能有不一样的体验和收获,建议将寿宴的主题改为宝宝宴,得到贾总监的支持后便展开了亮点设计。

优秀服务案例学习

易经理与丁燕婷从网上查询宝宝宴所需物品,经过筛选最终采用现时小朋友最为喜爱的小猪佩奇图案的桌布套装并以蓝为主色调进行策划设计。易经理与丁燕婷还考虑到单以台布和椅套来突出主题太过单调,决定对背景墙也进行相应的装饰,并让陆婷对整个包房用气球加以布置。丁燕婷考虑到台布、椅套及口布已经使用了小猪佩奇图案,便想要布置一些更为别致的米画,所以又在桌面画了一个小天使与云朵图案。

易经理对整个包房布置采用了蓝、白、红三种颜色,也对电视的屏保做了特别设计,并写上"周岁快乐、茁壮成长"的祝福语,同时窗纱上的"宝宝1周岁生日快乐,健康快乐每一天"的字样也使用了蓝色彩旗的形状来展示。因以宝宝宴为主题的包房一定要有宝宝的照片,所以易经理便提供了自家宝宝的成长照片,由丁燕婷从网上购买折叠相册并对相册进行绘画设计、照片张贴和上册。易经理还考虑到宝宝的周岁加上民间的习俗会更好,特意从网上购买了一套宝宝抓周用的物品,配以大红台布来摆放,旁边再配上小宝宝的照片以及生日帽,更加衬托宝宝宴的主题。

另外在蛋糕车上还摆放了制作好的折叠相册与红色蛋糕图案米画,易经理还提前与西点房师傅沟通,安排其帮忙制作了一个小猪佩奇主题蛋糕,并在蛋糕上用梦幻气球、彩灯及小天使翅膀做了装饰,显得整个蛋糕非常别致,同行们参观时都以为蛋糕只是模具摆设,没想到是真的,很惊讶。

此次主题包房的设计布置吸引了较多同行的拍照留念,并给予了较高的评价,同时也得到了度假村领导的表扬。

(二)碧水湾的创新目标

碧水湾首先明确了为什么要创新。经过讨论,碧水湾管理层认为,创新是为了"对内提高效能,对外提升客人体验感"。

这既是创新的原因,也是创新的目标。

具体来说,产品和服务创新必须以提升顾客满意度和体验感为目的,这与度假村的发展战略相一致。管理创新最终要落实到是否提高了效率和减少了损耗,是否提高了服务质量。

碧水湾近年来的创新始终围绕这个目标推进,产品和服务创新在市场上得到了非常好的反响,最直接的反应就是从2010年12月开始至今,在携程网顾客服务评价一直保持在4.9分(美团为5.0分),并且在最近几年的市场竞争可以用惨烈形容的情况下,依然保持了良好的经营业绩。

二、碧水湾服务创新

服务创新就是针对服务活动进行的创新,包括服务理念、服务内容、服务方式、服务流程、技术手段等。

企业不能仅靠削减成本增加利润,服务创新能够带来企业与顾客关系的改善,从而为企业赢得竞争优势,实现企业发展目标。

碧水湾以服务取胜,碧水湾的服务震撼、感动了无数客人和业内外专家学

碧水湾欢迎VIP的电视画面:用董事长与VIP的头像做成卡通人物表达隆重欢迎之情

者,但碧水湾的服务还在不断精进前行,这得益于其不断创新的理念。碧水湾的创新文化激发了碧水湾员工的服务创新意识和潜能,使得碧水湾各种服务创新层出不穷。

碧水湾不惧怕别人模仿,碧水湾坚信:只要有创新的文化土壤,就会一直引导潮流,走在行业前列。

(一)碧水湾服务创新的类型

碧水湾的服务创新包括以下几个方面。

1. 服务理念创新

碧水湾服务理念的创新是其重大服务创新，集中体现在视顾客为亲人，为客人提供温馨、周到、体贴、关怀的亲情服务，打破了传统的将客人视为"上帝"（或"皇帝"）的服务理念。

2. 服务延伸

服务延伸就是在标准服务的基础上，根据顾客的需要提供标准以外的服务项目，将服务做长、做深、做宽。

以宴会服务为例，碧水湾有专门的宴会设计流程，会根据顾客需求设计主题宴会，包括场景的设计、餐台的设计、菜品的搭配、服务的流程等。

3. 服务改善与风格转变

服务改善与风格转变涉及服务的持续改进，侧重在原有服务产品基础上，服务品质与顾客体验的提升。

顾客的期望与需求会随着时间、地点及场景的改变而演进，不同的顾客有不同的需求，同一位顾客在不同场景下，也会有不同需求，持续改进已成为碧水湾人的共识。

近年来，碧水湾更加注重服务设计，从产品打造之初就开始考虑顾客需求和感受，让产品更具人性化，同时从每一个活动细节处着眼，提升活动的仪式感、知识性和趣味性；既追求让顾客惊喜感动的服务，更追求让客人开心快乐地体验。

80后、90后逐渐成为消费主体后，追求快乐新奇有趣的体验成为主流。所以，碧水湾在为顾客提供个性化服务时，不仅让顾客感到朴实和用心，更让顾客感受到用心用情之余，还有品位、趣味、智慧。

追求快乐新奇有趣的体验：碧水湾的卫生间里放置着员工用毛巾编织的玩偶，让人忍俊不禁，客人纷纷用手机拍下来发到微信朋友圈与朋友分享

（二）碧水湾服务创新的切入点

服务创新可以有产生全新功能的服务创新，也可以针对同一功能提出不同的实现方式的服务创新。

1. 研究顾客期望

对顾客期望的理解是碧水湾服务创新的出发点和落脚点。服务创新的实现，不一定非要改变服务项目本身，关注顾客期望变化并予以满足，往往可以收获意想不到的效果。对顾客期望服务的理解不能限定在"有求必应"的范围内，满足于被动地适应顾客要求。

碧水湾人认为，服务仅仅做到"有求必应"是不够的，应由被动适应变为主动关心、主动探求顾客需求与期望，因此，要认真研究顾客反应、听取反馈建议。事实上，80%以上的服务改进和创新源于顾客反馈。

2. 重视顾客抱怨

顾客抱怨往往表明服务有缺陷或服务方式应当改进，这正是服务创新的机会。对待顾客抱怨，碧水湾要求员工"火警119原则"，立即妥善处理，注意顾客情绪问题，设法改善。

顾客抱怨事实上就是企业考虑得不周，服务或流程存在瑕疵。以顾客抱怨为切入点，以耐心、关怀的方式，巧妙解决顾客问题，是碧水湾实现服务创新的基本方法之一。

3. 创造性地为顾客解决问题

创新就是打破一种思维、创造一种新的格局，最有效的策略就是向现有的规范挑战。

通常顾客对服务品质好坏的评价，取决于顾客对服务的体验，而一线员工作为服务直接提供者，往往具有影响甚至决定顾客体验的重要作用。因此，碧水湾提倡员工创造性地为顾客解决问题，即便度假村某些规范、规章并没有要求这么做。

4. 产品设计与服务设计相结合

产品创新从设计开始，服务也从设计开始。碧水湾强调，要在产品中体现服务，就必须把顾客的需求体现在服务设计上，这是一种未雨绸缪的创新策略。要实现顾客满意，必须确保顾客在到达前、到达后、离开后全服务体系顺畅，并对体系中的服务项目不断完善和更新。服务品质是一个动态变量，只有不断更新才能维持其品质不下降。

案 例

在碧水湾，我们走进爱情的殿堂

2016年1月12日，前厅部黄金莲接到陈先生电话，需要预订1月22日的房间，于是黄金莲为其预订了一间大床房。陈先生此次碧水湾之行是准备向女朋友秘密求婚的。为了帮助陈先生求婚成功，黄金莲进行了精心的策划及安排。首先，为陈先生免费升级一间豪华套房营造一个浪漫的求婚场所。其次，黄金莲在客人的微信朋友圈找来四十多张陈先生和女朋友的照片，由总机同事任红艳利用自己闲暇时间，为客人量身定制了"执子之手，与子偕老"系列的手绘相册、手绘情侣贺卡及象征幸福甜蜜的手绘图，并在手绘相册中融入碧水湾元素，让客人只要看到相册就可以想起碧水湾，在无形中宣传了碧水湾。最后，在客人入住当天，黄金莲时刻与客人保持联系，提前在酒店大堂等待客人到来，热情接待客人。客人入住之后继续保持与客人沟通，并利用自己晚饭时间冒雨去玫瑰园采花为晚上布置房间做准备，等晚上客人出去泡温泉时，黄金莲又组织同事对求婚房进行布置。预订主管苗翩翩、总机同事任红艳利用自己下班时间来帮忙布置房间，电脑房同事也来帮忙安装DVD机，又请客房同事帮忙做床上布置，房间客厅用蜡烛灯及红色玫瑰花布置成心形图案，将99朵玫瑰放在心形里面，又在房间卧室用粉色玫瑰花瓣和蜡烛灯布置了一个小型的心形，另外布置了一条代表幸福的玫瑰花路通往客厅及卧室，在客厅的窗帘上用气球布置了心形，将提前准备好的礼物配入房间，并书写了祝福贺卡，整个房间充满着温馨、浪漫。

最终客人求婚成功，在微信朋友圈发图文表示感动与感谢。

三、碧水湾产品创新

碧水湾的产品一直在不断地更新迭代和发展创新之中。

（一）碧水湾产品创新原则

1. 把握未来趋势

碧水湾创新始终与国家政策、市场需求和资源状况保持一致。碧水湾正在推进康养产品、亲子产品和休闲度假产品的创新，符合未来发展趋势。

顺应旅游休闲度假时代的到来，碧水湾对产品不断进行转型升级，由为客人提供简单的叠加产品（客房、温泉、餐饮）转为提供更多的度假体验。

亲子产品的开发，是度假型酒店经营的发展趋势，碧水湾已经开发了亲子客房、彩虹公园、陶艺制作等亲子产品，但碧水湾认为还不够，很多产品还仅限于"形"，未来的创新方向是更加重视科普教育，突出寓教于乐，同时，在这些产品中融入航空和服务特色。

另外，实现由服务品牌到度假品牌的跨越，是碧水湾今后的发展方向。围绕这一战略调整，碧水湾对各大区域进行了功能梳理和整体规划，计划用5年时间完成建设，目前部分已经完成的项目包括彩虹公园、后花园散步道、德啤广场、后山瑜伽台等，从功能和景观细节上提升了顾客体验感。

在对硬件进行升级改造的同时，碧水湾还整合内外旅游资源，创活动品牌，并在康养度假产品方面进行了尝试。如已经成功举办多期国际双语游泳夏令营和两天、三天、六天的康养项目，市场反应很好。从满意度调查情况看，对碧水湾的环境、卫生、服务满意度100%，活动设计满意度也超过90%。

碧水湾管理者敏锐地注意到，健康养生是未来的发展趋势，因此，更加关注客人的安全、健康，在更新改造客房时，打造了健康主题客房、"零压房"，在餐厅、会议室安装了空气净化器，在温泉区率先引入红外线桑拿项目，在厨房引入了保食安果蔬清洗净化机。

2. 关注顾客需求

创新不是盲目的，产品创新必须以顾客需求为导向。顾客需求在不断发生变化，不断升级，所以，创新必须研究顾客需求特点和变化趋势。

碧水湾的休闲度假产品、商务会议产品、亲子产品等非常受顾客认可，市场发展潜力巨大，并且相互关联、相互促进。这并不是偶然现象，而是这些产品系列本身恰恰就是为了满足顾客需求而诞生，是针对顾客需求而精心设计的。

3. 重视顾客体验

只有打造极致的顾客体验，才能在竞争中取得领先。

我们生活在剧变的时代，这个时代最大的特征就是不确定性，但无论如何变化，有一样东西永远不会变，那就是为顾客创造价值的追求，而只有打造极致的顾客体验，才能在竞争中取得领先。顾客体验是一个完整的过程，针对顾客终极需求满足的创新，才是真正有价值的创新。

碧水湾创始团队是一个对顾客体验极致苛求的团队，团队对一件事情的追求和标准直接决定了事情的结果。行业内有很多关于碧水湾团队的故事，实际上体现的都是做事的基本原则，就是把服务和产品的顾客体验放在第一位。碧水湾自成立之日起，就在度假村贯彻这种精神、理念，并逐渐形成碧水湾独有的企业文化，在公司发展过程中，这种文化会不断传承下去，注入到每个员工的血液里。

为了增加度假客人的体验感，碧水湾设计推出了"亲子护照"度假产品，深受市场欢迎。

（二）碧水湾产品创新策略与思路

1. 注重创新设计的主题性

在服务经济时代，酒店经营者需要给顾客带来舒适温馨的感觉，而在体验经济时

"碧水湾现象"解密

碧水湾将一个普通的成人戏水池通过设计和灯光，创新改造成为一个"梦幻水疗温泉"

代，酒店产品不仅要有质量，更要有特色。

碧水湾管理者注意开拓性思维，在现有基础上，确保新添加的元素有风格、客房有独特情调，在服务周到的基础上，注意设计主题化产品项目，增加顾客体验感，同时，密切关注市场变化，滚动更新产品，增强产品对顾客的持续吸引力。如将原来的小食广场，改造成为可以自酿德国啤酒的"德啤广场"，将原来的成人戏水池改造成为"梦幻水疗温泉"。

2. 突出产品的个性化

当很多酒店还从顾客基本需求出发，提供住宿、餐饮等产品时，碧水湾已经很重视突出产品的个性化，为顾客量身定制产品了。

碧水湾在设计产品时，坚持"人无我有、人有我优"的理念，在酒店空间布局、设备设施、产品和服务等方面形成了自己独有的风格。碧水湾拥有有关国际组织认定的世界珍稀温泉的资源优势，在此基础上，通过创新设计来增强其个性化，以鲜明的形式在顾客心中留下难忘经历。此外，碧水湾还从顾客心理出发，开发具有特色和新意的产品，来展现碧水湾产品的独特性，利用自己的个性化体验产品吸引更多顾客。

3. 注重顾客参与

碧水湾优质产品与服务的实现，离不开顾客的参与。顾客参与程度越深，在顾客大脑中所形成的印象就越深刻。碧水湾鼓励员工引导顾客参与产品生产与服务提供过程，让顾客承担一定角色，帮助他们获得情感、个性化需求、自我创造、自我实现等方面体验。

碧水湾开发的流溪河畔（度假村后花园）皮划艇游乐项目

4. 针对不同的顾客细分群体进行创新

碧水湾关注不同群体消费习惯和消费需求的变化，进行不同的产品创新设计。比如：亲子产品顾客偏向年轻化、娱乐化；年轻休闲度假顾客偏感性、偏文艺，在乎生活品质和品位；等等。碧水湾着力关注、研究

碧水湾度假村针对度假市场上亲子细分市场的蓬勃发展开发了亲子客房

208

他们的出行习惯、消费习惯、消费需求，为顾客提供更具个性化、更具现代体验感、更加便捷贴心的服务等。

5. 挖掘潜在需求

碧水湾深知，顾客的需求是不断变化的，满足了顾客当前的需求，只是一个开始，还需要挖掘顾客的潜在需求、满足顾客的期望型需求和兴奋型需求，甚至创造新的需求。

6. 做好"加减法"，打好"组合拳"

在产品迭代的过程中，碧水湾经常对自己的产品做"加减法"。"加减法"是通过增加现有产品的某个属性值，或减少现有产品的某个属性值，从而使现有产品发生较大改变的一种创新方法。合理的删除多余流程与环节，更好地满足顾客需求，提升顾客体验。

碧水湾注意挖掘研学游和夏令营市场

碧水湾注重为客人提供基于度假体验的组合叠加产品。在做好"加减法"的同时，碧水湾还注意运用"组合拳"进行创新。"组合拳"即：将两个或多个现有产品的属性，经过巧妙的方法组合在一起，从而变成新的产品，或者让原来的产品产生新效果的一种创新手法。

随着顾客类型和酒店业态的多元化，顾客的服务需求也呈现差异化和分散化的趋势。为了有效满足顾客多种产品的需求，碧水湾实施了多样化的产品组合创新策略。除了提供传统的温泉酒店服务外，还针对性地增加了亲子、康养等业务，形成了一个较完整的产品组合。这一系列产品创新不仅满足了大众顾客的需求，而且对有独特需求的顾客开展了针对性服务，满足了多层次、多类别顾客的需求，拓展了市场空间。

碧水湾大堂增加了"迎宾小姐姐"，受到度假客人的欢迎

四、碧水湾管理创新

管理创新是企业进步与发展的重要基础,管理创新能给企业带来活力。

碧水湾的持续改进理念,不仅指服务质量的持续改进,更是指服务质量背后的管理的持续改进。

管理创新涉及企业管理理念创新、管理模式创新、企业经营思路创新、企业管理制度创新、企业管理方式创新、企业组织机构创新等方面。

管理创新的主要目标是提升企业管理质量、管理效率、管理水平及经济效益。因此,企业决策者及管理者需要及时对企业管理理念、管理形式及管理体制进行革新,才能不断为企业注入新的活力,为企业带来新的发展机遇。

对于企业来讲,管理创新最重要的是在组织高管层面。高层管理者要有完善计划与实施步骤,以及对可能出现的障碍与阻力的清醒认识,使创新与变革成为可能。

技术的进步、社会的繁荣、人们需求的多元化发展等,为今天所处其中的企业提供了良好的发展环境。但与此同时,企业所处竞争环境的复杂性与不确定性进一步增强,企业愈发感受到了"逆水行舟,不进则退"的生存压力。另一方面,企业可以利用的各种资源呈现爆炸式增加,如何有效利用与组织这些资源,往往成为企业成败的关键所在。

管理创新是企业应对复杂多变的外部环境和有效组织企业资源的必然要求。管理创新不仅是降低现有结构成本的一种方法,更应从资源整合方式角度着手,整合方式的改善不仅可以实现绩效的渐进式改进,也可以为绩效带来突破式增长。

碧水湾之所以能取得今日的成绩,得益于其优秀的企业文化,而管理创新在碧水湾企业文化培育过程中发挥了重要作用。

碧水湾管理创新主要体现在以下几个方面。

(一)理念创新

理念创新是摒弃原有的管理思想,并对现有管理理念进行创新性变革。理念创新是企业管理创新的灵魂。

碧水湾敢于挑战传统观念模式,破除经营管理决策上的"一言堂""家长制"等,适应市场经济发展和顾客需求发展变化的趋势,构建全新理念指导下的管理模式。碧水湾下决心培育和维护企业"亲情碧水湾"品牌,严格成本观念和全面质量观念,确立了"以顾客满意为中心,品牌经营,服务取胜"的经营理念,"以人为本,以德治村,科学管理,持续改进"的管理理念,并提出管理模式要从传统的以"管控"为主向以"赋能"为主转换的新的管理理念,并在实践中加以落实。

（二）组织创新

组织创新是企业管理创新的关键。组织创新能够帮助企业资源优化整合，借助管理方式创新，实现企业结构调整，完成企业管理目标。以质检工作为例，度假村十分重视质检工作，最先成立了质检部，后来发现仅有质检不行，还需要培训，必须把质检和培训结合起来，就叫质检培训部。又过了一段时间，发现质检培训还不够全面，就将人事和质检整合在一起，即现在的行政人事部。

碧水湾十分重视组织流程再造。从2008年开始，就启动流程再造工程，并将每年的5月定为流程优化月，不断优化各岗位，各项工作的标准、流程、制度和规范，并对服务与管理实践中出现的问题不断总结、归纳和研究，先后编印出了《案例汇编》等很多服务和管理手册，并依照这些规范、标准、程序和要求，持续改进碧水湾的服务与管理。

（三）管理模式创新

目前我国企业的管理模式大致可以分为五种：一是以亲情血缘为主的管理模式（家族企业管理模式）；二是以友情为主的管理模式；三是以人性化为主的管理模式；四是以随机化为主的管理模式（没有严格规章制度和流程规范，随意性较强）；五是以制度为主的管理模式（强调制度化管理，企业管理和发展需根据制度进行）。

作为国企背景的企业，碧水湾管理模式创新主要体现在着力构建基于制度的人性化管理模式。一方面，制度是企业管理创新的法律依据。另一方面，碧水湾坚持以人为本，注重企业的人性化建设和发展。在管理过程中，理解和尊重员工，充分调动、发挥员工积极性和创造性。与此同时，碧水湾重视企业文化和企业价值观的引领与引导作用，通过主动关怀和理解员工，激发员工潜能，促进管理创新的发展。

（四）管理制度创新

为了确保企业战略和管理决策能够有效执行，管理制度必不可少。制度创新就是把思维创新、服务创新、组织创新等制度化、规范化，同时又引导思维创新、服务创新与组织创新。制度创新旨在改良企业管理中各种与内外部环境发展变化不一致的、制约企业发展的制度。制度创新是管理创新实现的保证。

碧水湾将企业理念、管理方式、经营方式等制度化、规范化，让企业人员有本可依，有章可循。

（五）管理机制创新

权变理论告诉我们，社会经济是动态发展的，没有一种管理机制是普适不变的最好模式，尤其是在互联网经济形势下，新的经济模式随时产生，企业管理所处的环境更加错综复杂，更需要根据内外部环境的变化创新管理机制。

碧水湾管理机制创新，依托于先进的管理理念和手段，旨在优化资源配置，提高生产要素的运用效率和产出质量，增强企业的核心竞争能力。一项新机制被提出的过程中，碧水湾注意在动态发展的情况下进行稳定运行，管理部门严谨把关，切实将新的管理机制稳定地运用到企业管理实践中。

如前所述，碧水湾一共有八大管理机制，这八大机制的产生本身就是碧水湾管理创新的成果，同时这八大机制又进一步强化了碧水湾的管理创新成果。

（六）管理方法创新

碧水湾不断创新管理方法，积分制的研发和导入，就是碧水湾最大、最有效的管理创新。

数字化转型既能提高工作效率，解放人力，又可以提升顾客消费体验。数字化是未来酒店运营与管理的发展趋势，碧水湾正在实施数字化转型战略，除了积分制的研发以外，在数字化运营方面，还做了以下工作。

- 在房务部引入行业领先的蓝豆云OMS管理系统，大大提升了沟通和管理效率，节约了客房及工程人力资源成本。
- OTA—酒店PMS系统直连，提升顾客住前体验。
- 使用服务小程序，引入送物机器人，提升顾客住中体验。
- 建立私域客户群，解决顾客住后问题以及与顾客建立紧密联系。
- 搭建碧水湾线上商学院学习平台，有效解决培训管理难题，并为干部员工提供更加丰富的学习资源，更加灵活的学习方式。
- 开发质检小助手，实现了质检标准可视、过程可控、结果可用。

……

第二章 碧水湾大学堂

学习和培训是提高服务质量，实现企业管理目标的必由之路，所有成功的企业都十分重视员工的学习和培训工作，无一例外。碧水湾有一套完善的培训体系和培训管理制度，从而确保了碧水湾企业文化、理念、服务和工作标准的贯彻落实。

很多来碧水湾学习考察，参加"碧水湾现象"研讨会的嘉宾和总经理等酒店管理者们，看到碧水湾取得这样的成就，出现令行业惊叹的"碧水湾现象"，都很想了解碧水湾的培训体系和培训方法。

毫无疑问，碧水湾非常重视员工的培训与学习。但碧水湾高层一直强调，碧水湾的培训不仅是解决服务技能问题、知识问题，更重要的是解决企业文化落地的问题，是一种"养成教育"，通过培训，不仅解决员工"不会做"的问题，更重要的是解决"不愿做"的问题。通过培训，为员工赋能，培养正能量的企业文化，提高员工的综合素质，这是碧水湾培训的一大特点。

针对碧水湾的要求和发展目标，碧水湾建立了以碧水湾大学堂为代表的线下、线上学习和培训体系，特别是每月一次由董事长亲自主持、全体员工高度重视的碧水湾大学堂，更是其培训的亮点，值得同行关注和学习。而碧水湾线上培训体系的建设，则反映了碧水湾高层管理者对未来酒店管理和培训发展趋势的把控。

碧水湾服务技能培训：蒙眼摆台

一、碧水湾人对学习与培训的认知

碧水湾十分重视员工的学习与培训工作，碧水湾人对学习与培训的认知如下。

"碧水湾现象"解密

（一）碧水湾人对学习的认知

1.学习的速度决定企业创新发展的速度

处在当下高速变化的时代，面对着复杂难测的竞争态势，企业必须居安思危，不断创新发展。而创新的灵感不会凭空出现，必须有深厚的文化底蕴和丰富的知识做支撑，所以不断学习、快速学习、坚持学习就非常重要，关乎企业前途命运。

2.打造学习型组织可以起到事半功倍的效果

在新的历史时期，面对新生代员工，以被动式学习为特征的传统的培训方式已逐渐式微，而在企业内部营造学习氛围，引导员工自主自发地爱上学习，则能起到事半功倍的效果，碧水湾组织的"朗读者""读书分享会"文化活动，以及开设的《夜来读书声》栏目都在潜移默化地影响员工、改造员工思维，让员工有一个爱学习的良好习惯。

3.创建学习型组织是留住员工的重要方法

企业的发展应该是建立在每一个个体的成长基础上，个体的成长离不开学习。从一张白纸的"青椒"走进碧水湾大家庭，每个人都是有期望的，这些期望有些与物质相关，但更多的又不是与物质相关。碧水湾管理者深知：要想留住员工，必须留住他们的心，要想留住他们的心，必须让员工在企业发展的同时，获得成长与成熟，为此，必须建立学习型组织。

4.学习是创新的源泉

在碧水湾，创新是企业发展的永恒动力，而学习则是创新的不竭源泉。无论企业还是个人，学习都非常重要。要想不断进步，必须坚持学习，向书本学、向先进的企业学。海底捞、青岛海景酒店等国内优秀企业，以及丽思卡尔顿等国内外品牌酒店和企业都是碧水湾人的学习对象。

碧水湾通过各种形式为干部员工创造学习的机会，并建立了学习奖励机制（报销学费），在度假村刚开业时，就与大专院校合作，培养骨干员工。

在坚持线下学习的同时，适应网络经济时代的特点，碧水湾又与国内知名培训机构合作，开通了线上学习渠道，取得了良好的效果。

5.学习型组织的建立，能够使人本思想得到充分体现与升华

知识经济时代的来临，使得知识日益成为企业经营活动中最重要的资源和竞争优势，人对知识的掌握、驾驭，以及由此而带来的企业创新，使得人在经济活动中的地位和作用比以往任何时候都更加突出和重要。另一方面，人的价值观念、思维方式也在发生着潜移默化、巨大的变化，人的自主性、个性化、自我价值实现的愿望等，都需要得到充分尊重和鼓励。这些都促使企业在管理中把对人的关注、人的个性和能力的释放、人的积极性的调动推到了空前的中心位置，"以人为本"的管理得到了空前的强化。学习型组织的建立，使得人本思想得到了充分体现与升华。

（二）碧水湾人的学习动力

如何持续激发员工学习的动力，这是碧水湾领导一直在思考的问题。

碧水湾人的学习动力来自以下几个方面。

- 来自对学习的重要性和重要意义的认识。
- 来自度假村对于实施亲情化服务的高标准要求和员工感觉的自身现状的差距。
- 来自对国内外、行业内外最佳企业的了解和对自身差距的反省。
- 来自外部环境的挑战。
- 来自企业管理层的高度重视和政策支持与机制动力。

为了鼓励员工不断学习，不断提高，形成持之以恒的学习风气，碧水湾创办了员工阅览室，建立了碧水湾大学堂制度。虽然碧水湾目前已经形成了较好的学习氛围，大部分员工也将学习作为一种自觉行为，但企业和管理层深深知道，员工的内在动力是需要激发的，不是自然而然形成的，企业制定了包括设立学历津贴、技术津贴及培训管理制度等在内的各项鼓励学习的政策、制度，形成了一套学习保障机制。

与其他企业不同的是，碧水湾员工的学习动力还源自于身处优秀和标杆企业的自豪感。

要激发员工的学习动力，长远来看，还要让员工感觉到自己所在的企业是优秀的、成功的，身为其中的一分子，在物质需求得到满足的同时，精神上深感无比自豪与骄傲，不断进步和学习的动力也就油然而生。应该说，碧水湾员工的学习动力要比其他企业更足。一方面，因为碧水湾的成就和社会影响，使碧水湾员工倍感自豪，同时，压力也更大，所以学习的劲头更足。另一方面，不断有国内及世界各地的同行和专家前来考察学习，也让碧水湾员工体会到学习的重要性，激发了碧水湾员工不断学习的动力。

（三）碧水湾人对培训的认知

1.培训是企业和员工发展的基石

碧水湾人十分重视培训，认为培训是企业和员工发展的基石，碧水湾的亲情服务、碧水湾企业文化的落地、员工素质的提高，都离不开培训。

（1）培训可以吸引人才。

（2）培训可以培养人才。

（3）培训可以留住人才。

（4）培训是贯彻管理理念和管理思想的先导。

（5）培训可以培养员工团队意识。

（6）培训是提高服务质量的重要方法之一。

（7）培训可以增强企业核心竞争力。

（8）培训可以提高员工工作的积极性。

（9）培训可以激发员工潜能，承担更多责任。

2. 培训的组织实施要因人而异、与时俱进

孔子讲要因材施教，企业培训也是如此，培训的目的在于提升员工技能、改变员工观念、增加员工知识、解决实际问题，大水漫灌的形式既落后又惹员工反感。所以，在制订培训计划、设置培训内容时，要充分调研培训对象的需要，把培训做精、做细。另外，培训内容、培训形式也要与时俱进，考虑到时代发展的现状、员工代际的差异，做贴合当下企业经营需要的培训。

3. 培训员工不仅要学会做事，更要学会做人

员工不仅要学会做事，更要学会如何做人。这是碧水湾培训的一大特点，是与碧水湾充满正能量的企业文化一脉相承的。

（四）碧水湾力戒的"培训误区"

1. 认识误区

- 培训是在浪费时间。
- 培训职能归培训部，培训只是人力资源部或培训部的事情（这将导致培训得不到各部门以及高层领导支持，不利于企业整体运行）。
- 培训只是技能或理论学习（这将使培训与企业长期发展脱节，培训不能真正地为企业经营战略做出贡献）。
- 培训是万能的，只要出现问题就想到培训（这就走入了另一个误区：过分重视培训，让培训担负了"不能承受之重"。事实上，培训通常只能解决"不能的问题"，而很难解决"不为的问题"）。
- 培训是一种福利，而不是义务（忽略了员工参加培训的义务和责任。这将导致员工不重视培训，不能发挥培训应有作用）。
- 以纯粹的基础培训为主。

2. 实践误区

- 培训管理制度不完善。主要表现在：以要求代替制度；培训管理制度陈旧；培训管理缺乏有效刚性约束；培训工作缺乏权威性；等等。以上问题会导致问题得不到解决，要求得不到贯彻。
- 培训管理系统不完备。缺乏来自横向的其他部门的有效配合，培训工作成了人力资源一个部门的事，导致培训与业务相对脱节，培训作用难以得到有效发挥。
- 只对基层员工培训，忽视管理层培训。结果是：员工素质愈来愈高，而管理

者却没有得到相应提升。这将导致管理层和员工技能冲突,出现"天花板"或"玻璃身"现象。

- 轻视培训后期监督和人才提拔,造成培训后人才流失。最直接的结果是形成一种错觉:培训是为他人做嫁衣。导致企业不敢再轻易举办培训。
- 培训没有针对性。不做培训需求分析,培训项目设置不合理,没有针对性,导致培训效果事倍功半。
- 监督手段不力、沟通渠道不畅、培训方法不当。培训效果取决于培训方法、培训讲师、培训前期准备等多种因素,只有全面考虑,才能让绝大部分员工掌握。
- 忽视培训效果评估及培训的激励与考核。培训缺少有效评估机制,培训成果缺乏转化环境,造成培训与实际工作脱节,以至于员工认为培训意义不大。

二、碧水湾大学堂:碧水湾培训体系中必须浓墨重彩的一章

碧水湾用心做事大学堂(简称"碧水湾大学堂")也许是碧水湾企业文化管理体系中最大的亮点,是碧水湾管理模式中必须浓墨重彩的内容。

10多年来,碧水湾人一直坚持每月一次的碧水湾大学堂学习活动,雷打不动,全度假村从董事长到服务员无不高度重视。高层管理人员一到大学堂时间,会放下手中的一切工作,准时参加。

碧水湾董事长亲自主持碧水湾用心做事大学堂,并作为评委之一,对各部门员工的表现打分

碧水湾大学堂受到度假村管理层的高度重视,也得到员工的高度认可,员工可从大学堂上看到榜样,找到差距,学到知识,提高素质。每期大学堂高潮迭起,员工反响热烈。

(一)碧水湾大学堂

什么是碧水湾大学堂,如前所述,碧水湾大学堂全名是"碧水湾用心做事大学堂"。

对外而言,碧水湾最大的亮点就是能够感动客人的"亲情化服务",而要为客人提供亲情化服务,必须要求员工"用心做事",用心做事是创造碧水湾奇迹和"碧水湾现象"的核心。因此,碧水湾企业文化中一直倡导员工用心做事,对于用心做事给

予高度重视，这就是碧水湾用心做事大学堂的起因。

围绕用心做事，碧水湾大学堂承担了诸多功能。

- 碧水湾大学堂是碧水湾的学习培训中心。
- 碧水湾大学堂是员工学习成果的展示中心。
- 碧水湾大学堂是碧水湾员工礼仪礼貌和工作业绩的展示和检验中心。
- 碧水湾大学堂是员工工作和学习心得交流中心。
- 碧水湾大学堂是碧水湾员工的加油站和激励中心。
- 碧水湾大学堂是碧水湾企业文化中心。
- 碧水湾大学堂是发现人才的窗口。

相比于其他企业的学习培训体系，碧水湾大学堂独具特色。在员工心目中，碧水湾大学堂俨然就是"黄埔军校"，既是全体员工的集体学习之所，也是文化养成的重要课堂。广学博识，学服务、学哲学、学伦理，看经典片子，有好启示文章读给大家听，出去学习的人走上讲台跟大家一起分享心得，请员工讲自己切身工作的真实案例等。

平时的培训都由培训主管讲，但在碧水湾大讲堂，每个人都可能成为主角，每个人都有机会拿起话筒，跟大家分享自己的心得和故事，或者发表对他人用心做事案例的点评和感想。碧水湾大学堂，本质上就是通过典型优秀案例和反面案例的塑造，言传身教，是碧水湾一贯秉承的"案例教育是一大法宝"的集中体现。

（二）碧水湾大学堂重点内容和议程

碧水湾大学堂是度假村级的学习和培训活动，由碧水湾行政人事部主持，每月一次，每次持续3小时左右。

碧水湾大学堂受到碧水湾全体员工的高度重视。大学堂在度假村最大的多功能厅举行，除了在岗工作员工，其他干部员工全部参加，每次参加者百人以上。

为了真实反映各部门员工的素质、礼仪礼貌水平和贯彻落实碧水湾企业文化的实际状况，参加礼仪展示的人员由行政人事部随机抽取，使每个员工都有参加大学堂的机会。由于要在大学堂当着度假村100多名员工的面，展现自己和部门的风采，所以每位员工都有压力和努力学习的动力。

碧水湾大学堂主要内容和议程如下。

1. 信息分享与通报

（1）用心做事分值通报

用心做事分值通报分为一线部门和二线部门分别进行。而且，还有当月与上月的分值对比，最后根据分值情况分别评为优秀、达标、不达标等3个档次。

考虑到工作性质以及工作内容和特点等的不同，一线部门和二线部门以及部门内部，有不同的档次划分标准，达标线也各不相同。

度假村一线部门用心做事分值通报

序号	部门/班组	01月份	12月份	等级
1	客房	8.14	12.82	优秀
2	温泉	6.81	6.68	优秀
3	收银	6.72	6.33	优秀
4	营销	5.19	9.56	优秀
5	康乐	4.88	5.79	优秀
6	前厅	4.36	6.83	达标
7	楼面	3.83	4.56	达标
8	警卫	3.53	5.20	优秀

度假村二线部门用心做事分值通报

序号	部门/班组	01月份	12月份	等级
1	洗衣房	9.83	12.16	优秀
2	员工宿舍	7.09	6.68	优秀
3	工程部	6.41	9.00	优秀
4	员工食堂	6.41	7.04	优秀
5	洗碗间	6.39	5.59	优秀
6	行政人事部	6.04	4.85	优秀
7	PA	5.79	8.32	优秀
8	采供部	5.79	5.50	优秀
9	计财部后台	5.64	4.39	优秀

（2）满意度分值通报

碧水湾十分重视顾客满意度和员工满意度，每月的碧水湾大学堂都要公布满意度，以便各个部门能够认识并发现差距，努力改进，力争上游。

考核分为优秀、达标、不达标3个档次。同样，考虑到工作性质以及工作内容和特点等的不同，一线部门和二线部门以及二线部门内部又有不同的档次划分标准，达标线分别确定，各不相同。

一线部门的满意度：指顾客对一线部门的满意度，由顾客打分。

二线部门的满意度：指度假村其他部门的员工对某个二线部门的满意度。

"碧水湾现象"解密

满意度分值通报

序号	部门/班组	满意度 01月份	满意度 12月份	等级	有效投诉
1	警卫	99	99	优秀	
2	康乐	99	99	优秀	
3	收银	99	96	优秀	
4	楼面	98	98	优秀	1C
5	客房	97	95	优秀	2C
6	营销	96	98	优秀	2C
7	温泉	96	96	优秀	1B+1C
8	前厅	93	94	达标	1A+1B+1C
9	中厨	85.5	87	优秀	1B+2C+5D

其中,"有效投诉"中的A、B、C、D是按投诉的严重程度分部门界定的,具体由质检部初定,由度假村领导或主管副总经理最后审定。

(3)网络评分及点评情况通报

在互联网时代,顾客的网络评分及点评对于企业的市场形象、市场营销及市场竞争力影响巨大,碧水湾十分重视顾客在携程网、慧评网等各大主流网络平台的网络评分及点评,将其列为大学堂公布的重要内容之一。

除了主流网络评分以外,大学堂上还会与大家分享一些顾客网络点评,以激励员工或对员工敲响警钟。

(4)顾客及同行表扬信分享

碧水湾人认为:顾客的肯定是对员工最好的激励。

顾客及同行对员工的表扬信,不仅是对受表扬员工,也是对度假村全体员工的激励,是为度假村全体员工树立了良好的榜样,每期大学堂也都安排了顾客及同行表扬信分享环节。

碧水湾要求员工冷静对待荣誉,从新的起点重新出发。

(5)提名次数及达人通报表扬

对于当月受到顾客提名表扬的员工(通过留言、微信、网络等渠道),度假村会根据表扬次数进行统计,并在大学堂上公布表扬,受到10次以上顾客表扬的,即为月"达人"。

2.案例学习

(1)用心做事案例分享

碧水湾人认为,优秀的服务是设计出来的,而设计需要员工用心做事。每期大学堂都有用心做事优秀案例涌现,行政人事部会挑选数个度假村层面的优秀案例与员工分享,给大家启迪和鼓励。

(2) 反面案例剖析

碧水湾大学堂上，要进行度假村层面的"三正三反"案例分析，除了分享符合企业文化的正面案例以外，还要拿出违背企业文化的三个反面案例进行剖析，以加深大家对企业文化的理解，防止在未来接待服务和管理工作中出现类似问题。用碧水湾人的话说，就是："有问题不可怕，可怕的是问题一直发生。"发现问题，就要按照"四不放过"的原则处理。

(3) 创意展示

创新是碧水湾的发展理念，碧水湾一直鼓励员工创新工作，而要创新，就要从具体工作做起，工作要有创意，大学堂上，行政人事部会拿出来自各个部门的创意产品与大家分享，启发大家的创意思路和才华。

3. 部门礼仪比赛

每个月每个部门随机抽取30%的员工上台代表部门进行礼仪比赛，这既是比赛，也是各部门员工精神面貌的展示，同时，也是对各部门培训工作的检验，因此，各部门都十分重视。

4. 颁奖

(1) 颁奖：用心做事及争得荣誉

用心做事及争得荣誉颁奖典礼是大学堂活动的高潮。度假村每月会在碧水湾大学堂上给用心做事及为度假村争得荣誉、表现突出的员工颁奖。

- 度假村级"用心做事奖"。
- 度假村级"争得荣誉奖"。

(2) 抽奖：积分奖券

大学堂最后一个环节是积分抽奖环节，获取一定积分的员工都有机会获奖。积分奖券抽奖因为参与人数多，是大学堂的又一个高潮。

碧水湾大学堂上，工程部员工在进行礼仪展示

获得一定积分的员工都可以在碧水湾大学堂抽奖

(三) 碧水湾大学堂满意度调查

为了把碧水湾大学堂办得更好，度假村行政人事部会不定期针对大学堂的活动内容、时间、方式等做满意度调查，以不断丰富和完善大学堂的内容和活动方式，提高满意度，增强大学堂开办效果。

第三章　积分制管理

积分制是碧水湾管理的又一大亮点，是碧水湾对员工的管理方式从传统的以"管控"为主转向以"赋能"为主的探索，也是碧水湾科学管理的重要组成部分。

- 积分代表着态度。
- 积分代表着能力。
- 积分代表着工作量。
- 积分代表着一个人的价值。
- 员工用积分换取奖励。
- 企业用奖励换取行为。
- 奖励正确的行为，你会得到更多正确的行为。

……

积分制是碧水湾解决员工问题的法宝，也是应对当代企业管理中员工激励问题的重器。"积分制"的应用，使碧水湾度假村的管理如虎添翼。

一、积分制：碧水湾应对当代企业管理中员工激励问题的重器

（一）酒店员工激励在新时代面临新挑战

酒店是劳动密集型行业，人是第一生产力，所以，酒店管理的第一要务就是做好对人的管理。作为酒店产品生产者的员工，其工作的效率、质量，直接影响酒店产品、服务的品质，影响着顾客的体验。

当下酒店员工构成中，95后及00后员工的占比逐渐增加，他们成长在一个生活条件优越、教育程度更高的时代，在长辈们的呵护下长大，可以说是既优秀又脆弱敏感的一代。他们喜欢张扬个性，拒绝平庸；他们喜欢直截了当，拒绝拐弯抹角；他们遵从内心的自由，不盲从权威。管理由这样的群体组成的团队，传统的命令式的、人盯人的被动管理模式起到的作用已日渐式微（有关研究表明，这种被动管理模式只能发挥员工不到40%的效能），面对这一新挑战，管理模式需要因人而异、因时而动。

实践证明，影响员工积极性的关键在于"利己"和"利他"的统一，在这种情况

下，如何激发人的善良和潜能就显得非常重要，未来酒店管理的模式需要从强制转变为组织赋能。

（二）积分与积分制管理

碧水湾是国内酒店行业第一个开发积分制管理软件，并成功运用于度假村和酒店管理实践中的企业，这是值得碧水湾人引以为豪的创举。

早在2015年，碧水湾就开始研发积分制管理系统，并于2016年正式投入使用。

如果说将积分制用于企业管理，是中国对管理科学的贡献，那么将积分制应用于旅游企业管理中，则是碧水湾对旅游业的贡献。

碧水湾积分制有效地解决了碧水湾企业文化落地的问题，碧水湾企业文化所倡导的理念和员工的言行举止都可以通过积分制加以体现和落实。

碧水湾是国内旅游与酒店行业第一个开发积分制管理软件，并成功运用于度假村和酒店管理实践中的企业

碧水湾研发的积分制管理系统已经取得了十分显著的管理效果，深受行业好评，不仅是饭店和度假村，而且旅游景区以及非旅游企业也都纷纷前来学习、考察。如今积分制管理系统已经成为碧水湾对外输出的新业务。

1.积分

积分就是用阿拉伯数字表示的分值。用在企业管理中，是指员工通过个人的表现、能力而获得奖分和扣分的累积分值。

对于员工而言，积分具有以下用途：

- 积分奖金；
- 工资晋级；
- 职务晋升；
- 福利优先；
- 评优评先；
- 其他。

碧水湾倡导员工用积分换取奖励，企业则用奖励换取行为；企业通过奖励正确的行为，收获更多正确的行为。

2.积分制管理

积分制管理（Merit Points Management）是指运用奖分和扣分的方式对员工的能力、业绩和综合表现进行点对点的认可和全方位的量化考核，并将企业员工的分配机制及福利与积分挂钩。目的是通过奖分和扣分的导向作用,提高员工的自驱力,解决以人为中心的企业管理中的诸多难题的一套管理制度。

积分制管理的核心内容就是用奖分和扣分来记录和考核人的综合表现,然后用软件记录,并且终身有用。

(三)积分制对员工的好处

总体而言,推行积分制对员工的好处表现在:
- 多劳多得;
- 多能多得;
- 认清自己;
- 看到方向;
- 精神激励;
- 物质收获。

1. 为员工提供获取奖励的机会

案 例

为员工提供多劳多得的机会

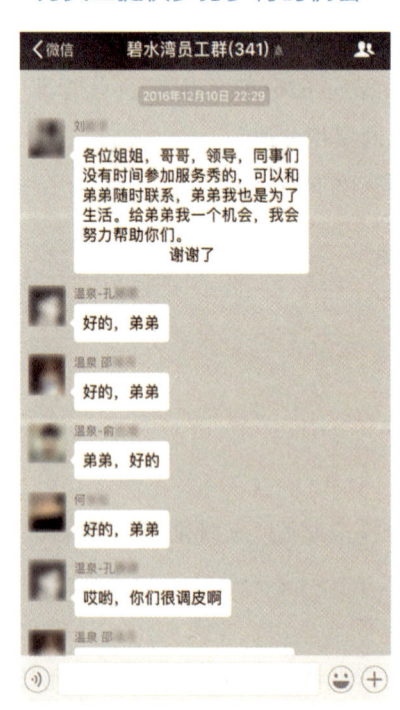

员工主动申请参加服务秀

2. 让员工及时感受到上级的鼓励和认可

积分制能够让员工及时感受到上级的鼓励和认可，减少员工负面情绪，从而保持积极的心态。

服务行业加班是常态，虽然有加班工资，但是现在95后、00后更加追求下班时间的自由支配，常规的行政命令要么导致员工消极情绪劳动，要么导致离职率上升，面对这一难题，管理人员及时的精神抚慰就尤为重要，因此，碧水湾特制定以下积分标准。

- 加班1小时，加20积分。
- 临近下班而客人突至，留下来加班的，加20积分（态度分）。

加积分虽然并不能让员工就喜欢上加班，但是由于上级的及时认可，可以在一定程度上减少员工的负面情绪，这也体现了积分的"务实"态度，有些问题虽不能完全解决，但是能改善也是一种进步。

3. 让员工明确自己努力的方向

以服务创新为例，积分制发挥了重要作用，使员工明确自己努力的方向。

要想赢得顾客满意，就需要不断与顾客心中的期望赛跑。同样的暖心服务、超常化服务时间久了也会让客人感到新鲜感丧失，从而影响顾客体验。因此，服务创新没有完成时，只有进行时。服务创新需要部门管理者和员工一起发力才能取得成果，因此在激励方面碧水湾设置了如下积分奖励条款。

- 部门策划的服务案例被评为度假村级优秀创新服务案例的，给予策划人40～60积分/篇，给予参与人20～30积分/篇。
- 半年时间策划3个度假村优秀创新服务案例的员工，公司授予"亲情服务策划师"称号，每月享受50积分固定积分。
- 部门培养出亲情服务策划师，给予部门负责人40积分。

自2018年5月实施以后，度假村级优秀创新服务案例由之前的月均1.4个提升到目前的月均3个（2021数据），增长率114%。截至2021年底，共产生了36名亲情服务策划师。

附：员工积分总结报告

<u>一位安保部员工的积分总结报告</u>

我对积分制管理的认识

度假村制定积分制管理，可以提高员工工作积极性，针对每个员工的工作量，通过积分排名可以综合地评估员工日常工作表现。我认为积分制可以提高班组日常的管理，让员工重视检查工作，以及提高员工的思想品德意识，培养助人为乐的精神。积分制可以让优秀的员工不吃亏，鼓励员工多干实干，通过积分排名可以拿到一定的奖金。积分可以让员工自发主动地去开展各项工作，没有人愿意干的活争着抢着去干，积分可以打破平均主义，多劳多得。

我的积分主要来源

我的积分主要来源于每月的用心做事和个性化服务分值转积分；工作方面的积分主要是每天坚持到温泉区服务秀挥手谢幕，每月可积下70多分，积少成多而且不会扣分。帮助演员穿衣服和道具，下班时间到洗衣房叠毛巾，主动到客房支援，主动到警卫外场支援，帮助员工解决困难，日常检查的问题及时解决和反馈，等等，都可以获得积分。

对积分制管理的意见和建议

（1）积分制运用的范围不广泛，我个人觉得只要是传播正能量的都可以纳入到度假村积分制管理当中。

（2）积分排名靠后的有些同事对积分排名不是很重视。

（3）希望多给一些挣积分的机会和平台，尤其是我们这些年龄较大文化水平比较低的员工希望多挣一些积分。

（四）积分制管理能够有效解决员工激励问题

1. 传统的人力资源管理模式的局限性

- 考核指标无法囊括全部，存在管理盲区。
- 主要针对素质、能力和业绩，较少涉及态度、行为和习惯。
- 直接与钱挂钩，不能放开使用，且会误导势利心态。
- 管理人员责权不对等，奖励权力有限。
- 下级只能被动接受考核，缺乏主动参与。
- 激励时效短，无法达到长期激励的目的。

碧水湾的实践证明：积分制是一种非常行之有效的、科学的管理制度。积分制能够科学地评价企业员工的工作表现和业绩，并能充分有效地调动企业员工的积极性，帮助碧水湾倡导的企业文化落地，使碧水湾以文化制胜的企业管理如虎添翼。

在碧水湾，员工对积分制的满意度已达95%以上。

"现代管理学之父"彼得·德鲁克在1954年发表的《管理的实践》一书中，将管理学开创成为一门学科，之后又在《21世纪的管理挑战》中提到了未来管理中最大的难题就是要解决管人的问题。

一位企业管理大师曾说道：衡量管理者的才能应该看他是否能有效地组织人员，是否能有效地发挥每一个人的能力，并且使他们齐心协力，协调一致。积分制管理在很大程度上破解了传统管理模式的重点、难点问题，有效地解决了"人的问题"。

2. 积分制管理的特点与优势

目前，世界上最流行的用在员工行为激励上的制度是KPI——关键业绩指标考核。KPI考核出来后，对应的就是奖钱、罚款，这种胡萝卜加大棒式的、纯粹赤裸裸的金钱奖惩所能发挥的激励作用越来越小，副作用却越来越大。而积分制则不同，它以奖励为主，能将负作用降到最低，因而更能有效地激励员工。

相对于传统管理模式，积分制管理具有以下显著特点，能够更好地解决员工激励问题。

（1）无死角全覆盖：员工做事与做人、能力、业绩与态度、行为等，均可通过积分加以考量。

（2）可以获得更多正能量的行为：给予员工实实在在的认可，获得员工更多正能量的行为。

（3）更加公平全面地反映员工的工作能力、业绩和工作表现。360度开放使用：积分的获得可以通过上级奖励、他人推荐、自行申报、平台机会等多渠道落实，360度开放，从而可以更加公平全面地反映员工的工作能力、业绩和工作表现。

（4）量化员工的工作表现为具体的分值，便于奖扣操作。

（5）更加尊重人性：人性的特点是趋利避害，怕得罪人，怕吃亏，爱面子，而积分制强调以奖励为主，扣罚为辅，从而更加尊重人性，因而更易为员工所接受，更容易贯彻实施。

（6）赋予权限，解决管理手段单一、权责不对等问题。

（7）用排名决定奖金、福利分配，积分不与金钱直接挂钩，企业成本可控。

（8）用奖分表达认可，用扣分表达禁止，强化管理的信号。

（9）能够用员工接受的方式管理员工，实现提高员工积极性的结果。

（10）及时性、持久性：积分奖扣随时可用，无需层层报批；积分不清零，放大激励时效。

可以毫不夸张地说，积分制是中国人对管理理论和管理实践的重大贡献，它有效地解决了长期困扰管理者的问题，也是企业管理中最困难的问题：员工考核和员工激励。

二、积分制为组织赋能

赋能最早是心理学中的词语，旨在通过言行、态度、环境的改变给予他人正能量。

"组织赋能"是近年来企业管理中的一个热词，即为组织发展赋予某种能力和能量。

越来越多的不确定性，是这个时代的显著特征，驾驭不确定性只有一个方法，就是让组织层面拥有持续创造力。这就要求释放员工的个体力量，激发其创造热情，而非施加更强的管控，也就要求组织要为个人赋能，为个人赋能就是给组织赋能。

组织赋能通常有以下几个构成要素。

- 营造有利的氛围。
- 建立有效的机制。
- 充分激发潜能。

（一）企业的痛点

在企业管理中，我们都会遇到以下问题。

- 员工没有积极性：管理人员无可奈何。
- 制度没有执行力：管理团队无法决定员工待遇，只能对上一套，对下一套，处罚难以落实，制度形同虚设。
- 无合理的分配机制：传统企业管理多采用"大锅饭"的利益分配方式，再多的投入都无法起到激励作用。
- 企业留不住人才：私营企业缺乏留人的砝码，员工想来就来想走就走，剩下老板面对"烂摊子"。
- 无健康的企业文化：传统企业管理只考虑员工"做事"，没有管"做人"，越是能力强的员工在公司越是不好管。
- 激励成本高：传统企业管理用物质激励，不断给员工承诺，结果利润在不断下降，员工工资却在不断上涨。
- 员工思想难把握：员工上班不仅为了工资奖金，还有更高的精神需求，传统的企业管理根本没有考虑。

（二）积分制：为企业赋能

在碧水湾人看来，上述问题都可以通过积分制得到有效地解决。企业可以用积分调动员工的积极性，用积分增强制度的执行力，用积分培养员工的好习惯，用积分建立健康的企业文化和正确的价值观念，用积分打破分配中的平均主义，用积分留住人才，用积分建立优秀的管理团队，用积分使企业文化落地，用积分实现管理者的意图，用积分解决管理中的各种困惑。

碧水湾人的体会是：

- 积分制是一针"兴奋剂"，可以让员工活跃起来，变被动接受为主动行动。

- 积分制是一支"催化剂",可以有效推动酒店各个部门的执行力。
- 积分制是一盏"信号灯",借助于加减分的方式,让员工明白管理者想要的结果。
- 积分制是一把"刻度尺",可以让全体员工清晰看到相互间的差距和不同。

积分制管理通过以下几个途径,实现为组织赋能。

1. 为文化塑形

(1) 培养员工习惯,创建友爱氛围

用奖分去培养员工的好习惯,用扣分来约束员工的坏行为,构建健康向上的企业氛围。

案 例

帮员工带快递也可以获取积分

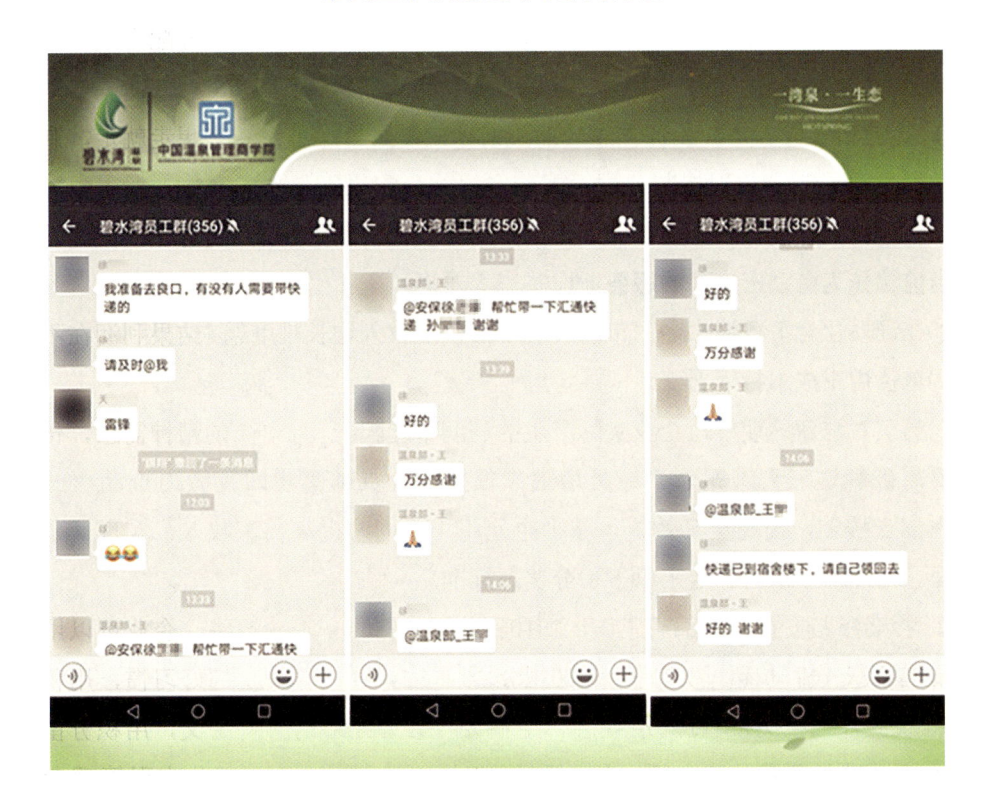

帮员工带快递也可以获取积分

（2）打造积极向上、不断进取的变革与创新文化

市场同质化激烈竞争以及人工成本不断上涨带来了企业经营压力，为了保障企业持续良性运转，2019年碧水湾提出"减员增效"策略，旨在通过精简岗位编制、优化岗位流程，把用工降下去、把效率提上去、把员工收入加上去，计划用2年的时间完成减编20%的目标。为了实现这一目标，碧水湾制定了如下积分奖惩标准。

- 一线部门减编1人，部门负责人加50积分；二线部门减编1人，部门负责人加100积分。
- 部门培养1名"一岗双能"员工，部门负责人加30积分（一岗双能需经人事部考核认可）。
- 员工通过"一岗双能"或"一岗多能"资格考核，加30～50积分，并允许参与内部兼职赚取额外收入。
- 部门优化了工作流程，或采取了新技术解放了人力，给予加30～50积分/项奖励。
- 同时每季度评比"减员增效"突出部门以及落后部门，分别给予加50和减50积分的奖励和处罚。

在此激励政策作用下，2020年较2019年实际减编107人，2021年较2020年再减33人，目前常规在编人数较2019年及以前减少约28%，但是人均创收同比增加10.3%，积分制助力度假村超预期完成了企业"减员增效"的既定目标。

（3）打造多劳多得、让优秀的员工不吃亏的企业文化

积分制可以充分体现按劳分配、多劳多得的分配原则和分配文化。把工资以外的福利与积分排名挂钩，打破二次分配上的平均主义，让优秀的员工不吃亏。

当前，作为劳动密集型的服务业面临三大难题。

①在同质化竞争愈演愈烈的市场环境下，营业收入增长难度越来越大。

②单位用工成本持续上涨。

③员工对涨薪的期望与企业实际产生的利润不匹配。

要想破解这三大难题，"减员增效"很重要，具体落实即：大力推动"一岗多能、内部支援"，提高员工效能，减少企业用工，同时提高员工收入，实现劳资双赢的局面。为此，碧水湾制定了以下积分奖惩标准。

- 报名参与支援其他部门工作，加10积分。
- 单次支援时长超过3小时，加20积分。
- 支援津贴按照1:3转积分。
- 年度支援类积分排名第一者，评选为"年度支援达人"。
- 部门派遣员工支援其他部门，奖励部门负责人10积分/人次。

在一岗多能、内部支援政策激励下，二线部门共有82人通过了一线部门业务技能考核。经常参与支援的近15名员工，平均每月收入增加1500多元。

（4）打造快乐工作的企业文化

通过积分制，可以让员工活跃起来，可以将工作任务从被动接受变为主动争取。

案 例

把工作任务拍卖掉——碧水湾十五周年庆典活动工作任务拍卖会

以积分奖励的方式，拍卖碧水湾十五周年庆典活动工作任务：工作从被动接受，变为主动争取

（5）打造公平、公正的企业文化，解决企业分配不公和优秀员工评选不公的问题

积分制可以解决分配上的问题。打破平均主义，用有限的支出获得最大的激励效果，让拿到奖励的同事开心和受鼓舞，未拿到奖励的同事也不会灰心，反而会受到鞭策。

优秀员工评选是酒店行业的普遍做法，但是由于操作方法不规范、不科学也产生了诸多问题。例如人情关系干扰、轮流坐庄、上级指定等，往往选出的优秀员工并不符合"榜样""员工楷模"的评选初衷，落选的员工也多有不服，造成一项本来很好的机制，带来了弊大于利的不好局面。积分制可以通过量化比较和积分排名，公开、公平、公正地解决这一问题

碧水湾的做法如下。

- 取消优秀员工的"推荐—投票制"，改为多维度指标考核制。
- 指标包括：积分、绩效、支援情况、用心做事情况、违纪处罚情况。
- 所有指标都是用数据体现，由职能部门计算得出，其中积分占40%权重。
- 设置候选人条件：只有年度积分排名前30%的员工才具备选为优秀员工的资格。
- 所有分值经过权重计算后，按照总分排名，排名前列者即为优秀员工。

所以，碧水湾的优秀员工不是推选出来的，也不是投票出来的，而是经过可视化的数据计算而来，所有的规则一视同仁，所有的结果公开透明，最终选出的优秀员工自然是员工之中的佼佼者，员工信服，管理者也减少了很多烦恼。

（6）鼓励员工多提意见和建议，打造持续改进的企业文化

案 例

利用积分鼓励员工多提意见和建议

（7）培养员工的"担当意识"和合作精神

好的服务往往需要各部门配合、联动，日常工作中难免会出现差错，在公司领导或职能部门检查时，部门之间相互推诿、扯皮成了管理中的一大难题。为了解决这一问题，碧水湾制定了如下积分奖惩规定。

- 部门之间发生矛盾时主动剖析自身问题，不指责他人，加20积分。
- 主动承担过失，处罚或赔偿酌情减免。
- 不先说自己问题而推卸责任给他人，扣50积分。

在此作用之下，碧水湾部门之间合作虽也会遇到问题，但互相推诿、争吵的情况已鲜有发生。

2.为管理助力

（1）解决分外事没人做的问题

积分制可以让"吃亏是福"变成现实，员工每次的额外付出都能得到积分奖励，解决分外事没人做的问题。

同时，积分制赋予管理人员奖扣分权限，管理人员在日常管理中可以奖扣分交叉运用，让管理人员的要求和期望更容易实现。

案 例 一

总监主动申请当啦啦队队长获加分

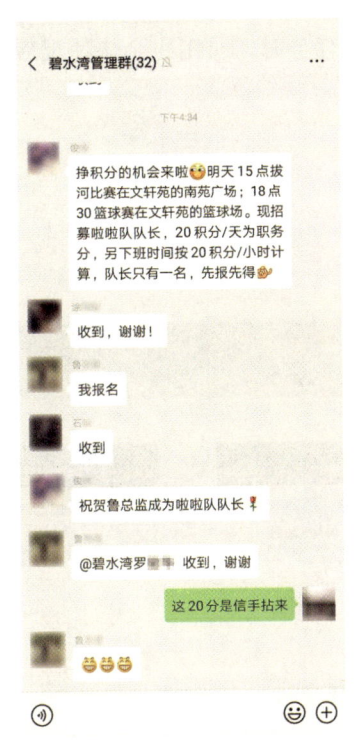

总监主动申请当啦啦队队长

案 例 二

整理文件的工作谁来做？

整理文件的工作谁来做？

"碧水湾现象"解密

（2）大幅提升工作效率和执行力

高效的执行力是企业战略和管理目标实现的关键，是企业在激烈的市场竞争中立于不败之地的关键，也是高层管理者着力打造的企业文化。积分制的引进，有助于打造高效的执行力文化。有工作任务时，员工也会快速反应，踊跃报名。

案 例 一

当需要"服务秀"演员时

员工踊跃报名

案 例 二

快速解决问题

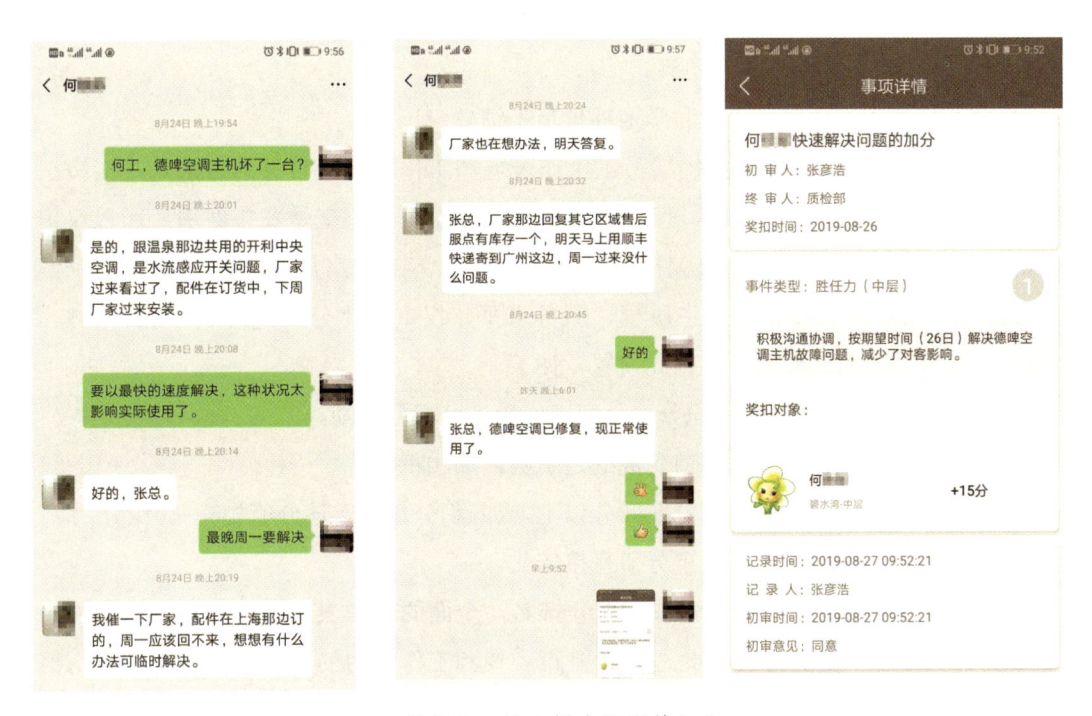

工程部员工快速解决问题获加分

2021年四季度，政府下达企业节电7%的任务，为了实现这一目标，碧水湾从"保证顾客体验、保障正常经营、优化用电方式、错峰用电"出发制定了一系列科学用电、节电措施，并明确了各部门控电任务，为确保各部门任务的完成，度假村同时颁布了如下积分奖惩标准。

①见室内人走灯未关而随手关闭，加3积分。

②在现行制度下，视天气、客情等情况提出临时开关灯光建议的，加3积分/次。

③蒸汽、洗涤等大型用电设备未达最低使用要求而开启的，扣20积分/次。

④发现其他部门存在用电浪费情况主动反馈的，加5积分/次。

⑤每月部门提交《控电工作总结》有亮点的，加30～50积分。

⑥每月评选节电突出部门，加50积分；节电落后部门，扣50积分。

在此激励政策作用下，2021年四季度较2020年同期用电减少11%，超额完成了政府下达的7%的节电任务。

"碧水湾现象"解密

（3）解决管理人员分身乏术的问题

任何企业都是干部少、员工多，人盯人的管理方式让管理效率降低，管理人员疲惫，积分的导向管理和任务模式，可以很好地解决这一问题。

（4）解决员工小富即安、不求上进的问题

通过积分排名的方式，造成员工在物质和面子上的差距，形成优秀与落后的既视感，鞭策员工始终保持进取的劲头。

（5）提高工作效率，更加科学地评价员工绩效

以客房部为例，评价客房楼层员工工作表现和工作业绩最常见的做法是直接按工作量排名，该方法虽简单直观，但是日常工作中楼层员工不全是安排做房，所以仅用做房量排名评价员工，存在以偏概全的问题。碧水湾对客房部员工的评价从四个维度开展——做房量、效率、卫生质量、服务水平，权重占比分别为50%、10%、20%、20%。在积分层面，奖扣条款也据此设置，如下。

- 工作量：1个工作量=5积分；月度工作量排名积分奖励。
- 工作效率：在规定时间前完成既定房数，加20积分。
- 卫生质量：单房清洁评分在90分以上，加5积分，低于该分值扣5~10积分。
- 服务水平：根据用心做事分值直接转化。

楼层员工参照以上条款得分进行积分排名，全面的工作表现评价规则得出最终的结果使员工信服，更能看出彼此之间的差距，找到工作努力的方向。也因此，客房部人均日工作量提升1.3间，满房清洁完成时间提前了近半小时，网络关于卫生方面的差评也控制在月度3个以内，顾客满意度常年保持在98%以上。

（6）增强员工工作动力

首先，积分制鼓励多劳多得，为自己做事，变被动为主动。

案 例 一

运用积分建立"门长"制度，解决门框磕碰问题

员工在搬运工作中粗心大意，经常会磕碰到门框产生一道道的划痕，不仅影响美观，频繁地维护也带了很大的成本消耗，虽三令五申要求员工注意规范操作，但由于监管难度较大，所以该问题一直很难得到根本性解决，本质上还是大家意识上的"事不关己高高挂起"作祟。要想解决这一问题，要从思想和行动上同时着力，为此，碧水湾利用积分制，颁布了以下规定。

- 为经常磕碰的门框设置一名"门长",每周检查3次,每月给予50积分。
- 如发现磕碰,"门长"负责调取监控,只追究最后一个违规通过者。

一个神奇的现象也由此诞生,做了"门长"之后,很多员工的责任感油然而生,把公家的门当成自家的门来管理,门框磕碰的问题一下得到了解决。

案 例 二

新媒体营销:积分奖励,让员工充满干劲

《碧水湾企业文化》中讲到:"奖励正确的行为,你会获得更多正确的行为。"员工的热情如果得不到及时肯定,慢慢就会冷落下来。5G时代酒店都很注重新媒体营销,狭义的做法仅限于公司官方账号运营,而广义的做法则推广于酒店全体员工,多点开花,让人人都成为公司品宣的一个平台。以前在没有政策激励的情况下,只有少部分年轻的员工偶尔发发抖音,展示企业的美景与产品,大部分人无动于衷。碧水湾确定了"全员新媒体"之后,公司层面颁布了如下激励政策。

①拍摄与企业相关的短视频发布于个人抖音账号并添加公司地址,加5积分/段(每天上限10积分)。

②短视频点赞加评论过百,加10积分。

该激励政策颁布仅1个月,碧水湾在抖音上的热度从10名之外突进至本区域第3名,度假村各部门、各年龄段的员工均不甘落后,在短视频创作上各显神通。

其次,积分制可以让员工直观地看到自己与他人的差距,从而激发工作动力。通过部门积分报表及奖扣明细,让员工心服口服(也解决了考核公平的问题),同时找到自己与他人的差距,从而激起赶超先进的动力。

"碧水湾现象"解密

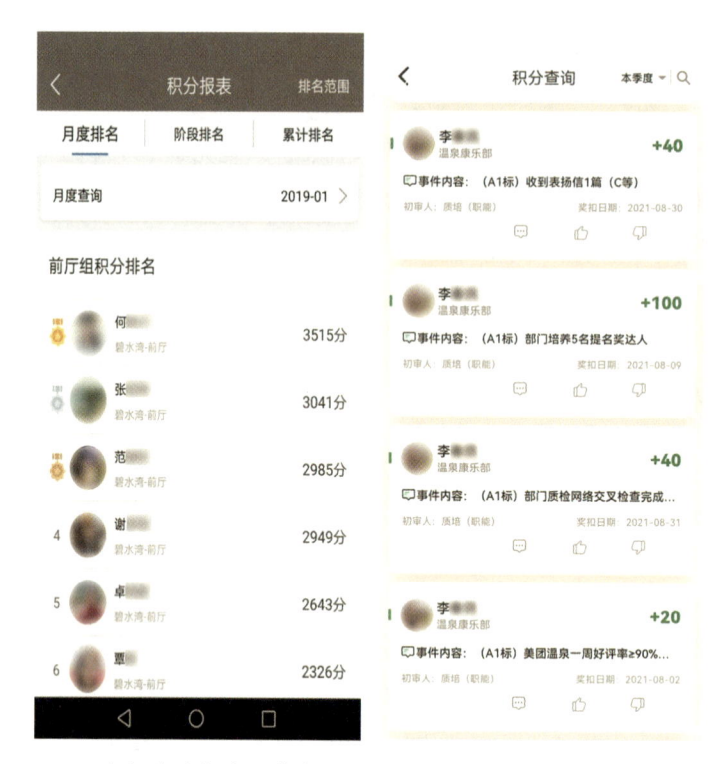

部门积分报表及奖扣明细，解决了考核公平的问题

三、碧水湾积分制管理：基本思路与实施要点

积分制原理并不复杂，但要成功落地，实施起来却不容易，需要精心设计，同时也需要管理软件的支持。

（一）积分制与酒店原有管理制度之间的关系

在实践中，很多酒店和度假村想引进积分制管理系统，但存在很多疑惑，比如：如何处理好积分制与酒店原有管理机制（制度）之间的关系？积分制能够全面替代酒店原有激励制度吗？

积分制管理的实施，首先要建立的就是"体系化"运作的思维，要与酒店现有机制并轨，可先并行，最终融合。

需要明确的是：

● 积分制是一套可独立运作的机制。

● 积分制可以兼容其他人力资源考核机制，与企业现有的管理制度同时运行，相辅相成。

● 积分制也可以替代企业原有的一些考核机制。

(二)积分制管理体系五大板块

1. 分组

实施积分制首先需要依据工作的性质和特点,对员工进行科学的分组。分组的原则见本章中的《积分分组与积分有效期》之相关内容。

2. 奖励方案

奖励方案是指基于积分排名结果实施的一系列奖励措施。

设置奖励方案的目的是:

(1)给积分赋值,为员工主动赚取积分创造动机。

(2)奖金、薪酬调整、职务变动等与积分挂钩,建立以奋斗者为本、多劳多得的企业文化氛围。

奖励方案实例

奖励类型	奖励内容
奖金奖励	月度、季度、年度积分奖金,年终奖差额系数分配
惊喜奖励	奖励外出考察培训、旅游、宿舍升级、看电影等
成长奖励	决定新员工转正、薪酬调整、职务变动、年底评优等

3. 奖扣分标准

奖扣分标准是指用于积分奖扣操作的条款。

(1)制定奖扣分标准的作用

- 用于表达管理者的管理意志。
- 是员工赚取积分的行动指南。

(2)奖扣分标准的分类

根据内容,奖扣分标准分为三类。

- 《部门积分标准》。
- 《企业公共积分标准》。
- 《特定小组积分标准》。

(3)制定奖扣分标准的原则

- 基于"务实"的基本原则,以解决实际问题,提升管理、服务水平为目的。
- 文字描述须简明扼要、客观准确、无歧义。

(4)制定奖扣分标准的思路

- 基于"问题导向"。
- 基于"期望导向"。

4. 制度流程

制度流程是为了确保积分各项操作高效、流畅、公平、公正、公开的引导性或限制性条款。如奖扣管辖权、奖扣权限、奖扣任务，以及积分审核、时限、复核、防范弄虚作假规定等。

5. 积分软件

实施积分制，需要一套积分制管理软件，否则，需要投入人力，且工作效率低下，长期下去，会浪费较多的人力，可操作性不强。

碧水湾的积分软件是用于积分录入、统计、分析、结果呈现的专业性软件。该套软件具有明显的服务行业特色，简单、易学、易掌握，同时，功能强大，运行流畅，不断升级迭代。

（三）推行积分制管理的步骤

参考碧水湾管理模式，积分制的推行可以按照以下步骤进行。

1. 建立执行团队。人力资源部2~3人，总体负责企业日常积分制管理工作；每个部门至少1人，作为积分专员负责本部门积分制管理工作。
2. 掌握积分原理。
3. 深度调研。
4. 确定《积分实施管理办法》。
5. 全员宣讲、培训效果检验。
6. 试行。
7. 总结与方案修订。
8. 正式推行。

（四）积分制管理成功的要诀及应当规避的问题

积分制管理是一项非常好的管理方法，但在实施过程中，常常会存在以下问题，可能会导致积分制半途而废。

认识不足。主要体现在培训不到位，员工对积分的理念、操作流程等一知半解。

重视不够。老板不重视，中层浮于形式，基层"佛系"应对。

执行不到位。有制度不执行或打折执行。

知难而退、半道废弛。遇到问题习惯性抱怨、质疑；没有常态化总结、分析、优化的机制。

四、积分的分类

碧水湾积分制管理中,将积分分为"固定积分"和"表现积分"两种类型。

(一)固定积分

包括学历积分、职务积分、职称积分、技能积分等。

1. 学历

学历不同,固定积分也不同,初中10分,博士则可高达200分,最大差距达190分,最高学历是最低学历的20倍。体现了度假村对员工学历和知识水平的认可。

学历积分

序号	类别	加分
1	初中	10分
2	中专、高中	20分
3	大专	30分
4	本科	40分
5	硕士	100分
6	博士	200分

2. 职称

职称积分

序号	类别	加分
1	人力资源管理员(四级)	10分
2	助理人力资源管理师(三级)	20分
3	人力资源管理师(二级)	30分
4	助理会计师(三级)	20分
5	会计师(二级)	30分
6	普通话初级导游	20分

3. 技术

技术积分

序号	类别	加分
1	A级驾驶证	50分
2	B级驾驶证	30分
3	中级救生证	20分
4	高级救生证	25分
5	教练证	25分
6	初级电工证	10分

续表

序号	类别	加分
7	中级电工证	20分
8	高级电工证	30分
9	初级厨师证	10分
10	中级厨师证	20分
11	高级厨师证	30分

4. 技能（特长）

碧水湾对于具有一技之长的员工，无论是原有的特长，还是通过培训学习而掌握的，都在积分制中加以体现。鼓励员工不断学习、进步。比如，通过培训和努力，学会蒙眼铺床和蒙眼摆台的员工，就可获得20个固定积分。

技能（特长）积分

序号	类别	加分
1	蒙眼铺床	20分
2	蒙眼摆台	20分
3	礼仪队	20分
4	篮球队	20分
5	英语C等	20分
6	英语B等	30分
7	英语A等	40分

（二）表现积分

对照碧水湾的企业文化，设置表现积分。包括：提前上班、主动加班、做分外事、帮助同事、创新工作、争得荣誉等。

表现积分的设立，可以弘扬碧水湾所倡导的健康的、积极向上的、正能量文化。

1. 争得荣誉积分

（1）代表度假村参加市级、省级、国家级竞赛获得名次，每人奖分如下表。

争得荣誉积分奖励

序号	名次	区级	市级（中南局）	省级（民航空管局）	国家级（民航局）
1	第一名	50分	100分	300分	500分
2	第二名	30分	80分	200分	400分
3	第三名	20分	50分	100分	300分

（2）月度提名次数（≥10次）在度假村排名前三者，分别奖励50分、30分、20分；其他达人奖励10分。

2. 超时工作积分

每天工作按8小时计算（不含用餐时间），以半小时为单位，从超时工作1小时算起，对应奖励如下表。

超时工作积分奖励

序号	超时数	奖分
1	1h	10分
2	1.5h	15分
3	2h	20分
4	2.5h	25分
5	3h	30分
6	3.5h	35分
7	4h	40分
8	4.5h	45分
9	≥5h	50分

3. 工作态度积分

工作态度积分奖励

序号	加分事项	加分分值
1	（A3标）主动报名担任大学堂部门礼仪展示主持	10
2	（A3标）顶替休息同事完成其岗位一天的工作	20
3	（A3标）兼职文员岗位一个月	200
4	（A3标）兼职部门资产管理员一个月	50
5	（A3标）报名参与平日支援	10
6	（A3标）报名参与周六周日支援	20
7	（A3标）主动报名代表部门参加度假村组织的比赛、活动	60
8	（A3标）提前10分钟到达工作岗位/天	5
9	（A3标）发现本岗位设施设备故障并主动报修，1项	2

4. 创新积分

凡是企业所鼓励的，都可以在积分中加以体现。比如，为了坚持持续改进的经营理念，碧水湾特别重视创新，所以，就在积分制中增加了创新项目，无论哪个部门，哪方面的创新，度假村都会根据创新的大小和重要性，给予5～20分的积分奖励。

创新积分奖励

序号	加分事项	加分分值
1	（A2标）创新或简化一个工作流程	20
2	（A2标）创新一项服务获得认可，并且推广	40
3	（A2标）创新一件手工物品并运用到工作中	15

续表

序号	加分事项	加分分值
4	（A2标）主动回收利用旧物品进行维修或制作	20
5	（A2标）主动利用边角余料进行制作与维修	20
6	（A2标）主动改进制作及维修方法提高维修效率	20

五、积分的来源与获得方式

（一）积分的来源

积分不只是来源于员工的工作，还可以来自于员工的生活，比如：

- 主动帮助同事；
- 参加服务秀演出；
- 传递社会正能量；

……

案例一

内务卫生积分

序号	类型	加分
1	宿舍卫生整洁，物品摆放有序，无安全隐患	5~20分/人
2	办公室卫生合格，桌面整洁，材料合理分类摆放	5~20分/人
3	主动倒垃圾	2分/次
4	主动打扫办公室、工作间卫生	5分/人/次

案例二

弘扬正能量积分

内容	分值	备注
主动报名参与支援一线（客房铺床等）	10分	该项考核主动性
主动报名法定节假日值班	10分/天	
孝敬父母：为父母庆祝生日	15分	
孝敬父母：为父母买衣服、日用品	15分	
孝敬父母：带父母出去旅游	30分	
支持国产：购买国产手机	25分	
支持国产：购买国产笔记本电脑	35分	
支持国产：购买国产汽车	80分	

（二）积分的获得方式

员工可以通过多种途径获得积分，主要有以下四种。

- 上级奖励；
- 自行申报；
- 同事申请；
- 规定项目。

六、积分分组与积分有效期

（一）积分的有效期

除非触碰积分清零规则，否则，积分一旦生成，永久有效。积分的长期有效，使积分所能发挥的激励作用倍增。

附：积分的清零规则

积分清零规则

1.出现以下行为，清零1个月积分

①朋友圈/微信群辱骂同事、上级。

②出现问题不首先检讨自己，而是任意指责他人。

③引导或暗示客人给自己写表扬信。

④当月旷工1天。

⑤考试舞弊。

⑥对于客人的开口需求置之不理也不反馈。

⑦作为上级把关用心做事案例/积分不严，出现弄虚作假案例/积分。

2.出现以下行为，清零3个月积分

①当月旷工2天。

②指使他人冒充客人名义写假表扬信。

③作为上级，包庇下级的违纪行为。

④索要小费。

3.出现以下行为，清零12个月积分

①用心做事案例弄虚作假。

②积分加减分项弄虚作假。

③传播黄色、血腥、暴力视频。

④发生火灾时，不服从消防/安保人员指挥。

⑤当众顶撞上级。

4.出现以下行为，清零所有累计积分

①诋毁国家、政府、企业。

②吸毒、打架、斗殴、纵火。

③殴打客人。

④旷工≥3天。

⑤存在严重不孝敬父母的行为。

⑥有恶性传染病，故意隐瞒不报或恶意传染给他人。

从以上清零规则可以看出，碧水湾清零规则具有以下几个明显特点。

1. 紧扣企业文化

碧水湾的文化是充满正能量的企业文化，凡违背正能量企业文化的行为，包括"存在严重不孝敬父母的行为"时，要"清零所有累计积分"，充分体现了其所倡导的亲情服务文化。

2. 纪律严明

规则规定：当月旷工、上级包庇下级的违纪行为、下级当众顶撞上级，以及吸毒、打架、斗殴、纵火等，积分都要清零。

度假村曾经有2名保安，因吵架引起打架，最后被度假村全部开除，尽管打架双方最后都认错，想继续回来上班，度假村也没有同意其入职，这一点毫不留情，违背纪律和制度，没有任何余地。

（二）积分分组

为了体现公平性和科学性，积分要有可比性，因此，必须对员工按照级别、部门、班组等进行积分分组。

积分分组的原则有两个。

- 有管理关系的人员不能分在同一组。
- 工作性质差异大的不能分在同一组。

案 例 一

管理人员分组

序号	组别	包含对象	人数
1	中层A组	各部负责人	11
2	中层B组	除部门负责人之外其他中层	15
3	主管A组	房务、温泉康乐、餐饮楼面、营销部、收银	11
4	主管B组	安保、计财后台、工程、采购、康养、行政人事、中厨	11
5	领班A组	房务、温泉康乐、餐饮楼面、营销部、收银	39
6	领班B组	安保、计财后台、工程、采购、康养、行政人事	24

案 例 二

员工分组

序号	组别	包含人群	人数
1	房务部组	房务部基层员工	74
2	温泉康乐部组	温泉康乐部基层员工、技师	156
3	餐饮部楼面组	餐饮部楼面基层员工	48
4	中厨组	中厨基层员工	57
5	工程部组	工程部基层员工	30
6	安保部组	安保部基层员工	62
7	综合组	收银员、营销文员、计财文员、采购文员、采购员、司机	

七、积分奖扣要点

（一）制订积分奖扣细则应把握的原则

1.奖扣细则应有导向性

奖的就是期望员工做的，扣的就是不愿员工做的。

2.奖扣细则应有针对性

因事而定、因时而定、因人而定，也就是说，可以针对具体的事项、针对不同的时期、针对特殊的对象而制订相应的奖扣细则。

3. 奖扣细则应有差异性

不同部门、班组会有工作的不同和差异，细则的制订要兼顾全面，不能一刀切，各部门可有自己不同的细则。

4. 奖扣细则应有严肃性

所有奖扣细则必须经过职能部门审定确认后方可执行，一旦执行，未经审批同意不能随意改动、变更。但不能随意改动并非永久不变。在不同的时期，根据企业的发展战略和发展重点，可以对积分设置项目及积分值做适当调整，可增加积分项目也可减少项目。以碧水湾为例，最多时积分项目达4000多条，现在则瘦身到不足800条。

（二）奖扣执行流程

积分奖扣分流程如下。

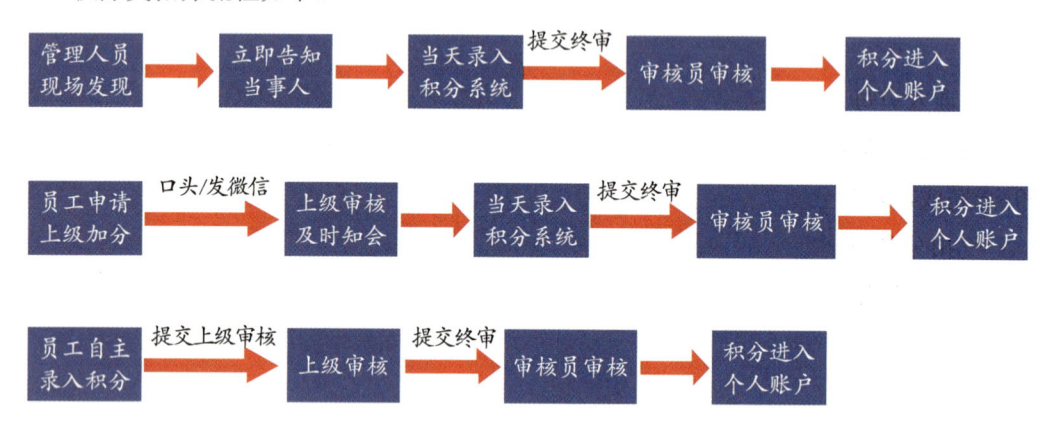

管理人员现场发现 → 立即告知当事人 → 当天录入积分系统 —提交终审→ 审核员审核 → 积分进入个人账户

员工申请上级加分 —口头/发微信→ 上级审核及时知会 → 当天录入积分系统 —提交终审→ 审核员审核 → 积分进入个人账户

员工自主录入积分 —提交上级审核→ 上级审核 —提交终审→ 审核员审核 → 积分进入个人账户

（三）奖扣权限的设定

在积分制中，管理人员的级别不同，奖扣权限和力度也不同。

管理人员奖扣分权限

序号	级别	奖扣分权限（分）
1	领班级	15
2	主管级	20
3	部门副职	40
4	部门正职（含总监）	60
5	副总经理	200

(四) 管理人员每月奖扣任务的设定与考核

1. 管理人员每月奖扣任务的设定

为了使积分制得到有效的贯彻落实，避免流于形式，管理人员每月都必须完成规定的相应级别的奖扣任务。

管理人员每月奖扣任务

序号	部门	任务类别	领班	主管	部门副职	部门正职	奖扣分比例
1	营销部、计财部、采供部、行政人事部	奖分	100	200	300	400	100：15
2		扣分	15	30	45	60	
3	房务部、温泉康乐部、餐饮部、安保部、工程部	奖分	200	300	400	600	
4		扣分	30	45	60	90	

2. 管理人员每月奖扣任务的考核

管理人员每月都有奖扣分任务，并要进行考核，以确保积分制得到贯彻落实。

根据碧水湾积分管理制度：未完成奖扣分任务，超过50%未完成，扣40分；未超过50%未完成，扣20分。

奖扣分任务考核是以奖分为基础考核扣分。例如：某管理人员当月共奖出1000分，那么他的扣分只要≥150分就认定为完成考核任务。

八、积分分值与权重设定

度假村对不同行为设定不同的分值，这种分值可以根据实际情况和管理层的导向，进行动态调整。

度假村积分制分不同的部门和班组实施。以下以客房部、公共部门、中层管理者等三个部门为例，说明积分分值与权重的设定标准。

（一）客房部积分分值标准

客房部积分奖扣标准

高频率奖扣标准				
序号	事件内容	分值	执行人（责任人）	备注
1	提前完成控房（控房效果高效、快捷）	20~40	主控	
2	工作量统计	10	管理人员	

续表

高频率奖扣标准				
序号	事件内容	分值	执行人（责任人）	备注
3	部门正反案例本登记上交	10	管理人员	
4	班前会分享案例	10	管理人员	
5	每日加班完成工作	按照制度加分10分/小时	主控或者员工自己申请	
6	每日工作量达标	10	管理人员	
7	每日协助员工做房	5分/间	管理人员	
8	每周引导用心做事2篇	10	管理人员	
9	查房超50间（不含50间）每多查1间	1	管理人员	
10	员工每日工作量加分	5分/间	直接上级	
11	早班截至下午14：00完成10间工作量	20	直接上级	
12	早班截至下午16：30完成15间工作量	40	直接上级	
13	中班截至下午15：00完成10间工作量	20	直接上级	
14	中班截至下午16：30完成13间工作量	40	直接上级	
15	周用心做事达到30条以上	10	直接上级	每多1条多+1分
16	部门布置工作以外的工作，积极完成	10	直接上级	
17	主动推杯具到楼层	5～10	直接上级	
18	主动拿拖鞋到房间	5～10	直接上级	
19	主动帮助其他楼层开市	5～10	直接上级	
20	主动帮助其他楼层倒垃圾	5～10	直接上级	
21	对客区域设备设施出现问题积极反馈	5	直接上级	
22	帮客人拉行李或者按电梯	5～10	直接上级	
23	完成班后并主动帮助其他同事或楼层班后	10	直接上级	
24	因工作需要积极配合停休完成工作	10	直接上级	
25	提出合理化建议	5	直接上级	
26	员工及时反馈工作中客人反馈的意见或问题	5	直接上级	
27	工作中员工能积极主动地补台补位	10	直接上级	
28	统计各楼层领货单据无差错	20	直接上级	
29	完成单据录入上交无差错	10	直接上级	
30	完成各楼层领取货物	25	直接上级	按1个楼层5积分

续表

高频率奖扣标准				
序号	事件内容	分值	执行人（责任人）	备注
31	在14:00前配完120间房的杯具	10	直接上级	
32	当日配完杯具60间	5	直接上级	
33	当日配完杯具90间	10	直接上级	
34	当日跟进改干净房态120间	10	直接上级	
35	当日跟进退房120间	10	直接上级	
36	收1个楼层加物	3	直接上级	
37	跟进准备夜床物品	5	直接上级	
38	分别打2楼、3楼、4楼、5楼、6楼房态，无差错	3分/楼层	直接上级	
39	房态正确没有错误	10	直接上级	

（二）公共部门积分分值标准

度假村公共部门和中层管理人员的积分分值确定与实施由度假村行政人事部统一负责。

2019年度假村公共标准如下。

1.事件类型释义

事件类型释义

事件类型	解释说明
工作类	工作绩效、超出期望、提高效率、创新、重视安全
加班类	超时工作
营销/宣传类	创造营收、转发微信、主动宣传企业
行为类	孝敬父母、爱护环境、团结互助、弘扬社会正能量
固定积分	学习、特长、良好习惯

2.公共加分标准

公共加分标准（加粗部分不适用管理人员）

序号	类型	内容	分值
1	营销/宣传类	转发度假村官方微信到朋友圈	5
2		介绍客人度假村内二次消费（购买泳衣、购买特产、推荐餐厅等）	10
3		介绍亲戚、朋友、同学到度假村内消费，按照消费额×8%进行积分奖励，单批次上限100积分	8%×金额
4		个人在度假村内消费，奖励标准同上	8%×金额
5		**以恰当的方式主动添加客人微信**	3

"碧水湾现象"解密

续表

序号	类型	内容	分值
6		内部培训或会议主动坐第一排	25
7		内部培训或会议主动坐第二排	20
8		内部培训或会议主动坐第三排	15
9		教会同事一项对工作有帮助的技能（非师带徒范围内的）	20~50
10		随手关水关电，节能降耗	3
11		见到地面有垃圾主动捡起	3
12		见到设施设备出现故障及时反馈	3
13		废旧电池投入环保收集箱	2
14		帮助同事带快递回度假村	10
15		为同事策划一场感动的生日会	20
16		参加同事的生日会聚餐	5
17		响应企业号召，献血或者捐款	20~40
18		同事生病顶替同事上班	10
19	行为类	同事生病陪同事去医院协助挂号拿药等	20~40
20		捡到客人财物主动上交	30
21		及时回复微信群通知	5
22		帮助同事申请积分	3
23		购买一本书	10
24		读完一本书并交一份不少于500字的心得	30
25		每天学习5个酒店英语单词	5
26		工作中有怨言不私下传播或公开发泄，主动找上级沟通	10
27		主动向上级承认错误（在上级发现之前）	10
28		在外就餐/消费，发现可供企业借鉴的亮点，拍照分享给同事	5
29		朋友圈发布正能量信息	3
30		孝敬父母：给父母发红包（不低于100元）	10
31		给父母庆祝生日（包括买礼物）	20
32		带父母去旅游	30
33		购买国产手机	30
34		购买国产笔记本电脑	40
35	行为类	购买国产汽车	80
36		分享特产给同事	20

续表

序号	类型	内容	分值
37		**主动帮客人拍照**	5
38		**主动帮客人按电梯**	3
39		发现有人油库前抽烟,及时劝阻	10
40		发现客人醉酒驾驶出度假村及时劝阻或者反馈	20
41		发现消防通道堵塞及时反馈安保部	10
42		发现客人游泳,但泳池周边无救生员当值,及时补位并反馈	20
43		发现某处电线冒烟或者起火及时反馈	10
44		发现形迹可疑人员及时反馈	5~10
45		合理、恰当方法扑灭初级火灾	40
46		发现明火作业,人走火未关,立即补位/关火并反馈	10
47		发现客人离开,车窗、车门未关,及时反馈安保警卫跟进	10
48		检查发现餐厅有过期食材未处理,及时反馈并跟进处理结果	15
49		报名参加支援(支援餐饮、客房、温泉等)	10
50		部门负责人安排员工支援其他部门	10
51		支援津贴转积分	3分/元
52	工作类	当月支援工作量度假村排名第一	100
53		当月支援工作量度假村排名第二	80
54		当月支援工作量度假村排名第三	50
55		创新菜品	40
56		创新菜品,并成功推出	40
57		会议内容、形式创新,提高效率及员工满意度	20~40
58		工作流程优化,提升工作效率	20~40
59		培训内容、培训方式创新,打造精品课程	40~60
60		文案创新,获得更多关注与阅读	40~60
61		提前完成某项既定的本职工作	5分/天
62		提前完成上级交办的临时工作	10
63		被口头表扬	5
64		收到表扬信,30字以内	10
65		收到表扬信,30~100字	20
66		收到表扬信,100字以上	30
67		被微信朋友圈表扬	30

续表

序号	类型	内容	分值
68	工作类	被携程、艺龙等网评表扬	30
69		被电话表扬、微信表扬、短信表扬	10
70		被董事长表扬	20
71		尽心尽责带徒弟，被徒弟点赞（由徒弟反馈给师父的上级）	20
72		发现A部申购的物资，B部已有库存，及时反馈	5
73		发现某部门员工使用资产存在不当的操作方法，极易损坏资产的正常使用，及时提醒并反馈处理	10
74		发现更好的物资（质量更好、价格更低、服务更好等）及时反馈	10~30
75		发现已报废的物品还可改做他用，按照价值估算	1分/100元
76		上两头班（一个班次分两段上，且相隔超过2小时）	10
77		上中班（23:30—02:00上班）	5
78		上通宵班	15
79		提出合理化建议未被采纳	5
80		提出合理化建议被采纳，一般质量	10
81		提出合理化建议被采纳，中等质量	20
82		提出合理化建议被采纳，高质量	40
83		会议分享正反案例	8
84		入职考试成绩≥90分	40
85		介绍他人到人事部填应聘表	20分/人次
86		当月出勤无异常（无迟到早退、无忘记签到签退）	20
87		积分排名较上月有进步（以5个档划分）	20分/档
88		每月用电量最低的宿舍（且未超出规定限额）	30
89		所在宿舍被评为月度最佳宿舍	30
90		上班主动上交手机	10
91	加班类	因接待需要，推迟下班时间	20分/小时
92		报名参与黄金周加班	20
93		下班时间参加用心做事大学堂	10分/小时
94		下班时间接送同行/客人	10
95		下班时间接送同行/客人（凌晨或者深夜）	20
96		休息时间顶岗同事吃饭	10
97		因工作需要临时被停休、改休	20
98		因工作需要取消正在进行的休假	30

续表

序号	类型	内容	分值
99	固定积分	不抽烟	30
100		大专	40
101		本科	60
102		硕士	100
103		水果雕刻	20
104		英语四级	40
105		英语六级	60
106		入选度假村篮球队	20
107		米粒画	50
108		蒙眼铺床	50
109		蒙眼摆台	50
110		人力资源和社会保障部颁发的二级职业证书	30
111		人力资源和社会保障部颁发的三级职业证书	20

3. 公共减分标准

减分标准参照度假村《处罚细则》，绩效分与积分按照1:10进行转换，即扣1绩效分需同时扣10积分。

（三）中层权重及标准

另外，就中层管理者而言，不同的行为，可以根据不同的部门，依据其工作的重心和重点不同，设置不同的权重，而这种权重也可以依据管理导向，进行动态调整。

2019年中层权重及标准如下。

1. 中层权重设置

中层权重设置

事件类型	一线权重	二线权重
管理类	0.2	0.3
服务类	0.2	0.2
创新类	0.2	0.3
经营类	0.3	0.1
胜任力	0.1	0.1

2. 事件类型释义

事件类型释义

事件类型	解释说明
管理类	基础管理、团队建设、计划完成、工作表现
服务类	顾客赞誉、网评、满意度、服务设计
创新类	服务创新、管理创新、产品创新
经营类	创造营收、业绩目标、市场开拓、自媒体宣传
胜任力	学习、品德、情怀、行为、奉献

3. 中层积分标准

中层积分标准

序号	类别	内容	分值
1	胜任力	百词斩学习每周第一名	30
2		百词斩学习每周第二名	20
3		百词斩学习每周第三名	10
4		参加每月酒店英语单词考核	10
5		参加每月酒店英语单词考核，成绩≥60分	10
6		参加每月酒店英语单词考核，成绩≥80分	20
7		参加每月酒店英语单词考核，成绩满分	40
8		读完一本书	15
9		提交一篇读书心得	30
10		工作之外时间开会、培训（按每小时）	15
11		购买国产笔记本电脑	30
12		购买国产汽车	80
13		购买国产手机	30
14		积极参加中层活动（每月集体运动）	20
15		能够看到他人身上亮点，主动为同事申请加分	5
16		完成百词斩每周学习指标	15
17		微信朋友圈宣传度假村（指原创内容）	5
18		为父母庆祝生日（发红包、买蛋糕、带吃饭等）	20
19		主动承认未被发现或难于发现的自身工作失误、差错、违纪行为	15
20		主动提交各类活动、学习、工作的总结、心得、感悟（按份）	15
21		转发《夜来读书声》到朋友圈	5

续表

序号	类别	内容	分值
22	经营类	一线完成度假村制定的营收指标	100
23		一线完成度假村制定的利润率指标	100
24		一线未完成度假村制定的营收指标	−100
25		一线未完成度假村制定的利润率指标	−100
26	管理类	转发度假村官方微信到朋友圈（须所有人可见，一周内不可删）	5
27		部门参与度假村需要的各类演出、展示（按次）	20
28		部门出现一名提名表扬达人	30
29		部门接受对外参观（按次）	20
30		部门领班、主管"每日、每周"检查任务完成率≥90%	20
31		部门提供的案例被选中为度假村反面案例	20
32		部门提供的案例被选中为度假村正面案例	10
33		部门用心做事月度考核良好	20
34		部门用心做事月度考核优秀	50
35		部门用心做事月度考核优秀并排名第二	30
36		部门用心做事月度考核优秀并排名第三	20
37		部门用心做事月度考核优秀并排名第一	50
38		参加中层例会（按次）	10
39		春节假期坚守岗位（按天加分）	50
40		带队完成每周部门综合检查	20
41		当月部门支援工时，第二名	40
42		当月部门支援工时，第三名	30
43		当月部门支援工时，第一名	50
44		当月部门支援人次占各部总体支援人次的百分比排名，第二名	50
45		当月部门支援人次占各部总体支援人次的百分比排名，第三名	40
46		当月部门支援人次占各部总体支援人次的百分比排名，第一名	70
47		当月例会正反案例分享次数第二	40
48		当月例会正反案例分享次数第三	30
49		当月例会正反案例分享次数第一	50
50		当月休假（含本休）天数≤6天	20
51		当月月报发现问题≥15条	10
52		度假村（含职能部门）组织的各类培训、会议、活动，部门应参加人员能按时到位	15
53		二线部门月度主动收集的有效意见≥5条	20
54		发现安全隐患及时反馈	10
55		发现工作漏洞、隐患	15

续表

序号	类别	内容	分值
56		发现工作漏洞、隐患并采取有效措施	30
57		发现员工的弄虚作假行为，不隐瞒、不包庇，主动向领导/质检反映	40
58		法定假期坚守岗位（按天加分）	20
59		分享工作上可借鉴的内容（高质量）	20
60		分享工作上可借鉴的内容（普通质量）	10
61		工作质量或效果超出过往或预期（A等）	30
62		工作质量或效果超出过往或预期（B等）	15
63		关于安全漏洞，向上级或度假村提出整改建议（A等）	30
64		关于安全漏洞，向上级或度假村提出整改建议（B等）	15
65		积极响应并组织人员参加度假村组织的各类活动（A等）	30
66		积极响应并组织人员参加度假村组织的各类活动（B等）	15
67		例会主动讲评案例	8
68		例会主动讲评企业文化	10
69		每周综合检查，二线发现问题条数≥10条	15
70		每周综合检查，一线发现问题条数≥30条	15
71	管理类	平日及周六值班	15
72		认真履职、严格把关，指出问题、发现差错、降低成本、避免损失、纠正违规（A等）	30
73		认真履职、严格把关，指出问题、发现差错、降低成本、避免损失、纠正违规（B等）	15
74		涉及跨部门工作出现问题时，不指责别人，能审视自身问题	15
75		提前完成有明确时间要求的工作任务（A等）	30
76		提前完成有明确时间要求的工作任务（B等）	15
77		通过自身途径/人脉，招到一名基层员工	40
78		通过自身途径/人脉，招到一名领班级员工	60
79		通过自身途径/人脉，招到一名主管级员工	80
80		为度假村培养出一名储备人才	50
81		一线部门，培养一名亲情服务策划师	50
82		因工作需要，休假中从街口及其他较远地方赶回工作岗位	30
83		因工作需要，休假中从良口及附近赶回工作岗位	20
84		因工作需要，休假中从宿舍赶回工作岗位	10
85		用心做事大学堂，部门没有员工站起来	−20
86		用心做事大学堂，部门有员工积极站起来回答问题	20
87		用心做事大学堂，部门员工发言人次最多	20

续表

序号	类别	内容	分值
88	管理类	员工流失率根据最近三年的月平均值，设定流失率指标，当月低于流失率指标	30
89		员工流失率根据最近三年的月平均值，设定流失率指标，当月高于流失率指标	−30
90		员工满意度与最近三次调查的平均值进行比较，每降低1%	−20
91		员工满意度与最近三次调查的平均值进行比较，每提升1%	20
92		月度打卡，自第二次起的未打卡，每少打一次	−10
93		月度打卡率100%	40
94		值班经理发现问题，被领导认定的有效问题（按条加分）	5
95		职能部门各类抽查结果达到良好	20
96		职能部门各类抽查结果达到优秀	30
97		周日值班	30
98		主动补位（包含：发现其他部门遗忘的事项及时补位等）	15
99		主动参与对其他部门的工作支援（按次，工作量积分参照规定另计）	20
100		主动承担分外工作（A等）	30
101		主动承担分外工作（B等）	15
102	服务类	5分好评（提及具体部门，对应部门中层）	5
103		5分好评（未提及具体部门，一线中层）	3
104		部门创造一篇度假村级一等用心做事案例	50
105		部门创造一篇度假村级二等用心做事案例	40
106		部门创造一篇度假村级三等用心做事案例	30
107		当月携程综合得分≥4.9分（一线中层）	100
108		得到同级或其他部门中层口头认可	15
109		得到同级或其他部门中层书面认可	30
110		得到员工口头表扬或肯定	15
111		得到员工书面表扬或肯定	30
112		二线部门，培养一名亲情服务策划师	80
113		顾客满意度/二线满意度，月考核得分为不达标	−20
114		顾客满意度/二线满意度，月考核得分为优秀	50
115	创新类	被认定的高质量工作创新项目（按每项）	30
116		被认定的普通质量工作创新项目（按每项）	15
117		提出合理化建议（A等）	25
118		提出合理化建议（B等）	15

说明：表中项目和分值会根据需要和实际情况在不同时期加以调整。

九、积分奖励制度

积分是用来激励员工的，员工拿到积分需要换取企业的奖励，这样才能起到激励作用。所以，企业需要拿出多少资金用于积分奖励、奖励的频度、力度多大才能起到最大的激励效果，这些都是大家关注的，也是需要认真设计和研究的。

碧水湾的积分奖励周期分为以下几种类型：

- 月度奖；
- 季度奖；
- 年度奖；
- 跨年度历史累计奖。

（一）月度奖励设计

积分制以奖励为主，月度奖励面很宽，90%的员工都可以拿到积分奖励。

奖励的额度不看实际积分是多少，只看在前多少名，分为不同的奖励档次。所以，积分奖金总额是可控的。

月度积分奖励标准（单位：元）

序号	排名	部门负责人	其他中层	主管	领班	员工
1	前10%	800	700	600	500	400
2	10%—30%	600	500	400	300	200
3	30%—60%	500	450	300	200	150
4	60%—90%	350	300	200	150	100
5	90%—100%	0	0	0	0	0

（二）季度奖励设计

季度奖励标准设计

序号	组别	最高奖金（元）
1	中层A组	1800
2	中层B组	1600
3	主管A组	1400
4	主管B组	1400
5	领班A组	1200
6	领班B组	1200
7	员工组	1000

说明：奖励人数比例为小组总人数的10%，最少为2人。

（三）年度奖励设计

年度奖励标准

序号	组别	最高奖金（元）	奖励名额
1	中层A组	15000	
2	中层B组	13000	
3	主管组	12000	
4	领班组	10000	
5	员工组	10000	

说明：管理人员组奖励名额为特别设定，员工组名额按小组总人数的5%设定。

由以上表格可以看出，积分奖时间跨度越大，奖励力度越大，但奖励面越小，获得奖励的难度也越大。同时，积分制也有效地解决了公平问题，员工是否获奖，完全看其积分排名，不受上级主观意志决定，员工会不断努力工作，争取获得更多积分，从而获得精神上和物质上的奖励。

十、积分制管理的保障体系

积分制是一套科学的管理方法，但积分制真正落地，在企业很好地实施和运行，并不是一件很容易的事。

积分制的落地和实施，需要一套保障体系。

（一）详细周密的实施方案

积分制是一套较为复杂的系统，需要高层管理者予以高度重视，拿出详细周密的实施方案，予以落实，否则可能会使积分制在执行中流产。

（二）具体负责的专门人员

积分制的贯彻，要有酒店高层亲自抓，遇到问题及时解决，还要有专门人员负责培训、落实、审核和解释政策，保证全员充分理解积分制实施方法，并能正确使用积分制管理系统。

（三）配套对应的管理软件

由于积分制工作繁杂，工作量大，所以必须采用计算机管理系统。

碧水湾积分制管理系统经过几年时间的运行和不断地完善，已经由1.0升级到3.0

版本，目前已经成为非常成熟的积分制管理软件，在碧水湾度假村和国内众多酒店和度假村得到有效地应用。

软件分为PC端和手机移动端两种。

PC端积分系统 　　　　　　移动端积分系统

（四）系统完整的运作机制

积分制的实施是一项系统工程，需要建立系统完整的运作机制，使积分制管理系统的运行长效化、自动化。并根据运作和实施情况，不断完善积分制中考核指标的设置，包括考核指标的数量、内容及分值等。

后记

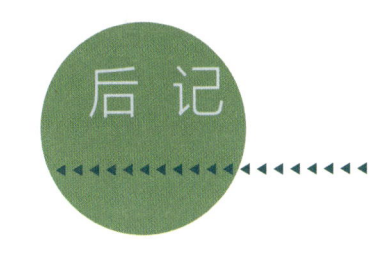

创新才有出路
——对话碧水湾温泉度假村原董事长、党委书记曾莉

　　创新是碧水湾管理模式的亮点，也是碧水湾不断进步和发展的动力，是碧水湾人从一线服务员到总经理一直在努力追求的。从经营理念到管理模式，从服务内容到管理方法，处处都有创新的影子。在碧水湾人的眼里，创新是企业发展的动力，只有不断创新，企业才能取得竞争优势。

　　为此，营销专家郑泽国对碧水湾温泉度假村时任董事长、党委书记曾莉女士进行了专访。

　　2015年上半年，对许多旅游企业来说并不容易。尤其是温泉行业，春节黄金周旺季过后，迎来漫长的淡季，日子更不容易。在这种新常态下，中国温泉旅游服务领导品牌——碧水湾温泉度假村上半年营收却逆势上扬，保持小幅增长，殊为不易。7月初，我来到碧水湾温泉度假村，与年初接手度假村全面工作的时任董事长、党委书记曾莉有了一席对话，兹录如下。

郑泽国： 2015年，碧水湾温泉度假村成立第13年。近年来，每年都以250间客房、36间泡池创出亿元营收的骄人业绩。我们知道，曾董您从今年初正式接手全面工作，2月份更是突破历史新高，单月营收达到1900多万元。现在上半年过去了，碧水湾温泉经营情况怎样？

曾　莉： 的确，2015年对碧水湾而言是个非常特殊的时期。坦率讲，压力还是蛮大的，这个压力来自内外两个方面，在内是面对干部队伍变动带来的管理压力，在外是面对严峻的市场环境带来的经营压力。比较令人欣慰的是，半年过去了，碧水湾整体运营非常平稳，而且营收小幅增长。有三个超我预期。

"碧水湾现象"解密

一是新提拔起的管理干部,进步之大,成长之快超我预期。要知道他们当中没有一人有担任过部门负责人的经验,甚至有的提拔到中层管理人员岗位还不到3个月,一下子就要带领100多人的团队担起一个部门经营、管理和服务的重担,确实还是令人担心的。但是,他们硬是凭着强烈的责任心、进取心和担当意识,经受住了考验。我觉得目前整个管理团队的工作激情和士气都非常好,正因如此,才保证了在经历了这么大的变化后,碧水湾依然保持了比较好的服务口碑,截至2015年6月份,碧水湾在携程网已连续55个月服务点评4.9分,位列广东第一。

第二个超预期,就是今年的同行学习和培训比去年同期增长了3倍,而且对我们的服务也都给予了很好的评价,在特殊时期,这实际上是非常不容易的,大家付出了很多,我真的特别感谢大家。接下来的8月份,我们还有三个比较大的同行培训班,这对全体碧水湾人既是激励也是挑战,因为实际上,我们现在一线很多都是在岗不到两个月,甚至不到一个月的实习生,压力还是比较大的。不过我相信大家能做好。

第三个超预期,就是市场竞争严峻程度超过预期,除了要面对周边几家新建温泉企业相继开业带来的直接的市场冲击外,同时还要面对今年愈演愈烈的温泉企业价格战的冲击。今年以来,碧水湾周边的新、老高端温泉企业都迫于日益加大的经营压力,纷纷采取或一元促销或包房包价或直接降价的营销策略来吸引客源,但我们认为,这样无序的价格战对整个行业的健康长久发展是极其不利的,价格战打下去一定会影响服务质量,损害消费者利益,最终伤及行业自身。所以,虽然压力很大,我们还是保持了价格政策的稳定,避免陷入价格战中,但因此市场受到冲击也是不可避免的,这种情况下还能有小幅增长确实令我感到欣慰,也说明好的服务和好的口碑还是能赢得消费者和市场的认可的。

郑泽国: 这几年,广东地区尤其是从化增城这个区域新开了不少"高大上"的温泉,从硬件上超越碧水湾不少,并且顾客有求新求异的想法,我们怎样才能不断吸引顾客,留住客户?

曾 莉: 碧水湾从开业至今,能够实现跨越式发展,从一个默默无闻的温泉新秀成长为中国温泉行业知名品牌,实际上也不是靠硬件,而是靠软件,靠服务。未来,我们还是要在软件、在服务上下工夫。当然,客人求新求异求变的心态是正常的,我们必须去正视,所以,我们的硬件也要去提升,但我们的重心肯定还是在服务上。因为,这符合现代消费者更加注重消费体验的心理和情感的需求,所以,如何给到客人更好的体验感,这将是我们长期关注的点,在这方面我们可以做的事情很多,也包括硬件的升级改造,因为不能无视客人求新求异的需求。

在硬件上,我们将朝着精致、温馨上去打造,事实上,我们已经启动这方面的工作，客房样板工程和部分景区景观升级改造工程将于今年"十一"前竣工。另外挖掘资源亮点也将是我们未来2~3年内大力推进的一项工作，比如我们的郊野公园，目前，像碧水湾这样兼具这么好的自然山水环境的温泉度假村还是不多的，我们将通过升级改造，让它真正成为碧水湾的又一亮点。

在服务方面，我们会更加关注细节，关注不同消费群体消费习惯和消费需求的变化，打比方说，前十年，我们的消费者更多地集中在50、60、70后，而未来5~10年，70、80，甚至90后都有可能成为我们的消费主体，那么他们的出行习惯、消费习惯、消费需求就需要我们提前去关注去研究，包括通过对大、智、互、移、云技术的运用，为客人提供更具个性化的，更具现代体验感的，更加便捷、贴心的服务等。

还有一点也是很重要的，就是重视客人所关注、关心和期望的，比如说卫生，这是消费者越来越关心和关注的问题，那么碧水湾提供给客人的用品，一定要是环保的、高品质的，卫生清洁一定要让客人放心、安心、舒心。总而言之，要吸引客人，留住客人，我认为最根本的还是关注客人的需求，只要你始终围绕客人的需求，站在客人的角度来设计和提升你的产品和服务，市场最终一定丢不了。客人走了还会回来。

郑泽国："品牌经营，服务取胜"，碧水湾服务品牌在全国范围内已经有很高的知名度，携程网客户满意度在广东地区连续55个月保持第一，但所谓高处不胜寒，怎样继续保持碧水湾的竞争优势，保持高水准的服务和客户满意度？

曾　莉：郑老师提的这个问题特别切中要害，经过12年的发展，2014年碧水湾无论是营收还是服务都上到了新的高度，有朋友用"双高运营"来形容其实不为过，这样的高位加上现时内外环境的压力，如何继续保持碧水湾的竞争优势，保持高水准的服务和客户满意度，的确是摆在我们面前的一个首要也是重要的课题。我认为，有两点很重要，一是方向要正确，二是要不断创新。方向正确是战略层面的问题，就是要做正确的事，否则，自身如果出现战略性错误，企业走弱是必然的事情。对碧水湾而言，专注温泉专心服务，是12年来坚持做的一件事，始终追求为客人提供温馨、周到、体贴、关怀的亲情服务，成就了碧水湾品牌，可以说亲情服务已成为碧水湾的标识符号和突出的竞争优势，所以这个理念我们会始终坚持不动摇。但在服务的方式方法上，服务品质上要与时俱进，这就是我想讲的第二点，不断创新的问题。任何企业要做百年品牌，百年老店，创新都是一个永恒的话题，因为企业经营就如逆水行舟，不进则退，碧水湾也一样，只有不断创新才有出路。应该说，碧水湾在产品、服务和管理上还是有很大提升空间的，在创新中寻求突破、进步和发展，会是我们现在和未来长期努力的方向，有些工作我们已经在推进，也有一些新的尝试，希望能够很快呈现给消费者。

郑泽国： 先有满意的员工才有满意的顾客，碧水湾是怎样一如既往地关注员工满意度的？

曾　莉： "企业心里住着员工，员工心里才会住着顾客，企业让员工快乐了，员工才能把快乐传递给顾客"，这是我在与同行交流中会经常谈到的一个观点。其实这是一个很朴素的道理，所以为员工创造"微笑服务，快乐工作，幸福生活"的人文环境一直是碧水湾各级管理者的重要职责之一，也是我常抓不懈的一项重要工作。在提高员工满意度方面，碧水湾已经有了一系列好的做法，我们会继续坚持，同时也要与时俱进，要从关心员工生活、关注员工需求和帮助员工成长三个层面做好员工的期望管理。在2015年的员工关怀计划中，我们除了继续提高员工工资待遇外，还加大了改善员工工作与生活环境的投入，比如，将员工宿舍的电视全部换成了液晶电视，针对80、90后员工已经离不开网络的特点，我们对员工宿舍区域的无线网络进行了全覆盖升级，等等，还有一些改善计划也在逐项落实中。

另外，员工的心态和思想状况会是我们更加关注的一个方面，我认为，这点很重要。我们的员工大部分是80、90后，而且有相当一部分是一只脚刚刚踏入社会的大学生，正是人生观、价值观形成最关键的年龄。古人云：授之以鱼，不如授之以渔。对于年轻人而言，教会他们如何以阳光、进取的积极心态面对各种困难、挫折及不如意事，帮助他们有一个好的养成，提升自我驱动力，这是最重要的，会让他们一生受益。一个心态好的人，他的满意度和幸福指数自然会高。当然，这需要一个好的文化土壤，碧水湾用12年的努力培植了这样的土壤，我们要做的就是让这块土壤更加肥沃，让员工在碧水湾更加快乐地成长。

郑泽国： 现在来碧水湾学习交流、跟岗体验的同行很多，据说，碧水湾毫无保留，连后台操作也向同行全面开放，为什么有这样的自信？

曾　莉： 郑老师是想说，"你们连后台都毫无保留地对同行开放，就不怕同行学到了超越你们"对吧？其实，还真有干部提过这种担心，但最终大家还是达成共识，那就是为行业的发展尽一份力，有所贡献是一个品牌企业的责任，碧水湾要做百年品牌，打造百年老店就一定要有社会担当。虽然我们作为一个单体酒店可能无法像连锁酒店那样去复制，但是碧水湾十几年来在企业文化和品牌建设方面的成功探索和实践是可以给到同行借鉴的。2011年底我们正式开放跟岗、体验交流业务，截至今年6月份，来碧水湾学习考察的人数已超过5000人次，有的企业老总来体验之后，回去会一批一批组织他们的管理人员和骨干员工前来学习，为什么？因为他觉得能让干部员工学到东西。有的同行学习回去后马上组织分享会，并将在碧水湾学到的立即运用到了自己的工作中，速度之快，能力之强确实令我们惊叹，也让我们的干部员工实实在在感到了压力。还有一个非常典型的案例是，东莞有一家医药公司2011—2012年间先后组织了近千名员工来碧水湾跟岗学习，后来还选取了58篇员工的学习感受汇编成了一本长达126页的内部学习资料，资料名就是"碧水湾，让我重新认识了服务"。这本资料中很多感悟也让我们很受触动，反过来对我们的干部员工又是一个极大的鞭策。同行的学习速度，让大家深刻地意识到，我们只有不断学习创新，不断寻求突破，才能不被同行超越，从这个角度看，对同行开放学习交流，是共赢。

郑泽国： 碧水湾已经成为中国温泉服务行业的领导品牌，但是跟国际上著名的度假酒店品牌相比，我们在管理和服务方面还有哪些差距？我们应从哪些方面进一步改进和提升？

曾　莉： 和国际品牌酒店相比，我认为我们的差距主要还是在管理的科学化、精细化与专业化水平上，这种差距我认为首先是意识层面的，即便是在碧水湾，大家觉得我们的管理与服务已经算很规范了，但我认为在科学化、精细化、专业化管理意识方面还需要加强，从更深层次上讲，这种差距是由中西方文化差异造成的，要从思维方式和行为方式上有所改变。这会是一项长期的工程，但是，碧水湾要继续往上走，要持续健康发展，要做百年品牌，就一定要在这三化上突破和提高。所以，在未来很长一段时间，我们会通过学习、培训、检查和机制建设等，持续地、全方位地培育这样一种文化。与国际品牌的第二个差距，我认为属于思维方式加技术层面的，就是国际品牌酒店在做各项决策、方案设计、市场推广等等事项时会十分重视对数据的分析运用，这会使得他们的决策、设计，以及对市场的把控更加科学、严谨和准确，这一点，我认为是国内酒店业普遍做得比较欠缺的，但目前已经有愈来愈多的国内酒店认识到这一点并开始改变。碧水湾这两年在这方面也做了一些工作，但相比国际品牌酒店无论是投入还是新技术的运用上都还是有较大差距的，我想我们会努力尽快缩短这个差距。

附录一

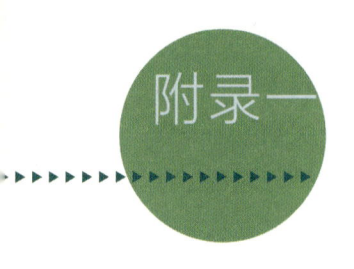

解析度假村行业标杆：碧水湾的"八大服务密码"

营销专家郑泽国在对碧水湾进行深入考察后，总结出了碧水湾的"八大服务密码"。

服务密码一：微笑

微笑给我力量

每天起床，我先对着镜子里的自己微笑，然后，告诉自己，美好的一天又开始了。微笑仿佛给了我一种力量，让我工作时充满了能量和干劲。作为一个90后，每天带着微笑，工作5年来，我很自信，自己已经从原来一个不怎么开朗的小女孩变成了一个职业女性。

因为微笑结缘，我收获了很多友谊和亲情。

香港的一位女士每年圣诞都要带朋友来碧水湾，现在我们成了闺蜜，无话不谈。广州荔湾区的一家5口人，两个老人都78岁了，儿子儿媳和7岁的小朋友，每月都要来碧水湾泡温泉，从我实习那年开始，坚持5年了。老人把我当他们的女儿，说每个月都要来碧水湾看女儿。

——讲述：齐晓玉　碧水湾房务部主管

解析：因为朴素，所以用心

在碧水湾人收到的表扬信或者网络点评中，很多人提到碧水湾人的微笑。

一位客人这样写道："坐在阳台的椅子上，视野所到之处，静静的流溪河与连绵的群山融为一体，犹如一幅风景画。比风景更美的是碧水湾的人。他们的微笑，不同于你在国际品牌酒店见到的那样，是那种亲切的而非职业性的微笑。"

碧水湾《员工手册》中有一条："保证对你3米以内的客人与同事微笑致意，并让电话中的客人听到你的微笑。"由手册制度到文化习惯，然后回到初心。

齐晓玉正是他们中的一个，许多客人被她发自内心的甜美微笑深深打动，称她是碧水湾的微笑大使。

庄子曰："既雕既琢，复归于朴。"朴者，未经加工的原木，喻原始纯真。碧水湾人的微笑之所以动人，无他，因为朴素，所以入心。

服务密码二：亲情

2002年碧水湾刚开业时，我就入职了，那时我才20多岁。有一次，我看到有位客人的小孩发烧，客人人生地不熟，我就主动陪客人带小孩去良口医院看病。客人后来给我写了表扬信，赞许我。就是从那一天起，我找到了自己服务的价值。

我一直在餐饮部门工作，现在每年很多实习生来碧水湾，我就把我的经验传给他们，告诉他们怎样记住客人名字，怎样找共同话题，和客人聊天，成为朋友。去年春节，台湾有个杨小姐来碧水湾住了10多天，每天来用餐，她告诉我说，她来碧水湾不寂寞了，碧水湾是她第二个家，这里很多人都对她很好。

我是从化良口人，在这里出生长大，我们这里人家都很好客，只要家里来了客人，都买很多菜、特产，热情招待客人。我理解的碧水湾亲情服务也是这样，把客人当朋友，当亲人来招待。

——讲述：易雪枝　餐饮部助理经理

解析：规范个性的亲情服务

"亲情碧水湾"，是碧水湾十几年如一日着力打造的服务品牌，其理念就是：为客人提供温馨、周到、体贴、关怀的亲情服务，让客人感到尊贵有面子；把客人当成远道而来的朋友、亲人，让客人感觉比回家还要温暖、温馨。

碧水湾的亲情服务在行业内外获得了极高的赞誉，因为这种亲情服务是在标准化、规范化、程序化基础上提供的个性化服务，又在个性化基础上进行再规范，形成诸如"300个见到服务"这样可具体操作的流程，直接抢占了服务制高点。

洛夫洛克在《服务营销》中写道，"顾客对服务接触的感知，是决定满意度、质量感和长期忠诚度的关键因素"。好的服务才是最好的营销。碧水湾亲情服务贯穿每一个碧水湾人的理念和实践，就像易雪枝，她总是用温情的话语，鼓励同事，大家一起把碧水湾亲情服务做到极致。

"碧水湾现象"解密

服务密码三：用心

关于用心做事，我们度假村有"查、问、听、看、用"，就是查客史、观察客人个性化特征，和客人交流沟通、倾听，记录，最后，一定要去做，而且要做到位。比如，在服务过程中，倾听到客人说温泉水温好像不够高，就要快速反馈，马上去了解处理。

2008年，我们的服务已经有了比较好的口碑，回头客越来越多，但那时还是以我为主，让客人来配合我们的多；2008年以后，度假村推行用心做事，凡事站在客人的角度，检讨自己，特别是用心做事案例分享，一次次案例学习，我们学到很多东西，每个人都在帮助他人成长。现在，用心做事变成了习惯，比如看到客人咳嗽，就要送雪梨糖水或姜茶。对同事也这样，那天我开班前会，嗓子有点哑，开完会，同事就端了雪梨糖水给我，我挺感动的。

我2002年9月来碧水湾工作，十多年一路走来，从员工、小组长、领班到现在做经理，我觉得，对客服务就是做一个有心人。温泉康乐部现在有"73个见到服务"，我们还要做创新，一步一步添加新的内容。

——讲述：张丹荔　温泉康乐部经理

解析：用心才能成功

用心做事和案例教育，是碧水湾取得成功的一大法宝。就像张丹荔说的，通过全员分享，每个人都在帮助他人成长。

碧水湾用心做事的案例层出不穷，每天都在发生，要想进一步提升服务水准，让客人惊喜和感动，这给服务人员提出了越来越高的要求，所以，必须从细微处不断微创新。比如送养生茶，他们就针对客人情况，具体添加不同材料；比如迎送服务，迎客从台阶到马路、到广场，一路延伸，送客一直挥手到客人看不见。张丹荔说，服务必须做完整，送比迎更重要，送更体现诚意，是对客人光顾的感谢。

稻盛和夫在《坚守底线》一书中说过："无论从事什么工作，认真的态度最重要。为了强调'认真'二字，我加上'特别'二字。"世界上的事就怕认真，碧水湾的服务正是认真和用心的最好诠释。

服务密码四：创新

创意创新无止境

碧水湾企业宗旨是为员工创造前途，为顾客创造价值，为企业创造利益，为社会创造繁荣。碧水湾是有大爱的企业。我对"为员工创造前途"特别有感触，碧水湾就像一个大平台，给我们每个人学习和进步的空间。许多员工刚来的时候连站姿都不行，一两个月下来，从内到外就发生变化，变得优雅礼貌；度假村还有各种培训、比赛，员工语言表达、沟通等各项能力提升很快，对企业文化更加认同，更加有归属感，更加敬业，更加有创造力。碧水湾出去的员工都备受欢迎。

我自己在碧水湾9年，一路和企业一起成长，现在走到管理岗位，我的想法是把自己学到的回馈企业，把房务部管理好，带出特色，争取成为同行业最棒。首先做好传承，让前任们的好经验不断章断节，更重要的是做好管理和服务的创意创新。我要求我们房务部各项工作每天要有小创新，创新无止境，制度和流程要不断优化创新，服务设计上更要有创意。现在，全度假村都在进行服务案例教育，我们房务部率先搜集了近百个管理方面的正反案例，将开始实施学习，促进管理创新，提升服务水平。

——讲述：刘艳姣　房务部经理

解析：无形元素主导价值创造

在碧水湾调研，体验其服务，很多次被碧水湾人用心做事的各种小创举所打动，比如员工手绘地图、生日沙盘等等。

洛夫洛克在《服务营销》中说："对服务企业而言，无形元素往往主导价值创造。"无形元素包括潜在的流程以及服务人员的专业技能和态度，对服务体验的影响更大，并在服务过程中创造出大部分的价值。

碧水湾企业宗旨开宗明义即是"为员工创造前途"，接下来才是"为顾客创造价值，为企业创造利益，为社会创造繁荣"。这个排序折射出企业存在价值的内在逻辑。碧水湾舍得在员工培训和激励方面不断投入，有入职、师徒、专项培训等五级服务培训体系，每个员工每年接受的各种培训不少于40次，让员工都有一个好的养成，让他们真正觉得在碧水湾待下去有前途，这样才能迸发无穷的创造力，不仅为企业，更为顾客和社会创造了价值。

据刘艳姣介绍，今年，碧水湾接待国内同行跟岗培训和学习考察比去年增长了三倍。碧水湾服务将为同行以及社会创造更多的价值。

服务密码五：友爱

碧水湾改变了我的命运

我叫肖磊，佤族人，2007年从云南大山里来到了碧水湾，在这里的每一天我都庆幸自己能来到这个充满爱的企业。8年来，我在这里成了家，孩子也两岁了。我在老家盖起了两层小楼，这些都是我在碧水湾工作挣来的，碧水湾改变了我的生活，改变了我的命运。

"碧水湾现象"解密

刚来碧水湾时，我还不太会说普通话，写自己的名字也很吃力，但是碧水湾就是一个大家庭，领导、同事之间特别友爱，5年前，我生了一场大病，要动大手术，我为动手术的钱愁死了，当时，温泉康乐部的所有领导都来看我，后来，同事们为我义捐，再后来，度假村的所有领导得到消息也到医院探望我，我的手术很成功，每天都有同事来医院看我陪我，惹得临床很羡慕。

这么多年来，碧水湾给我的不仅仅是感动，更重要的是让我成长，我就像进入一个旅游学校，学到许多知识，学会了跟客户沟通交流做朋友，学会了做人做事。我现在是露天温泉的领班，前天有实习生问我，为什么这么留恋碧水湾，我说，因为在这里个人有发展前景，我今后会更加努力，这里就是我的家。

——讲述：肖磊 碧水湾温泉康乐部领班

解析：先有满意的员工，才有满意的顾客

碧水湾的企业文化要求员工之间建立一种友爱的人际关系，员工与员工之间平时见面，即使不认识也要面带微笑打招呼。亲情碧水湾不仅仅体现在对客服务，对员工也是一样。领导要关心员工，从27个维度全面了解员工的思想状况，员工工作和生活开不开心，有没有男（女）朋友等管理者都要去关注，并将员工满意度作为考核管理人员的重要依据。

友爱是一种氛围，碧水湾把员工当家人去关心爱护，把帮助员工成长成才，当做企业管理者的首要任务，并将之作为企业存在的价值支点，这不仅是管理思想的根本转变，更是超越急功近利的深沉大爱。德鲁克在《公司的概念》一书中说："员工的满足感取决于他们受到重视的程度，而与工作性质无干。"只有让员工对企业产生归属感，才能快乐开心地去工作，才能把客人当作亲人。

碧水湾的服务为什么能够如此打动人心？取决于其文化的核心价值观——员工满意和顾客满意，先有满意的员工，才有满意的顾客。

服务密码六：信赖

做你信赖的熟人

我是小全，19岁来碧水湾工作，掐指一算，已经10年了，我自己都怀疑，有这么久了？在三四个岗位轮岗后，现在我在营销部工作，负责碧水湾会员开发、维护和管理。

说到那部分忠实会员，我有讲不完的故事。比如李先生和他的朋友，每周二一定会来碧水湾泡温泉，已经坚持好几年了，现在我和李先生之间变成"周二见"了；还有谢小姐，她是碧水湾的老朋友，每个部门都有她的好朋友，每次来都给我们带好多好吃的，

她说，来碧水湾就是回家；还有常客钟先生，他总说对我们为他服务很感激感恩……

我想，客人是来碧水湾放松、度假的，我们的任务就是不要让客人操心，要让客人舒心、放心、安心，客人只要一个电话，其余交给我们安排就行，不仅要让客人信任我们，还要依赖我们，要让客人泡温泉只来碧水湾，来了只找我和他们熟悉的服务人员。

度假村信赖我，把会员工作交给我，我要学习、要创新的东西还很多，比如会员活动这块我还做得不够，我想今后要更加好好工作，让会员们更信赖我，为他们提供更多的附加值服务。

——讲述：全理想　碧水湾会员专员

解析：品牌忠诚度的背后是信赖

"泡温泉只来碧水湾，来了只找我和他们熟悉的服务人员"，这不仅仅是碧水湾会员专员全理想的追求，体现了碧水湾人的自信，这也是碧水湾人和他们视为亲人的客人之间的一种相互信赖。

有事找熟人，这差不多是我们的一种文化。这个熟人可能是你常去光顾的餐馆的服务人员，也可能是你喜爱的一家温泉的前台……但有一个前提，那就是怎样才能成为顾客所信赖的熟人。

"顾客对服务接触的感知，是决定满意度、质量感知和长期忠诚度的关键因素"（洛夫洛克《服务营销》）。那些与企业长期合作、对企业品牌忠诚度高的客户是最理想的客户，要吸引这样的客户，就得像碧水湾人一直在做的：服务在客人开口之前，并且各个部门相互配合，对客人的喜好和各种细节一清二楚，使企业的品牌承诺与顾客的服务体验保持高度一致。如此才能赢得客人赞誉，形成交互传播的口碑效应。除此之外，没有其他捷径。

服务密码七：坚持

小事也要坚持做好

2003年，我到碧水湾时年龄还很小，在餐饮、房务、人事、预订等部门工作过，现在到了营销部，我见证了太多碧水湾坚持的例子，比如：每年中秋我们每一个员工父母都会收到度假村寄的月饼和慰问信；每年年三十，度假村领导一定是先和员工吃完年夜饭再回家。坚持用心做事的例子就更多了，从2008年起，每月的碧水湾大学堂至今从来没有间断过，大学堂的第一个环节，雷打不动是礼仪展示，每个部门每次抽签10%的人员参加，那些工程维修的大叔、洗衣房的阿姨和厨房颠勺的师傅也都参与展示，他们的礼仪也做得很好，所以说整个碧水湾的礼仪就是这样坚持不懈练习出来的。还有比如每个部门的班前班后会、案例分享会等也是一直坚持做，我感触最深的就是领导教给我们的：最小的小事也要坚持做好。

在碧水湾，我从一个什么都不懂的小姑娘，到成家、立业，碧水湾给了我很多。一路成长的过程中，我有一点始终不曾改变，那就是碧水湾教会我的——坚持做最好的自己。

——讲述：石灿　碧水湾营销部经理

解析：坚持也是一种文化

品牌塑造从来就不是一件一蹴而就的事情，成就品牌不仅需要时间沉淀和文化积淀，还需要持之以恒地践行。

碧水湾坚持品牌经营，服务取胜的战略发展和营销思路，将碧水湾亲情服务品牌打造成了温泉行业响当当的领导品牌，其成功离不开坚持二字。

在碧水湾做访谈，关于坚持，从管理层到普通员工，都会给出许多例证，除了持之以恒对服务品牌的打造，就是许多活动，他们也是一年年坚持下来，比如，碧水湾新春欢乐温泉节每年如期举办，企业运动会、周年庆联谊、周年庆管理层登山也都年年坚持。还有一些细小的生活习惯，比如员工下班排队走，从温泉区到员工食堂，两人成排，三人成列，也是多年来一直坚持，从没有谁去打破它。

荀子曰："锲而舍之，朽木不折；锲而不舍，金石可镂。"好的东西坚持下来了，就成了传统，成了文化，成了品牌。

服务密码八：感恩

曾看到一篇报道，说的是有位104岁的老太太耳聪目明，老而弥坚，问及秘诀，笑答：我的灵丹妙药就是每天花三分钟时间感恩，一分钟感恩父母、家人、朋友，一分钟感恩大自然馈赠，一分钟感恩每一个祥和、温暖的日子。感恩使她心里永远充满幸福的泉水，身体自然健康，生命自然长久。

做人如此，做企业也一样。碧水湾能够成长为温泉旅游服务领导品牌，得益于它的企业文化，而"感恩"正是这一文化的精髓。

感恩，从字面上理解是对别人的给予表示感激，是一种"知恩图报"的美德，但背后折射出的是一个人的心态，感恩传递的力量，会相互转换为人与人之间最美好的正能量。在碧水湾，感恩文化让人与人之间变得简单而快乐，并转变成一种担当，转变成对同事的关爱，对顾客的真诚和用心。

近年来，碧水湾每年都以250间客房，36个温泉池，700个餐位创造出亿元营收的骄人业绩。今年，在温泉市场竞争更加激烈的形势下，依然保持了业绩增长。这不仅仅是全体碧水湾人同心同德，共同努力的结果，也得益于社会各界的支持和厚爱。

值此岁末，我要对辛勤的碧水湾家人表示衷心的感谢，也要对我们忠诚的顾客表达由衷的感谢……

——讲述：曾莉　碧水湾温泉度假村原董事长

解析：感恩是一种高贵的情感

"感恩的心，感谢有你"，如果你有机会欣赏到碧水湾员工表演的手语舞《感恩的心》，你一定会被感动到，这是在碧水湾唱响的感恩之歌。

碧水湾人用他们的真诚、用心，为客人创造了无数的惊喜和感动，收获了太多来自客人的赞誉和感谢；碧水湾作为一家企业，其亲情服务赢得了消费者和市场的认可和喜爱，形成了很好的口碑，实现了良好的经济效益，与此同时，他们把为社会创造繁荣写进企业文化手册，并作为碧水湾的终极目标，这是一个企业的担当，背后折射出一个企业的社会责任感和使命感，这是一个企业能够可持续发展的根本。

在企业发展壮大后，永远保持谦卑和感恩的心态，不断关注消费者需求，不忘回报社会，这是一种高贵的情感。

附录二

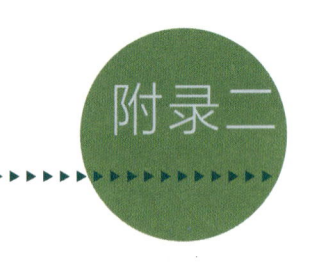

碧水湾文化手册

碧水湾核心理念

一、企业宗旨
- 为员工创造前途；
- 为顾客创造价值；
- 为企业创造利益；
- 为社会创造繁荣。

二、奋斗目标
- 建立一套科学管理模式；
- 造就一批旅游专业人才；
- 创造碧水湾独特企业文化；
- 打造中国知名温泉品牌。

三、经营理念
以顾客满意为中心，品牌经营，服务取胜。

四、管理理念
以人为本；以德治村；科学管理；持续改进。

五、服务理念

- 视客人为亲人，为客人提供温馨、周到、体贴、关怀的亲情服务；
- 服务在客人开口之前；
- 让客人感到尊贵和有面子；
- 比昨天更好，比期望更高。

六、服务品牌

亲情碧水湾。

七、企业价值观

- 创造友爱的人文环境；
- 让学习成为一种生活方式；
- 把工作当成乐趣，把敬业当成习惯；
- 为碧水湾奉献今天，为自己储蓄明天。

管理篇

一、管理思想

- 管理靠制度，执行靠检查，运行靠机制；
- 有满意的员工才能有满意的顾客；
- 学习的速度决定企业发展的速度；
- 好的服务才是最好的营销；
- 好人要有好报；
- 不让老实人吃亏。

二、管理方针

- 严——严以律己、严格管理、严爱结合；
- 高——高标准、高效率、高质量；
- 细——细心、细致、细节；
- 实——诚实、务实、落实。

三、管理目标

- 管理制度化；
- 工作标准化；
- 服务规范化；
- 操作程序化；
- 检查经常化。

四、管理原则

1.布置工作、下达命令三原则

- 布置、下达命令要及时，事项、要求、时限要明确具体；
- 布置下达后要有检查、监察手段；
- 凡是不能执行的任务或命令坚决不下达。

2.采购物品三原则

- 货比三家；
- 宁缺勿滥；
- 品质优先。

3.物品搬运三原则

- 安全第一，轻拿轻放；
- 措施到位，防撞防碰；
- 管理到位，有序高效。

4.遇有紧急事件三原则

- 保持冷静，不慌乱；
- 先人身安全，后财产安全；
- 立即向上级和消防中心报告。

5.信息传递三原则

- 能当面不间接；
- 能书面不口头；
- 能及时不拖延。

6.接受交办事项三原则

- 首先确认接收的信息准确；
- 立即落实，不能马上落实的，一定要有提醒落实的措施；
- 需交办他人的，一定要按信息传递原则交接到位，并且在有效的时间内确认交办事项是否已得到落实。

7. 提高执行力三原则

- 服从第一，理由第二；
- 速度第一，完美第二；
- 结果第一，过程第二。

8. 碧水湾用人三原则

- 品德好，能力强，大胆使用；
- 品德好，能力弱，培养使用；
- 品德差，能力强，坚决不用。

9. 上级对下级六必沟通原则

- 当下级受到委屈时；
- 当下级出现较大违纪时；
- 当下级思想出现波动时；
- 当下级工作进步显著时；
- 当下级之间产生矛盾时；
- 当下级岗位薪酬变动时。

10. 会议管理七原则

- 凡是开会必有准备；
- 凡是开会必有主题；
- 凡是开会必有纪律；
- 凡是开会必须守时；
- 凡是开会必有记录；
- 凡是开会必有结果；
- 凡是开会必有追踪。

五、管理方法

1. 六常法管理

常分类、常整理、常清洁、常维护、常规范、常教育。

2. PDCA管理

P——计划、D——执行、C——检查、A——处理。

3. 现场管理六要素

- 掌握现场动态；
- 主动发现问题；
- 及时处理问题；

- 主动补台补位；
- 指导示范工作；
- 沟通联络感情。

4. 团队打造六件宝
- 目标引导；
- 重视身教；
- 文化渗透；
- 制度约束；
- 机制激励；
- 案例教育。

5. 创新的六条路径
- 学习创新；
- 打破陈规；
- 逆向思维；
- 差异化战略；
- 洞悉事物发展趋势；
- 关注人性化的需求（更安全、更方便、更舒适、更实惠）。

六、管理定律

1. 检查定律
- 管理的一半是检查；
- 哪里没有检查哪里就有问题；
- 上级检查的标准就是下级做到的标准；
- 对检查者有检查，才是有效的检查；
- 领导者带头检查，检查文化才能落地；
- 要想工作不出错，只有检查、检查再检查。

2. 烂苹果定律

一个烂苹果足以把一箱苹果搞坏，一个不良员工足以把一个团队带坏。企业如果容忍那些消极负面的坏员工存在，无异于自掘坟墓。

3. 信息传递定律

根据信息化管理，口头传递每传递一次的保真率的平均概率只有0.7，若经过四个人的传递，其保真度只剩0.24，所以事无巨细，用文字传递信息是非常重要的管理要素。

4. 员工忠诚定律

一个企业成功，必须善待员工，对员工诚实，说到做到，不能朝令夕改，对员工要以心换心，员工才会对企业忠诚。

5. 现场管理定律

现场有真经，现场有神灵，一切问题在现场。管理者不到现场就是"聋子、瞎子"，就是拍脑袋、瞎指挥。

6. 问题管理定律

管理者最大的问题是看不到问题，看不到问题一定是标准出了问题，有问题不可怕，可怕的是不把问题当成问题。

7. 20/80定律

人在达成目标前80%的时间和努力，只能取得20%的成果，80%的成果在后20%的时间和努力获得（成功往往是在你快坚持不下去的时候出现）。

七、管理艺术

1. 沟通的艺术

- 对上沟通首重培养默契；
- 对下沟通要聆听部属的声音；
- 平行沟通在于忘掉自己。

2. 批评的艺术

先肯定优点，再指出缺点，最后提出建设性意见。

3. 汇报工作的艺术

- 要主动汇报工作的进展情况；
- 汇报工作要言简意赅、重点突出，先讲结果，再讲过程；
- 多讲方法少讲困难；
- 注重礼貌，把手机提前调到振动或静音状态；
- 眼睛要看着领导，不东张西望，随时记录领导交代的要点；
- 忌口头禅，解释、找借口、找理由。

4. 技能培训的艺术

- 我做你看；
- 你做我看；
- 我再做你再看；
- 你做我再看。

5. 管理者谈话四要

一要诚、二要和、三要礼、四要赞。

6. 提升团队绩效的三个途径

- 培训员工，投入产出比为1∶1；
- 优化工作流程，投入产出比为1∶10；
- 渗透企业文化，投入产出比为1∶100。

7. 用人的艺术

智者取其谋，勇者取其威，愚者取其力，怯者取其慎。

8. 领导者五靠

- 一靠脑袋，善谋划，有思路；
- 二靠肩膀，能担当，敢负责；
- 三靠胸怀，能容人，能容事；
- 四靠双手，两手抓，两手都要硬；
- 五靠双脚，深入一线和现场。

八、管理者素质

1. 管理者应具备的素质

- 一德——良好的品德；
- 二好——身体好、心态好；
- 三懂——懂管理、懂业务、懂艺术；
- 四能——学习创新能力、组织控制能力、沟通协调能力、攻坚克难能力。

2. 成功领导者的三个特质

- 对公司的未来充满信心；
- 保持激情与热情；
- 能吸引身边的人共同打拼，成为行业的领导者。

3. 管理者四要

- 要有时间观念；
- 要有做事的原则；
- 要有谦虚的态度；
- 要有容人的雅量。

4. 职业经理人恪守的五大信条

- 负起责任，没有任何借口；
- 帮助下属成长是自己的责任；

- 学习是一辈子要坚持的习惯；
- 用心才能把事情做好；
- 慎独、守正，坚持就是胜利。

5. 管理者应有之心
- 做人——仁爱之心、正直之心、成功之心、感恩之心、恭敬之心；
- 做事——专心、细心、用心、恒心、上进心；
- 要戒六心——私心、偏心、疑心、贪心、妒心、粗心。

6. 提高管理者情商的三个途径
- 对上级的关心爱护，要有感恩之心；
- 对平级的支持帮助要有感谢之声；
- 对下级的尽职尽责要有感激之情。

7. 员工对管理者的四个期望
- 办事公道；
- 奖罚分明；
- 关心部下；
- 目标明确。

九、管理智慧

1. 企业管理三个要素
- 要重视对管理者的管理；
- 要重视对检查者的检查；
- 要重视对培训者的培训。

2. 企业成功三要素
- 高层管理者做正确的事；
- 中层管理者正确地做事；
- 基层管理者把事做正确。

3. 企业发展的方向比速度重要，速度比远见重要，远见比资产重要。
4. 勉强成为习惯，习惯成为自然，自然变成性格，性格决定命运。
5. 赏要由下而上，罚要由上而下。
6. 世界上有两件东西比金钱更为人所需，那就是认可与赞美。
7. 管理从尊重和沟通开始，从管好自己开始。
8. 管理者要不怕吃苦、甘于奉献、甘愿吃亏，才能有威信和权威。
9. 管理者对下属严有余，爱不足，下属会离心离德；爱有余，严不足，下属会纪律涣散，没有战斗力。

10. 奖励正确的行为，会获得更多正确的行为，管理的本质是对人行为效率的激励。

11. 企业成功5%靠目标、战略，95%取决于执行力。

12. 布置了工作不落实等于零，落实了没有检查等于零，查出问题不整改等于零。

13. 技能是练出来的，办法是想出来的，潜力是逼出来的，成功是干出来的。

14. 成功者永远在找方法，失败者一直在找理由。

15. 优秀员工是优秀管理者培养出来的，不是招聘来的。

16. 管理就是把复杂的问题简单化，把混乱的事情规范化。

17. 用错了人是管理中最大的失误。

18. 君视臣如草芥，臣视君如寇仇；君视臣如手足，臣视君如腹心。

19. 其身正，不令而行，其身不正，虽令不从。

20. 有计划不忙，有规则不乱，有预算不穷，有实践不败。

服务篇

一、优质服务概念

1. 服务的定义

为他人做事，做他人需要的事（满足他人的需求）。

2. 服务质量定义

指满足顾客需求的能力与程度，能力即服务项目的宽度，服务的项目越多，能力越强；程度是指档次和水平，是纵向的深度、高度，越精致、越细致、越关怀则程度越高。

3. 优质服务是指在满足顾客需求的能力与程度两方面都是高水平的。

4. 服务的"250定律"

每个顾客身后大约有250位好友，如果赢得了一位顾客，就等于赢得了250人的好感。反之，如果得罪了一位顾客，就等于失去了250个客人。

5. 服务质量定律

$100-1=0$，$100+1=200$。

6. 优质服务的标准

● 给客人留下美好而深刻的印象；

● 客人愿意再次光临；

● 主动推荐给亲朋好友。

7. 顾客的四个基本需求

安全、卫生、方便、舒适。

8. 顾客的四个精神需求

受欢迎、受关注、受尊重、受关怀。

9. 优质服务的四个情感境界

- 标准化服务让客人满意；
- 超常化服务让客人惊喜；
- 亲情化服务让客人感动；
- 超值化服务让客人忠诚。

二、实现优质服务的路径

1. 对客服务的四个基本要求

- 凡是顾客看到的地方必须是整洁、美观的；
- 凡是顾客使用的物品必须是方便的、舒适的；
- 凡是顾客使用的设施设备必须是安全、正常的；
- 凡是顾客享受的服务必须是热情、有礼的。

2. 对客服务的四个基本原则

- 不与客人争辩；
- 不让客人吃亏；
- 不提供"NO"服务；
- 不让客人带着不满回家。

3. 对客服务的四个基本点

- 热情迎送，让客人感到受欢迎；
- 用姓氏称呼，让客人感到受尊重；
- 个性化服务，让客人感到受重视；
- 用心服务，让客人感到受关怀。

4. 服务四戒

- 戒冷面孔；
- 戒服务过度；
- 戒自以为是；
- 戒忘记承诺。

5. 对客服务的四个之前

- 了解顾客需求要在顾客到来之前；
- 满足顾客需求要在顾客开口之前；
- 化解顾客抱怨要在顾客不悦之前；
- 预防顾客投诉要在顾客离开之前。

6. 六心服务

- 对到村的客人要热心；
- 对有困难的客人要关心；
- 对身体不适的客人要贴心；
- 对老人、小孩要细心；
- 对挑剔的客人要耐心；
- 对重要的客人要专心。

7. 接听客人电话的六步曲

- 三声之内接起；
- 主动问好，并报自己的岗位及姓名；
- 保持微笑，认真倾听客人讲话内容，并随手记录要点；
- 向客人复述自己记录的要点以确认自己听到的是正确的；
- 一站式服务，不轻易转客人电话；
- 必须等客人先挂电话，自己才能挂断电话。

8. 处理顾客投诉的六个步骤

- 认真倾听客人的抱怨；
- 复述要点以确认听到的没错；
- 向客人表示歉意；
- 认可客人的感受；
- 说明将采取什么措施纠正错误；
- 感谢客人提出了引起我们注意的问题。

三、微笑服务

1. 热情的微笑是世界上最便宜的化妆品。微笑是通向世界的"护照"。热情加真诚是一个人所拥有的最好的人格特征。

2. 微笑是服务业的基本美德，微笑是企业的一种文化，碧水湾人的微笑就要有一种油然的自在，就像与好友相伴，轻笑浅语间，轻易完成工作要求，对客人充满不着痕迹的细心和体贴。

3.如果酒店只有一流的设备，而没有一流服务员的微笑，就好比花园失去了春天的太阳。

4.领导要用微笑赢得群众，企业要用微笑赢得顾客。

5.在众多的表情中，最重要的莫过于令人倾心的微笑了。微笑可以使家庭变得和睦；可以使同事变得亲近；可以使自己变得心胸宽广、身体健康；可以使自己变成一个乐观、开朗、受人爱戴、受欢迎的人；微笑还是成功的通行证……人人都希望看到别人的微笑。

6.要强迫自己微笑，四下无人的时候，你可以强迫自己高兴起来，吹吹口哨，哼哼歌，相信你真的会快乐起来。

四、亲情服务

亲情服务要求在对客服务过程中，必须突出感情的投入，倡导"把客人当朋友当亲人，当成远道而来的贵宾"，比在家还要温馨；亲情服务要求必须突出"想客人之所想，急客人之所急"这一服务准则；亲情服务要求必须突出服务的深度和广度，也就是说，"客人想到了，我们替客人做到；客人没想到的，我们要替客人想到而且做到"。

亲情服务要求大力倡导细微化服务。要善于"察颜观色"，揣摩客人心理，预测客人需求，在客人未提出要求之前，我们就能替客人做到，使客人在消费中得到一种精神上的享受。

亲情服务要求突出"超常服务"。为客人提供规范服务以外的额外服务，就容易打动客人的心，给客人留下美好印象。

亲情服务要求特别温馨的话语和恰如其分的"体语"。要善于"见到什么类型的客人说什么话"，说出话来要使客人爱听、高兴。比如要根据不同场景改变问候方式，时而微笑，时而点头示意，会使人感到新颖自然。

五、对客服务的"四个理解"

1.充分理解客人的需求

客人提出的要求虽然超出酒店服务范围，但只要是正当的，我们就不能说客人过分，而应看到酒店服务还有不足之处，对此必须作为特殊服务予以满足。确实难以满足时，应当向客人表示歉意，取得客人谅解，使顾客满意，并成为可靠的回头客。

2.充分理解客人的心态

如果客人带着某种情绪或者由于身体原因，在消费过程中出现过分的态度和要求，我们必须给予理解，以更优质的服务去打动客人、感化客人。只要顾客的错不会构成酒店的重大损失，就要把"对"字让给客人，"得理也让人"。

　　3.充分理解客人的误会

　　由于每个客人的修养、气质、社会角色不同，有人对酒店的规定、规则提出种种非议或拒绝合作，必须向客人做出真诚的解释，力求使客人消除误会。

　　4.充分理解客人的过失

　　遇到某些客人有意找事或蛮不讲理，不要去争是非曲直，必须秉着"客人至上"的原则给客人以宽容和面子。同客人发生任何争议和争吵，我们绝不会是胜利者，其结果是我们将失去市场。

六、二线对一线的"四个理解"

　　1.充分理解一线的地位，提倡"一线工作至上"

　　就是说，一线员工直接面对客人，为客人服务，他们所处的位置最重要。在酒店工作的舞台上，一线唱主角，二线唱配角，最终都是为了让客人满意，二线员工要自觉克服心理上的障碍，甘当配角，甘做幕后无名英雄，二线对一线要像一线对客人一样热情、亲切。

　　2.充分理解一线的急需

　　一线在对客服务中，常常向二线提出紧急需求，包括人力援助。时间紧，任务急，作为二线员工应当把一线的急需看作客人的急需，打破"按常规办事"的工作方式，认真做出永远是"YES"的回答和承诺，千方百计提供有利的服务保证，满足一线需求，切不可强词夺理，更不可置之不理。

　　3.充分理解一线对二线工作的不满

　　在相互协作中，一线对二线的工作常常表示不满意。面对这种不满，切不可认为是一线跟二线部门过不去，而要以平静的心态严以自责和反省。要知道，一线的不满正是用客人的视角看待二线工作的必然反映。即使一线的意见或投诉与实际情况有出入，也应当理解一线的良苦用心。

　　4.充分理解一线的甘苦

　　一线人员相对比较辛苦，他们劳累了一天，需要二线为他们提供衣、食、住、行方面的优质服务，由于个人修养、心态和情况等因素，某些一线员工对后勤保障工作不满，甚至是挑剔，二线要宽容他们，并用温暖的双手为之排忧解难，用真情去感化他们。

七、优质服务十个信条

　　1.顾客满意是企业生存发展的基础。

　　2.帮助顾客赢，我们才能赢。

3. 顾客意见是我们最好的老师，顾客投诉是我们改进服务最好的机会。

4. 挑剔的顾客更容易成为我们的回头客。

5. 追求顾客满意最大化，企业效益也会最大化；追求企业利润最大化，顾客满意就会最小化，最终企业利益也会最小化。

6. 优质服务是设计出来的。

7. 顾客的需求就是命令，顾客的投诉就是天大的事情。

8. 每个投诉背后起码代表了500位以上客人的意见，要想让顾客满意，就必须与顾客内心的期望赛跑，要经营顾客的心。

9. 把"对"让给客人是面对顾客投诉、抱怨的"最佳态度"，与顾客争辩，我们永远是输家。

10. 准确地了解掌握顾客的个性化需求信息是优质服务的基础。

行为篇

一、碧水湾人每日三问

今天你微笑了吗？今天你检查了吗？今天你进步了吗？

二、碧水湾人为人处事三原则

守时、守信、守规矩。

三、做事成功的秘诀

- 胜在用心；
- 赢在细节；
- 重在检查；
- 贵在坚持。

四、碧水湾人不能碰的四个高压线

- 黄赌毒行为；
- 动手打人或还手；
- 偷窃公司财物；
- 当众顶撞上级。

五、碧水湾上下关系准则

- 上级为下级服务，下级对上级负责；
- 上级关心下级，下级服从上级；
- 上级考核下级，下级评议上级；
- 上级可越级检查，下级可越级投诉；
- 上级不允许越级指挥，下级不允许越级请示。

六、员工"五、四"文化

（一）四个工作信条

- 凡事安全第一；
- 行动以客为先；
- 保持积极心态；
- 不向困难说"不"。

（二）四个"见到"

- 见到客人或同事要主动问好；
- 见到客人或同事有困难要主动提供帮助；
- 见到地面有垃圾要主动拾起；
- 见到不安全因素要立即报告。

（三）四"不"文化

- 一线员工不对顾客说"不"；
- 二线不对一线说"不"；
- 下级不对上级的命令说"不"；
- 上级不对下级的困难说"不"。

（四）四个"快速反馈"

- 凡是客人开口要求（合法），或员工为顾客的事情向其他部门员工提出的要求，任何人不得说"不"，尽了最大努力确定不能给予满足的，必须立即向上逐级反馈，直至总经理；

- 凡是客人抱怨或投诉，要立即向上反馈，不得置之不理，有关的部门或领导必须在客人离店前给予满意的回复；

- 凡是对客服务中遇到自己无权或无能力解决的事情，必须立即向上逐级反馈，直至总经理；

- 凡是对客使用的设备设施出现问题，有关部门必须尽最大努力尽快解决，尽了最大努力仍无法解决，必须立即向上逐级反馈，直至总经理。

（五）四个凡事

- 凡事要从自己做起；
- 凡事多替别人着想；
- 凡事常怀感恩之心；
- 凡事主动帮助别人。

七、管理者"五、四"文化

（一）四个"凡是"

- 凡是要求别人做到的，自己要首先做到；
- 凡是今日的工作，必须今日完成；
- 凡是布置的工作，必须有检查验收；
- 凡是出现问题，先检讨自己，立即整改。

（二）四个意识

- 学习意识；
- 创新意识；
- 品牌意识；
- 危机意识。

（三）"四不放过"

- 问题没有得到解决不放过；
- 查不出问题发生的原因不放过；
- 责任人没有受到处理不放过；
- 拿不出解决问题的措施不放过。

（四）四个管理智慧

- 轻财足以聚人；
- 律己足以服人；
- 量宽足以得人；
- 身先足以率人。

（五）四个精神

- 创业精神；
- 敬业精神；
- 专业精神；
- 职业精神。

八、优秀员工十条

- 认同碧水湾企业文化，遵守公司各项规章制度；
- 不需要领导催促和提醒，自觉认真地做好本职工作；
- 在任何情况下对客服务都能保持微笑，彬彬有礼；
- 善于察言观色，能敏锐地发现顾客的潜在需求，服务在客人开口之前；
- 善于沟通，能记住客人的姓氏、忌讳和喜好，让客人感到尊贵和有面子；
- 保持积极心态，不说消极和负面的话，永远充满正能量；
- 有强烈的安全防范意识，发现不安全因素立即报告；
- 视企业为家，主动发现企业存在的问题和不足，并提出改进建议；
- 注重个人仪容仪表，气质高雅，举止优雅，谈吐文雅；
- 有感恩之心，孝顺父母，关心同事，是个"正直、友爱、快乐、上进"的碧水湾人。

九、优秀管理者十条

- 凡事目标明确，做事总有计划，不达目标决不罢休；
- 相信办法总比困难多，不说"没办法""不可能"；
- 以身作则，凡是要求别人做到的，自己首先做到；
- 今日事，今日毕，做事不拖拉，不需别人催促和提醒；
- 勤于走动，敏于检查，工作能沉底并善于发现问题；
- 出现任何问题先检讨自己，不找借口，不轻易指责别人；
- 坚持学习，保持创新的思维和行动；
- 保持积极的心态，微笑服务，快乐工作；
- 注重个人仪容仪表，气质高雅，举止优雅，谈吐文雅；
- 重视对下属的关心、培养，能帮助下属实现自己的目标。

十、碧水湾人的七个习惯

- 学习的习惯；
- 敬业的习惯；
- 微笑的习惯；
- 节约的习惯；
- 安全第一的习惯；
- 用心做事的习惯；
- 主动帮助别人的习惯。

十一、人生"八戒"

- 一戒贪财贪色，自私自利；
- 二戒傲慢自大，目中无人；
- 三戒弄虚作假，欺上瞒下；
- 四戒阳逢阴违，投机钻营；
- 五戒自以为是，固执己见；
- 六戒推卸责任，敷衍塞责；
- 七戒目光短浅，心胸狭隘；
- 八戒昏庸懒惰，碌碌无为。

十二、碧水湾人应懂的九种礼节

服务员的一举一动，都代表着酒店的形象与品味，都体现着酒店的专业化和规范化，服务培训，更应贯穿酒店经营的始终。碧水湾人必须掌握九种礼节。

1. 问候礼

问候礼以问候、祝贺语言为主，一般分为以下几种。

- 初次见面问候，服务员应说："先生（小姐），您好（欢迎光临），我是XXX号服务员，很高兴能为您服务。"
- 时间性问候：要根据时间问候"早上好""中午好""晚上好"等。
- 祝贺客人的问候："祝您生日快乐""祝您新婚快乐"等。
- 节日性问候："节日快乐""新年好"等。
- 其他问候。客人身体不舒服时，客人醉酒、发怒时，都应对客人表示关心。

2. 称呼礼

称呼要切合实际，如果称呼错了，职务不对，姓名不对，会引起客人反感。一般在称呼别人时，称男子为"先生"，未婚女子为"小姐"，已婚女子称"女士"，对不了解婚姻状况的女子称"小姐"，戴结婚戒指和年龄稍大的可称"女士"。

知道职位时要称呼其职位，如：王局长、张主任等。

3. 应答礼

对宾客的赞扬、批评、指教、抱怨，不能置之不理，语气要婉转，如客人提出的某些问题超越了自己的权限，应及时请示上级及有关部门，禁止说一些否定语，如"不行""不可以""不知道""没有办法"等，应回答："对不起，我没有权力做主，我去请示一下领导，您看行吗？"

4. 操作礼

服务员在日常工作中要着装整洁，注意仪表，举止大方，态度和蔼，不大声喧哗，不开玩笑，不哼小曲，进入房间时要轻轻敲门，开门关门时动作要轻，不要发出太大的响声。操作时，如影响到客人，应表示歉意，说"对不起，打扰一下"或"对不起，请让一下好吗"等等。

5. 迎送礼

宾客到时要主动问好，笑脸相迎，要按先主宾后随员，先女宾后男宾的顺序进行，对老弱病残客人，要主动搀扶。

客人用餐完毕，离开酒店，服务员应向客人逐一道别，使客人带着温馨、满意而归，热情得体。

6. 宴会礼

不论何种宴席，餐厅服务员都要懂得一般的礼貌礼节，还应该在为宴会服务的过程中，按一套规定的礼节去操作，如：斟酒、上菜必须按一定的顺序，菜的摆放要遵循一定规则，席间服务要根据酒宴主题，符合当地的风俗习惯等。

7. 握手礼

行握手礼时，距受礼者一步远，上身稍向前倾，两足立正，伸出右手，四指并齐，拇指张开朝上，向受礼者握手，礼毕即松开。

一般情况下，握手时长辈先伸手，上级先伸手，女士先伸手。

8. 致意礼

点头致意一般情况下是同级或平辈之间的礼节，同一用餐过程中，服务员与客人多次见面时，再问候客人"您好"的同时，还须点头微笑致意。

9. 鞠躬礼

一般是晚辈对长辈，下级对上级，以及初次见面的朋友之间的礼节。行鞠躬礼时必须先摘下帽子，手下垂后，用立正姿势，两眼注视受礼者，身体上部前倾50度左右，而后恢复原来的姿势。

十三、比能力更重要的十二种品格

1. 忠诚——忠心者不被解雇

单位可能开除有能力的员工，但对一个忠心耿耿的人，不会有领导愿意让他走，他会成为单位这个铁打营盘中最长久的战士，而且是最有发展前景的员工。

（1）站在老板的立场上思考问题。

（2）与上级分享你的想法。

（3）时刻维护公司的利益。

（4）琢磨为公司赚钱。

　（5）在外界诱惑面前经得起考验。

2.敬业——每天比领导（上司）多做一小时

随着社会进步，人们的知识背景越来越趋同。学历、文凭已不再是公司挑选员工的首要条件。很多公司考察员工的第一条件就是敬业，其次才是专业水平。

　（1）工作的目的不仅仅在于报酬。

　（2）提供超出报酬的服务与努力。

　（3）乐意为工作做出个人牺牲。

　（4）模糊上下班概念，完成工作再谈休息。

　（5）重视工作中的每一个细节。

3.自动自发——不要事事等人交代

不要事事等人交代，一个人只要能自动自发地做好一切，哪怕起点比别人低，也会有很大的发展，自发的人永远受老板欢迎。

　（1）从"要我做"到"我要做"。

　（2）主动分担一些分外事。

　（3）先做后说，给上司惊喜。

　（4）学会毛遂自荐。

　（5）高标准要求：要求一步，做到三步。

　（6）拿捏好主动的尺度，不要急于表现、出风头甚至抢别人的工作。

4.负责——绝对没有借口，保证完成任务

勇于承担责任的人，对企业有着重要的意义，一个人工作能力可以比别人差，但是一定不能缺乏责任感，凡事推三阻四、找客观原因，而不反思自己，一定会失去上级的信任。

　（1）责任的核心在于责任心。

　（2）把每一件小事都做好。

　（3）言必信，行必果。

　（4）错就是错，绝对不要找借口。

　（5）让问题的皮球止于你。

　（6）不因一点疏忽而铸成大错。

5.注重效率——算算你的使用成本

高效的工作习惯是每个渴望成功的人所必备的，也是每个单位都非常看重的。

　（1）跟穷忙、瞎忙说"再见"。

　（2）心无旁骛，专心致志。

（3）量化、细化每天的工作。

（4）拖延是最狠毒的职业杀手。

（5）牢记优先，要事第一。

（6）防止完美主义成为效率的大敌。

6. 结果导向——咬定功劳，不看苦劳

"无论黑猫、白猫，抓得到老鼠就是好猫！"无论苦干、巧干，出成绩的员工才会受到众人的肯定。企业重视的是你有多少"功"，而不是有多少"苦"。

（1）一开始就要想怎样把事情做成。

（2）办法永远要比问题多。

（3）聪明地工作而不仅仅是努力工作。

（4）没有条件，就创造条件。

（5）把任务完成得超出预期。

7. 善于沟通——当面开口，当场解决

不好沟通者，即便自己再有才，也只是一个人的才干，既不能传承，又无法进步；好沟通者，哪怕很平庸，也可以边干边学，最终实现自己的价值。

（1）沟通和八卦是两回事。

（2）不说和说得过多都是一种错。

（3）带着方案去提问题，当面沟通，当场解决。

（4）培养接受批评的情商。

（5）胸怀大局，既报喜也报忧。

（6）内部可以有矛盾，对外一定要一致。

8. 合作——团队提前，自我退后

团队提前，自我退后。不管个人能力多强，只要伤害到团队，公司决不会让你久留——不要认为缺了你一个，团队就无法运转！

（1）滴水融入大海，个人融入团队。

（2）服从总体安排。

（3）遵守纪律才能保证战斗力。

（4）不做团队的"短板"，如果现在是，就要给自己"增高"。

（5）多为别人、为团队考虑。

9. 积极进取——永远跟上企业的步伐

个人永远要跟上企业的步伐，企业永远要跟上市场的步伐；无论是职场还是市场，无论是个人还是企业，参与者都不希望被淘汰。为此就一定要前进，停就意味着放弃，意味着出局！

（1）以空杯心态去学习、去汲取。

（2）不要总生气，而要争气。

（3）不要一年经验重复用十年。

（4）挤时间给自己"增高""充电"。

（5）发展自己的"比较优势"。

（6）挑战自我，未雨绸缪。

10.低调——才高不必自傲

才高不必自傲，不要以为自己不说、不宣扬，别人就看不到你的功劳。所以别在同事面前炫耀。

（1）不要邀功请赏。

（2）克服"大材小用"的心理。

（3）不要摆架子耍资格。

（4）凡是人，皆须敬。

（5）努力做到名实相符，要配得上自己的位置。

（6）成绩只是开始，荣誉当作动力。

11.节约——别把公司的钱不当钱

节约不是抠门，而是美德。不要把公司的钱不当钱，公司"锅"里有，员工"碗"里才有。同样，"锅"里多，"碗"里也自然就多。

而掌勺的，恰恰就是你自己。

（1）报销账目，一定要诚信。

（2）不要小聪明，不贪小便宜。

（3）不浪费公司的资源，哪怕是一张纸。

（4）珍惜工作的每一分钟时间。

（5）每付出成本，都要力争最大收益。

（6）记住：省下的，就是利润！

12.感恩——想想是谁成就了今天的你

为什么我们能允许自己的过失，却对他人、对公司有这么多的抱怨？再有才华的人，也需要别人给你做事的机会，也需要他人对你或大或小的帮助。你现在的幸福不是你一个人就能成就的。

（1）公司给了你饭碗。

（2）工作给你的不仅是报酬，还有学习、成长的机会。

（3）同事给了你工作中的配合。

（4）客户帮你创造了业绩。

（5）对手让你看到距离和发展空间。

（6）批评者让你不断完善自我。

职业素养的高低，品格的优劣，对人一生的成就有重大的影响。

如果我们都能以它为准绳，那么达成个人的理想绝不是空谈，集体的目标也将指日可待！要深信一句名言："能力决定你所在的位置，品格决定你能在这个位置坐多久！"

十四、世上最具正能量的语言

- 能控制住对方发火的语言：对不起！
- 筑起谦虚人格塔的语言：谢谢！
- 让对方挺起胸膛的语言：做得好！
- 能召唤和解与和平的语言：我错了！
- 把对方心情"UP"的语言：你今天真帅！
- 能带来更好结果的语言：你的想法如何？
- 温馨安慰的语言：有没有要帮忙的？
- 能带来200%的能量的语言：相信你！
- 使鼓起勇气的语言：你可以的！
- 鼓励子女的语言：真为你骄傲！
- 为重新开始鼓起勇气的语言：没关系，一切都会好起来的！
- 让对方感到与众不同的语言：果然你是不一样。
- 能抚慰对方疲倦心情的语言：这些天辛苦了。
- 给人温暖，给人鼓励，给人赞美，给人信心，才能得到身边人的认同，才能聚人！